영화인문학 산책

가족 · 문학 · 사회

영화인문학 산책

가족 · 문학 · 사회

김충완 · 양옥석 · 조문주 · 조재영

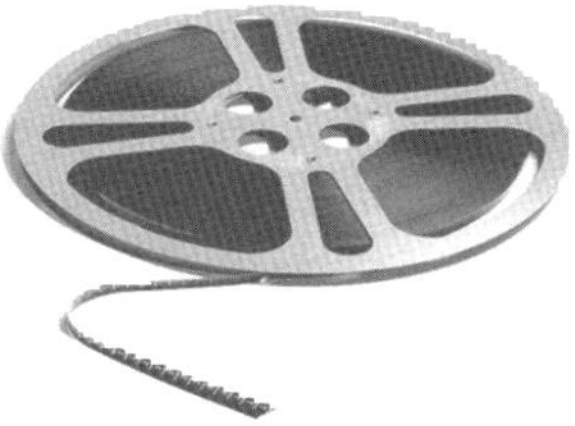

종문화사

머리말

바야흐로 영상과 영화의 시대이다. 각종 매체의 발달로 영화는 다양한 형태로 감상이 가능하게 된 시대가 도래했다. 인문학도 시대적인 관심에서 예외일 수는 없다. 영화를 매개로 한 인문학 강의가 전국적으로 많은 호응을 얻고 있고, 앞으로 그 수요는 계속 늘어날 전망이다.

영화와 인문학에 대해 오랫동안 연구와 강의를 하던 저자들은 지난해 가을에 영화 저서에 대해서 견해를 모았다. 그동안 성과들을 책으로 묶자는데 합의를 본 것이다. 문제는 어떻게 책의 내용을 구성하는가 하는 부분이었다. 우리는 이 해답을 독자의 입장에서 찾아보기로 했다. 영화에 대한 정보를 얻을 수 있으면서 연관된 배경 지식까지 같이 읽을 수 있다면 금상첨화일 것이다. 더구나 학술적인 접근이 아니라 친근한 문장으로 '산책'을 할 수 있다면 더 좋을 것이다.

우리는 많은 영화들을 염두에 두고 토론을 거듭했고, '가족, 문학, 사회'라는 큰 카테고리를 얻었다. '얻었다' 고는 했지만 사실은 영화들 속에 이미 내재되어 있는 기본적인 요소들이었다. 많은 명작영화들이 그 출처를 문학에서 가져온 경우가 많았고, 이러한 영화들은 문예영화라는 이름으로 불리며 고전이 되어 왔다. 그리고 가족의 문제를 다루는 영화들은 사회와 연관이 되는 경우가 많았다. 그래서 결과적으로 우리는 '사회'의 범주에 속하는 영화들을 조금 더 시사적인 것으로 선정해야만 했다.

이 책의 내용들은 전문적인 영화 분석과는 다소 차이가 있다. 원래의 취지는 영화를 통해서 인문학의 주된 관심사인 우리의 삶과 세계, 문화를 조금 더 쉽게 다루자는 것이었다. 그래서 영화를 바라보는 관점도 다분히 인문학적이다. 저자들은 전공 특성을 살려서 영화를 분석하고 배경지식을 첨가했다. 영화에 대한 꼼꼼한 이해를 바탕으로 내용을 풀어가며 영화의 배경이 되는 문제에도 큰 관심을 가지고 접근하고 있다. 굳이 인터넷에서도 쉽게 찾을 수 있는 여러 세부적인 정보들은 포함시키지 않았다.

이 책은 내용적으로 보면 '가족, 문학, 사회'라는 큰 틀을 가지고 있고, 대상 영화의 권역은 동양과 서양으로 나뉘어 있다. 동양은 조재영(한국)과 조문주(일본)가, 서양은 양옥석(미국)과 김충완(독일)이 맡았다. 이 책이 영화를 보는 독자들의 안목을 한 단계 높이는 데 도움이 될 것으로 기대한다.

Shall We Dance? 함께 춤추실까요? 아니, 함께 영화에 대해 이야기하면서 산책하실까요? 우리가 마련해 둔 오솔길로 경쾌하게 걸어올 독자들의 발걸음을 기다리고 있다.

계사년 새해, 저자 일동

Contents

Part 1. 가족

밥, 소통을 말하다

원　　제 めし
감　　독 나루세 미키오(成?巳喜男)
개봉년도 1951년
상영시간 97분
제 작 사 동보
장　　르 드라마
등　　급 전체
음　　악 하야사카 후미오
카 메 라 타마이 마사오
수상경력

- 1951년 제 6회 마이니치 영화콩쿨 (일본영화대상, 감독상, 촬영상, 여우연기상)
- 1951년 제 2회 블루리본(주연여우상)
- 키네마쥰보 2위

Contents

1 영화 '밥' 읽기

1.1. 여성영화의 거장, 나루세 미키오成瀨巳喜男

나루세 미키오는 명치 38년(1905) 8월 20일 동경 요츠야의 직공 집안에서 삼형제 중 막내로 태어났다. 뱀巳해에 태어났다고 이름을 미키오巳喜男라고 지었다. 가난한 집안 사정으로 기사를 양성하는 2년제 기술학교에 진학해 15세의 나이로 松竹(쇼치쿠) 촬영소의 소도구 담당으로 입사한다.

감독 데뷔는 25세인 1930년으로, 같은 시기에 영화사에 입사한 미조구치 켄지[1](1923)나 촬영소 후배였던 오즈 야스지로[2](1927) 보다 늦은 편이었다. 무성영화기부터 영화를 만들기 시작한 영화 제1세대로 세밀한 심리 묘사와 영상으로 감독으로서 가능성을 보여주었다. 무성영화기의 대표 작품으로는 밑바닥 여성의 삶을 그린 「그대와 헤어

여성영화의 거장, 나루세 미키오

져」,「밤마다 꾸는 꿈」(1933) 등이 있다.

1935년 동보[3]의 전신인 PCL에 입사해 아사쿠사의 길거리 예인 여성들의 모습을 담은 자신의 유성영화 첫 작품인「여자 마음 세 자매」로 연출력을 인정받았다. 같은 해 제작한 영화 「아내여 장미처럼」(1935)은 키네마준보[4] 1위를 차지한다. 이 작품은 미국에서 상영된 최초의 일본영화로 'Kimono' 라는 제목으로 1937년 뉴욕에서 개봉되었다.

이후 여성영화 감독으로 지위를 굳혀가며 새로운 시대 속에 자유분방하게 살아가는 여성들과 고풍스러운 옛 여성의 삶을 대비시킨「소문의 여인」(1935) 등의 작품을 제작한다.

격동의 시대였던 1940년대에는 두각을 나타내지 못하지만 패전 후인 1951년에 제작한 「밥」이 권태기 부부의 심리를 선명하게 묘사한 작품으로 주목받으면서 재기에 성공한다. 1955년에 감독한 하야시 후미코 원작의 「뜬구름」(1955)은 나루세의 '자연스러운' 리얼리즘 영화의 최고 걸작이라는 평가를 받는다.

「산의 소리」(1954)

「뜬 구름」 (1955)

「흐트러진 구름」(1967)

나루세 미키오는 하야시 후미코의 작품을 비롯해, 무로우 사이세이[5]의 『오빠 동생』, 『앙즈코』, 카와바타 야스나리[6]의 『산의 소리』, 『무희』 등의 순문학 작품에서 이시자카 요우지로[7]의 『진심』, 『입맞춤』 같은 대중문학 작품까지 문예영화를 중심으로 섬세한 감정의 움직임을 자연스럽게 묘사해냈다. 그리고 그는 누구보다 영상표현이 탁월한 명장으로 문예영화에서 홈드라마까지 다양한 여성의 삶을 스크린에 그려낸 감독이었다.

나루세 영화의 최대 특징은 소위 '시선의 예술'이라 불리는 기법이다. 시선만으로 인물의 위치 관계를 나타내는 작업은 예전부터 있었지만 움직임이 없는 방안에서 시선의 움직임만으로 동선을 만들어 내는 기법은 오즈 야스지로, 쿠로사와 아키라 감독도 인정한 나루세 만의 독특한 연출이었다.

생전의 나루세 미키오는 개성적인 감독이라기보다 기능적인 감독이라는 평을 얻고 있었다. 쇼치쿠 촬영소의 소장이 나루세에 대해 '우리에게 두 사람의 오즈는 필요 없다' 고 말한 일화는 유명하다. 그러나 정작 오즈 야스지로는 나루세의 「뜬구름」을 보고 '나로서는 만들 수 없는 영상' 이라고 절찬했다.

또 쿠로사와 아키라 감독의 스크립터였던 노가미 테루요는 '쿠로사와가 가장 존경한 사람은 틀림없이 나루세'라고 자신의 책에서 밝히고 있다.

1967년의 「흐트러진 구름」을 유작으로 남기고 1969년에 암으로 사망한다. 나루세의 작품은 1983년 로카르노 국제영화제, 1988년 홍콩 국제영화제, 1998년 산 세바스찬 국제영화제에서 특별 상영되면서 사후 국제적으로 재조명 받게 된다.

나루세 탄생 100주년이던 2005년에는 영화의 DVD 공개, 관련 서적의 출판과 특별회고전이 각 지역에서 개최되었다.

원작 『밥』

1) 작가와 특성

영화의 원작이자 동명소설의 작가는 하야시 후미코(林芙美子)이다. 하야시 후미코는 일본여성들의 사회적 지위가 낮았던 시기인 명치, 대정, 소화 초기에 스스로 길을 개척한 선구자 중 한 명이다. 그녀는 당시의 서민여성들의 모습을 세밀하게 묘사해 일본문학사에 빛나는 업적을 남겼다.

하야시 후미코는 1930년, 일기를 토대로 자신의 방랑 체험을 엮은 자전적 소설 『방랑기』가 베스트셀러가 되면서 문단에 데뷔한다. 소설 『방랑기』는 이렇게 시작한다.

하야시 후미코

'나는 숙명적인 방랑자이다. 나는 고향이 없다.'

하야시 후미코의 어머니 키쿠는 유부녀였지만, 친정에 머무르는 동안 행상인이던 14세 연하인 22살의 미야다 아사타로와 사랑에 빠져 후미코를 낳게 된다. 후미코가 여섯 살 때 어머니는 20세 연하의 사와이키 사부로와 다시 새 생활을 시작한다. 아버지의 여자관계가 원인이었다. 집을 나온 후 일가는 큐슈 일대를 행상을 하면서 떠돌며 매일 밤 여인숙에서 잠을 자는 생활을 하게 된다. 그녀가 생애를 통해 힘없는 여성의 삶을 강하게 묘사한 것은 자신의 혜택 받지 못한 인생 전반기의 경험 때문일 것이다.

1922년, 고등학교를 졸업하자마자 애인을 좇아 상경하지만, 다음 해 혼약을 파기 당하고 일기를 쓰는 것으로 상심을 달랜다. 다정다감한 어머니를 닮아 남성 편력이 화려했던 그녀는 1차 세계대전 후 암울한 동경에서 노점상, 여공, 여급 등의 직업을 전전하며 다양한 체험을 한다. 이것이 소설 『방랑기』의 원형이다.

1926년, 22세의 후미코는 미술학도 테즈카 마사하루와 결혼하고 생활의 안정을 찾는다. 결혼 2년 후인 1928년에 잡지 『여인예술』에 '방랑기' 라는 부제를 붙여 「가을이 왔단다」의 연재를 시작한다. 이 작품들은 단행본 『방랑기』(1930)로 출판되어 단번에 베스트셀러가 되었다. 빈곤과 굴욕까지도 문학에 대한 열정으로 치환시켰다는 평을 받은 『방랑기』는 후미코를 인기작가의 반열에 오르게 했다. 작가로서 잊히는 것에 대한 두려움 때문이었을까? 그녀는 인기작가가 된 후에도 집필 의뢰를 거절하지 못해 언제나 마감에 시달리면서 작품 활동을 이어나가야 했다. 중일전쟁과 2차 세계대전 당시에는 종군작가로 활약했으며, 1946년 패전 후에도 『우즈시오』, 『뜬구름』, 『갈색 눈』을 발표하는 등 항상 여류작가의 선두에 서있었다. 1949년에는 소설 『만국』으로 일본 여류문학자상을 수상했다.

심장질환이 있었던 하야시 후미코는 주치의의 충고에도 불구하고 잡지 『주부의 벗』의 연재기사 「나의 맛 기행」의 취재를 하고 돌아온 다음 날 심장마비로 급사한다. 당시 아사히 신문에 연재중이던 소설 『밥』은 그녀의 유작이 되었다. 유행작가가 최전성기에 48세(1951)의 젊은 나이에 생애를 마친 것을 두고 당시의 작가들 사이에는 "하야시 후미코는 저널리즘에 살해당했다"라는 말이 나돌기도 했다.

> 후지산이여!
> 너에게 머리 숙이지 않는 여자가 여기 혼자 서 있다. (『방랑기』 중에서)

하야시 후미코의 작품에서는 밑바닥 인생을 사는 서민에 대한 따뜻한 시선과 혜택을 받지 못한 어려운 환경에서 벗어나고 싶다는 여인의 강한 의지를 느낄 수 있다. 그녀는 가난과 불행, 세상의 부조리 속에도 굴하지 않았던 자유분방하고 생명력 넘치는 시인이었다.

2) 소설 『밥』

> "누군가에게 이 제목을 보여줬습니다. 나는 밥은 먹고 싶지 않다고 말하는 사람도 있었습니다. (중략) 일본인의 생활에 밥 이외에 논할 음식이 있다고는 생각할 수 없었습니다." (하야시 후미코)

『밥』은 하야시 후미코 문학의 집대성으로 평가 받는 『뜬구름』을 완성한 직후 쓰기 시작한 소설로 후미코가 생의 마지막까지 집착한 작품이다. 파란에 넘치는 방랑 비극인 『뜬구름』과는 전혀 다른 색채의 작품으로, 오사카를 무대로 아이가 없는 하츠노스케, 미치요 부부의 평범한 심리적 위기를 다루고 있다.

소설은 하츠노스케와 조카 사토코가 유람버스를 타고 오사카 거리를 구경하는 것에서 시작한다. '오하츠텐진은 일명 텐진님이라고도 하며 지금은 음식점거리가 되었다'는 버스가이드의 설명과 함께 '굵게 밥이라고 쓰여있는 제등과 우동, 스시, 그런 간판이 잠깐 보였다'고 오사카의 풍경을 차례로 묘사한다. 하츠노스케와 사토코 두사람은 가부키좌 거리의 늘어선 음식점으로 들어가 '맥주 찬 걸로 그리고 마무시 두 개' 를 주문한다. 마무시가 뭐냐고 묻는 사토코와 장어라고 대답하는 두 사람의 대화가 이어진다.

그 외에도 미치요와 사토코가 먹는 식사에서 밥 위에 다시마를 얹고 차를 따르는 장면, 소우에몬쵸 거리의 요정에서 열린 미치요의 동창회에서는 '죽순과 새싹 조림', '쑥갓 호두 무침', '도미 회', '나무순을 올린 맑은 닭 경단 국'과 같은 오사카의 음식들이 묘사되어 있다.

소설은 전편을 통해 연애기가 지난 부인의 공허함, 남편의 확고한 사랑을 구하는 갈망을 그리고 있다. "세계에서 제일 행복한 부부"라고 속삭여 온 아내의 마음에 조금씩 남편에 대한 불만이 쌓여 간다. 남편에게는 아내의 감정의 부침이 '고양이 눈처럼 빙글빙글 기분이 변한다'고 밖에 생각되지 않고 두 사람의 사이는 꼬여가게 된다.

미치요의 안에 맺혀있는 감정은 조카인 사토코의 등장으로 더욱 평온하지 못한 상황이 되어간다. 미치요는 하츠노스케에게 응석부리는 사토코의 모습에 남편의 우유부단한 성격을 경멸하면서도 질투하게 되고, 결국은 카나가와의 친정으로 돌아갈 결심을 한다.

하야시 후미코의 죽음으로 소설은 미치요가 하츠노스케와 살고 있던 오사카를 떠나 친정으로 돌아가는 부분에서 미완인 채로 끝이 난다.

『밥』은 1951년 4월 1일부터 7월 6일까지 97회에 걸쳐 아사히신문에 연재되었으며, 같은 해 11월 나루세 미키오 감독이 영화로 만들었다.

1.3. 영화 읽기

1) 줄거리

연애결혼을 한 오카모토 하츠노스케와 미치요 부부는 오사카의 변두리 동네인 '텐진의 숲' 정류장 부근의 연립주택에 사는 평범한 부부이다. 동경에서 자란 미치요는 남편의 직장 때문에 오사카에 살고 있다. 결혼 5년째, 신혼의 꿈도 사라지고 반복되는 생활에 지쳐갈 뿐이다. 남편 하츠노스케는 별 볼 일 없는 회사원이다. 집에 들어오면 "배고프다"가 말버릇인, 그렇다고 재미있지도 않은 남자이다. 이곳에 하츠노스케의 조카 사토코가 가출해 온다. 사토코는 자유분방한 태도로 숙부인 하츠노스케에게 응석을 부린다. 하츠노스케도 솔직한 사토코를 귀엽다고 생각한다.

미치요가 동창회로 집을 비운 날, 하츠노스케와 사토코가 집에 있었는데도 현관에 벗어둔 하츠노스케의 새 구두를 도둑맞는다. 두 사람이 2층에 있었다는 말을 듣고 미치요의 마음은 요동친다. 집안의 무거운 공기에 견디지 못한 미치요는 동경으로 간다.

하츠노스케: 진짜 가는 거야? 그래도 이렇게 큰 트렁크를 가지고 갈 필요는 없잖아?

미치요 : 다른 것은 없으니… 나, 지쳤어요.

미치요는 다시 오사카에 돌아가지 않을 작정으로 직업을 찾아보려고 하지만 여자 혼자 자립하기는 어렵다는 것을 느낀다. 결혼 전에 자신을 좋아했던 사촌 오빠 타케나카 카즈오와 하코네 온천에 놀러가기도 하지만, 그가 사토코와 교제를 시작한 것을 알고 자신이 있을 곳은 하츠노스케의 옆이라는 것을 새삼스럽게 깨닫는다.

그즈음에 하츠노스케가 미치요를 데리러 동경으로 온다. 평범하지만 마음 편한 생활이 텐진의 숲에서 다시 시작된다.

2) 나루세 미키오의 「밥」

영화는 하츠노스케의 처 미치코(하라세츠코 분)가 말하는 모놀로그에서 시작된다. 나루세 미키오는 이 모놀로그에서 이미 결혼생활과 인생에 지친 미치요의 심정을 그리고 있다.

"오사카 시 남쪽 외곽, 지도 위에는 시내라고 되어 있지만 마치 교외와 같은 한적한 작은 전차 정류장"

영화 「밥」의 볼거리는, '아무것도 아닌 일상의 일이 사람을 권태롭게 한다'는 섬세한 리얼리티에 있다. 나루세 감독은 그런 리얼리티를 여러 가지 소도구를 이용해 그려내는데 성공했다. 구두, 키우는 고양이, 동창회, 제멋대로인 조카, 친정 엄마와 동생 부부의 생활, 태풍, 넥타이, 신사인 사촌. 이런 설정과 등장인물이 일상의 구성요소로 배치되어 있고, 이것들이 심리의 요동을 만들고 있다.

남편의 밥보다 고양이 먹이를 먼저 챙기는 미치요

고양이를 예로 들어보자. 아내는 남편의 밥을 퍼기 전에 고양이 먹이를 먼저 챙긴다. 동창회에 나간 아내는 "너처럼 하루라도 남편과 단둘이 살 수 있으면 좋겠다. 둘이서 어떤 이야기를 해?"라고 묻는 친구의 말에 "고양이 키워"라고 엉뚱한 대답을 한다. 동경으로 떠나는 기차 안에서도 그녀는 남겨진 고양이 걱정만 한다. 친정으로 돌아간 미치요가 남편을 떠올리는 장면

사촌과 하코네에 놀러간 미치요는 창밖의 고양이를 보고 남편을 떠올린다

에도 고양이가 등장한다. 이렇게 감독은 어디서나 흔히 볼 수 있는 고양이를 소도구로 사용해 미치요의 복잡한 심경을 섬세하게 연출하고 있다.

아사히신문에 연재된 하야시 후미코의 원작은 절필로 미완이지만, 영화 「밥」에는 동경의 친정으로 돌아간 미치요가 남편과 오사카의 집으로 돌아온다고 하는 원만한 결말이 더해져 있다.

하라 세츠코

미치요는 돌아오는 기차 안에서 남편에게 보낸 편지를 찢어버리고 잠든 남편을 한 번 쳐다보고 가만히 눈을 감는다. 정확히 말하면 눈을 '내리깐다'. 영화 속의 하라 세츠코는 등장에서 퇴장까지 도대체 몇 번이나 이 눈을 내리까는 연기를 했을

까? 부끄러움, 당혹, 미움과 행복, 권태, 불만 그 외의 말로 표현할 수 없는 감정의 기류까지 이 눈을 내리까는 행위에 모두 응축되어 있다. 그래서 동경의 선로를 따라 걷는 하라 세츠코가 달리는 전차를 올려다보는 묘사는 그녀의 결의를 한 번에 나타내는 전율의 순간이기도 하다.

이처럼 영화 「밥」은 무성영화를 감독해 본 사람만이 얻을 수 있는 언어에 의존하지 않는 영상표현의 풍부함을 체험하게 한다.

미치요는 '여기가 아닌 어딘가'가 아니라 여기서가 아니면 결실을 얻을 수 없는 '일상으로서의 현실'로 돌아온다. 영화는, 여자는 가정 안에 있어야 행복하다고 주장하는 것이 아니라 그런 상황에서 고뇌하는 여성을 그린 것이다. 현대적이지 않은 영화의 결말이지만 관객들은 그것이 바른 선택인 것처럼 느낀다.

한 사람의 인간 혹은 한 쌍의 남녀가 이혼을 생각하지만, 최종적으로 사회적인 윤리에 구속되어 일정한 선을 넘을 수 없다는 패턴은 나루세 영화의 후기를 예고하고 있다.

이렇게 나루세 미키오의 영화에서는 인물이 극적으로 변하지도 않고 화해도 하지 않고 사건도 해결되지 않는다. 한마디로 해결의 부정, 화해의 부정, 변화의 부정을 그린 부정의 영화라 할 수 있다. 인간의 인격이 변하는 드라마틱한 이야기와는 선을 긋는 나루세 미키오의 영화는 인간을 보다 인간 그 자체로 응시하는 영화이다.

2 '밥', 소통을 말하다

2.1. 일본영화 속의 식탁

근년의 일본영화에는 공전의 음식영화 붐이라 불릴 정도로 '음식'과 '식탁풍경'이 많이 나온다. 그러나 먹는 것 그 자체 보다는 사람들의 관계성을 보여주기 위한 '장치'로서 음식과 식탁이 그려지는 경우가 대부분이다. 일본영화에 있어서 식탁의 풍경이란 우선 가족이 있는 풍경을 의미한다.

영화 속의 식탁은 이야기를 전개하는데 중요한 의미를 가지고 있다. 영화는 인간과 사회의 진실을 때로는 '폭로'하는 성질을 가지고 있다. 그래서 다수의 명작들은 인간이 살아가는 동안 느끼는 '허기'를 반영하고 상징하기 위해 '식사' 장면을 설정하고 있다. 영화에는 배고픔뿐만 아니라 마음의 허기, 사회의 허기도 포함되어 있다. 그래서 어떤 때는 사람과 사람을 이어주는 식탁을, 또 어떤 때는 관계를 파괴하는 식탁을 그리며 칭찬하고 비판해 왔다.

이하 일본영화 속의 식탁을 통해 가족을 원하고, 부정하고, 부정하고도 다른 유사가족을 찾고, 때로는 고독해질 수밖에 없었던 일본인들의 모습을 살펴본다.

1) 전통적 가부장제의 변질

전후 1950년대에서 60년대에 걸쳐 일본은 큰 변화에 직면한다. 구세대와 신세대의 대립이 현저해지고 의식의 변화가 요구되는 시대가 되었다. 가족과 가족제도에서도 젊은이들과 여성들의 의식이 바뀌기 시작하면서 전통적인 가부장제의 붕괴가 시작되었다.

① 「**밥**」(1951)

아내는 남편의 밥을 퍼기 전에 고양이의 아침을 먼저 준비한다. 남편은 밥 먹을 때도 담배를 피우고 신문을 보는 등, 아내의 변화에 신경을 쓰지 않는다. 영화는 부부의 무미건조한 밥상부터 찻집, 요리집에서 식사, 친정에서 밥상, 남편이 회사 동료 혹은 조카와 맥주를 마시는 장면 등을 통해 부부에게 찾아온 유혹과 위기를 그려낸다.

② 「**동경이야기**」(1953)

오즈 야스지로 감독 / 류치 슈, 히가시야마 치에, 하라 세츠코

오노미치에서 동경으로 자식들을 보러온 노부부. 그러나 자식들은

자신의 삶에 바쁘다는 핑계로 부모를 귀찮아 한다. 머물 곳이 없는 노부부에게 헌신적인 것은 전사한 아들의 미망인이다. 집에 같이 있는 것이 귀찮은 자식들은 노부부를 아타미로 여행 보내는데, 그곳에서 어머니가 현기증을 일으킨다.

「동경 이야기」

동경 서민의 바쁜 삶을 섬세하게 그려낸 영화에는 자연스럽게 서민의 식탁풍경이 그려진다. 스키야키에 대한 이야기, 콩만 먹는 남편과 배달시킨 덮밥, 아사쿠사 특산품인 과자, 맥주 등. 영화는 과도기에 있는 일본 문화의 변화를 가족의 관계와 식탁의 붕괴 속에서 드러내고 있다.

2) 흔들리는 가족관계, 변화하는 식탁

60년대부터 본격화 된 가부장제의 붕괴는 70년대의 성의식 변화의 물결을 타고 젊은이들의 시선을 밖으로 향하게 하고, 나아가 전통적인 가족상을 흔들기 시작한다. 영화 속의 식탁은 때로는 가족과 단절되었던 시간들을 나타내기도 하고, 때로는 잃어버린 가족을 떠올리게 하는 도구가 되기도 한다.

① 「남자는 괴로워」(1969)

야마다 요우지 감독 /아츠미 키요시, 바이쇼치 에코.

「남자는 괴로워」

일본인이면 누구나 알고 있는 인기 시리즈 영화의 제1작이다. 20년 만에 고향인 동경의 사바마타에 돌아온 토라 씨는 그리운 가족들과 눈물의 재회를 하고, 다음 날 여동생의 맞선 자리에 따라나서게 된다.

일본의 고도성장을 상징하는 것 같은 일류호텔에서 맞선은 스프를 후룩후룩 소리를 내고 먹는 토라 씨가 분위기를 띄우려고 내뱉은 저속한 농담으로 파투가 난다. 집의 서민적인 밥상에서도 그날 있었던 일로 언쟁이 일어난다.

영화는 식탁을 통해 오래된 것과 새로운 것, 상류와 서민, 가족과 타인, 남과 여, 늙음과 젊음의 사이에서 흔들리는 관계들을 보여준다. 토라 씨는 결국 어느 식탁에도 어울리지 못하고 다시 혼자서 여행을 떠난다.

② 「청춘의 살인자」(1976)

하세가와 카즈히코 감독 / 미즈타니 유타카, 하라다 미에코.

1974년에 실제로 일어난 살인사건을 배경으로 한 원작으로 만든 청춘영화의 걸작이다. 부모의 도움으로 술집을 경영하는 청년과 애인인 의문스러운 소녀. 청년의 아버지는 흥신소에 소녀의 뒷조사를 부탁한다. 그 결과에 대해 이야기하는 부자 사이에는 긴장이 흐르고, 밖에 나갔던 어머니가 집에 돌아오니 부엌은 피투성이. 남편은 죽어있고 아들은 칼을 들고 있다. 아들을 경찰에 신고하지 않고 시체를 치우려고 하나, 말다툼 끝에 아들은 어머니도 죽여 버린다. 부자가 이야기를 하는 장면에 나오는 붉은 수박, 바닷가에서 먹는 아이스크림이 떠올리게 한 아버지의 아이스캔디 장사, 무화과를 훔쳐 먹는 장면 등, 영화는 가족을 해체해버린 청년이 극복하지 않으면 안되는 통과의례로서 추억들을 음식을 통해 그려내고 있다.

「청춘의 살인자」

3) 마주하지 않는 가족, 사라진 식탁

80년대 초반까지 대부분 일본영화 속의 가족 식사는 즐거움과 행복보다는 슬픔, 외로움, 참을 수 없는 분노와 고독을 그리고 있었다. 식탁은 일상의 풍요로움을 전하는 곳이 아니라 슬픈 투쟁을 하는 곳이었다. 그리나 80년대부터 일본영화는 의식하면서 반항해 온 가족이라는 개념, 그 자체가 사라져버린 부모와 자식의 개개인의 심상세계를 보여주는 영화가 등장한다. 버블의 시대라고 불리는 일본의 80년대는 어떤 의미로 고전적인 인간상과 세계관이 붕괴해가는 시대의 시작이기도 했다. 80년대에 일어난 금속배트 살인사건(수험 때문에 잔소리하는 아버지를 아들이 때려죽인 사건)은 '가족의 붕괴'를 상징하는 사건으로 일본인들을 경악하게 했다.

① 「가족게임」(1983)

모리타 요시미츠 감독 / 마츠다 유사쿠, 이타미 쥬죠, 유키 사오리.

「가족게임」

강 옆의 맨션에 사는 전형적인 4인 가족과 그곳에 찾아온 무표정한 얼굴의 가정교사. 반항적인 수험생과 무관심이 지배해 게임같이 되어 버린 가족관계에 대해 가정교사는 점차 분노를 느낀다. 영화는 아이들과 마주하려 하지 않는 부모의 모습을 통해 부서진 내부의 커뮤니케이션을 현재화 한다. 너무나도 유명한 옆으로 나란히 앉아 먹는 식사장면. "내가 너무 깊이 간섭하면 배트 살인사건이 일어나는 거야. 그래서 가정교사에게 대리를 시키는 거잖아." 영화 가족게임은 사람과 사람이 부딪치는 것을 회피하는 시대의 시작을 절묘하게 포착한 영화이다.

② 「우나기」(1998)

이마무라쇼헤이 감독 / 야쿠쇼코우지, 시미즈미사.

평범한 회사원의 집에 날라온 아내의 불륜을 밀고하는 편지. 밀회 장면을 목격한 남편은 아내를 사정없이 칼로 찔러 죽인다. 피투성이가 된 채 남편은 자수를 하고, 형기를 마치고 나와 시골에서 이발소를 하고 있다 형무소에서 키우던 장어만이 유일한 말동무이다. 껍질 속에 숨어들어간 남자에게 자살미수의 상처를 가진 여자가 다가온다. 여자는 이발소에서 남자를 열심히 도우고, 식사를 만든다. 옆에서 보면 부부 같은 풍경. 남자가 낚시를 가는 날이면 여자는 도시락을 준비한다. 영화의 첫 부분에서 살해당한 아내도 낚시하러 가는 남편에게 도시락을 건넸다. 그리고 배신을 했다. 그래서 남자는 받지 않는다. 여자는 도시락을 계속 만들며 남자를 기다린다. 남자와 여자란 무엇인가? 부부와 가족이란? 타인과 관계 맺음의 어려움을 영화는 도시락을 통해 보여주고 있다.

4) 가족의 모색, 재생되는 식탁

일본인이 그들의 정체성을 잃어버리고 있던 80년대, 90년대를 지나 2000년 이후 일본에서는 일본인이 무엇을 재생해야만 하는가를 모색하는 영화들이 많이 제작되고 있다. 가족의 재생도 그 중 하나이다. 여전히 영화 속에서는 가족과 음식의 관계가 묘사되고 있고, 가족이나 유사가족을 통해 식탁과 식사의 풍경이 때로는 긍정적으로 때로는 부정적으로 그려지고 있다.

① 「**공중정원**」(2005)

토요다 토시아키 감독/ 코이즈미 쿄코, 스즈키 안, 이타오 이츠지.

「공중정원」

비밀을 가지지 않는다는 룰을 정한 가족. 아내는 그린 듯이 인공적이고 완벽하게 웃는 얼굴로 행복한 식탁 그리고 아름답게 공중에 떠 있는 환상적인 정원을 만들어낸다. 그녀는 가족 전원을 관리하고 그들의 비밀을 알고 있다. 남편은 바람기가 많으며 딸은 학교에 가지 않고, 아들은 여자 가정교사와 사귄다. 그러나 그녀는 절대로 말하지 않는다. 비밀을 가지지 않는 것이 이 가정의 '행복'의 룰이니까. 영화 속에 등장하는 가족의 식사는 완벽해서 오히려 이상하다. 아침은 가족 전원이 똑같은 정도로 구워진 식빵 같은 형태, 같은 크기의 달걀 프라이, 테이블 위의 접시도 같은 간격을 유지하며 놓여 있다. 저녁도 가족 전원이 같이 매일 푸짐한 밥상이다. 불안한 공중정원처럼 그들의 식사도 가족관계도 청결하고 아름답고 그리고 불안하다.

② 「동경소나타」(2008)

쿠로사와 키요시 감독 / 카가와 테루유키, 코이즈미 쿄코.

경제 불황에 빠진 동경. 중동은 전쟁중이다. 회사에서 정리해고를 당한 남편은 가족에게 알리지 못하고 있다. 공원에서 식사 배급을 받는 남편을 목격한 아내. 미군에 지원한 장남. 급식비를 피아노 교습비로 써버린 차남. 각자의 작은 비밀은 조금씩 가정을 붕괴시켜

간다. 영화는 근년의 일본영화 중에서도 가장 보편적이고 현실적인 식탁풍경을 보여준다. 평범한 식사. 어느 집 밥상에서나 볼 수 있는 일상적인 음식들을 별말 없이 조용히 먹을 뿐이다. 영화는 가족의 식사 풍경을 반복해서 보여준다. 아내가 만드는 간식, 아들은 필요 없다고 한다. 남편을 위해 준비한 저녁, 늦게 들어온 남편은 밖에서 먹고 왔다고 한다. 붕괴 직전의 가족을 되돌리기 위해 노력하던 아내가 강도와 함께 사라지고, 각자의 고독한 하룻밤을 보내고 나서야 비로소 그들은 가족의 재생을 모색한다. 다시 집으로 돌아와 밥을 먹는 가족, 함께 먹는 모습이 가족을 계속하겠다는 그들의 의지를 느끼게 한다.

2.2. 고식孤食– 혼자서 먹는 밥, 소통을 잃어버린 일본인

'식탁'이란 밥을 먹기 위한 가구를 의미하지만 우리는 식탁에서 다양한 의미와 장면을 떠올릴 수 있다. 식탁은 단순히 밥을 먹는 장소가 아니라 가족이 모이는 장소, 가족 간의 커뮤니케이션을 상징하는 장소이기도 하기 때문이다.

영화나 드라마, 소설에서도 식탁이 있는 장면은 이야기의 전개상 중요한 설정이 되어 있다. 일본영화 속의 식탁은 시대와 함께 변화해 왔으며, 동시에 일본인의 가족관계와 형태도 크게 변화되어 왔다.

여기서는 일본이 현재 안고 있는 가족 간의 소통부재의 문제와 '고식孤食' 현상을 소개한다.

일본인은 기본적으로는 집단주의로, 뭐든 타인과 같이 하지 않으면 싫어하는 민족이라고 알려져 있다. 일본인이 가장 중요하게 생각하는 정신이 '화和'인데, 하나가 된다는 의미이다. 화의 개념을 정의하고 있는 것은 유교의 가르침이며, 일본에서 명문화한 것은 아스카시대(604)의 〈17조 헌법〉부터이다.

혼자서만 가는 카페

일본에서는 흔한 카운터 석

일본사회의 '화'의 문화를 형성해 온 것은 연대책임제도에 의해 수탈을 당해온 농민들 사이에서 자발적으로 생긴 연대감, 책임감 그리고 그것에서 발생한 '다른 농민과 자기와의 동일화'라는 개념이라고 생각할 수 있다.[8] 또 일본이 섬나라이고, 소수민족에 의해 구성된 것, 에도시대의 쇄국정책도 화의 문화를 발전시킨 원인이기도 하다.

그러면 현대의 '화' 문화는 어떨까? 지금도 여전히 일본인이 가장 중요하게 여기는 덕목으로 남아있지만 이전과 달리 이해관계가 존재하지 않는데도 집단을 만들려는 경향을 보인다.

이러한 일본의 동지의식(나카마 의식)의 이면에는 우리와 다른 남을 배타하는 차별의 문화가 존재한다. 차별받지 않기 위해서는 집단의 룰(규범)을 지키지 않으면 안된다. 남과 다른 '차이'에 대한 두려움이 현대의 '화' 문화의 바탕에 있는 것이다.

그럼에도 불구하고 소통에 미숙한 사람들이 늘어나고 있는 것이 오늘날 일본의 모습이다. 현대만의 문제는 아니지만 일반적으로 일본인은 소통이 서툴다. 얼굴을 보지 않고도 할 수 있는 인터넷이나 전화를 이용한 '표면상'의 커뮤니케이션은 가능하지만 얼굴을 마주 대하는 순간 말하고 싶은 것을 말하지 못하는 경향이 있다. 일본인 특유의 '혼네'와 '타테마에'[9]의 양면성 때문에 표면적으로는 상대의 의견에 동조해 버리는 것이다.

남에게 피해를 끼치지 않고 남이 봐서 부끄럽지 않은 행동을 하는 것이 강제되는 사회, 어떻게 보면 일본인은 세계에서 자기 규제를 가장 잘하는 국민이라 할 수 있다. 일본인의 규범은 '내' 가 아닌 '타인' 의 시선이다.

마음의 평화를 위해 집단의 일원이 되면 그 집단에 속한 타인의 시선에 규제 받게 된다. 가족관계도 예외는 아니다. 그들에게는 가족도 폐를 끼치면 안되는 또 다른 집단이다. 그래서 가족 구성원 사이에서도 '인내'와 '규제' 는 존재한다.

근년에 나타나는 '孤食 현상' 도 이런 맥락에서 이해할 수 있다. '孤食'이란 혼자서 밥을 먹는 것을 말한다. 각자 편한 시간에 따로 먹는 개식個食과는 다른 고독하고 외로운 식사의 의미이다.

후생성의 〈국민 영양조사〉에 의하면 혼자서 아침을 먹는 초등학생이 1983년에는 22%였지만, 99년의 조사에서 이미 50%를 넘어섰다고 한다. 더 심각한 것은 "밥은 혼자서 먹는 게 좋다"고 생각하는 아이들이 증가하고 있다는 것이다. 이것은 어른의 사회도 마찬가지여서 어른들의 자발적 고식도 나날이 증가하는 추세이다. 현대 일본에서 나타나는 '혼자서 밥 먹는 문화'는 일본사회의 소통의 부재, 관계의 부재를 나타내는 사회현상이다.

혼자가 편한 일본인-혼자 먹는 불고기점

올해 일본의 여러 대학 학생식당에서 커뮤니케이션에 불편함을 느끼는 학생들을 위해 카운터석을 마련하는 공사가 진행중이라고 한다. 테이블에서 혼자 먹는 모습을 다른 사람에게 보이고 싶지 않아 화장실에서 밥을 먹는 대학생들이 증가하고 있기 때문이다.

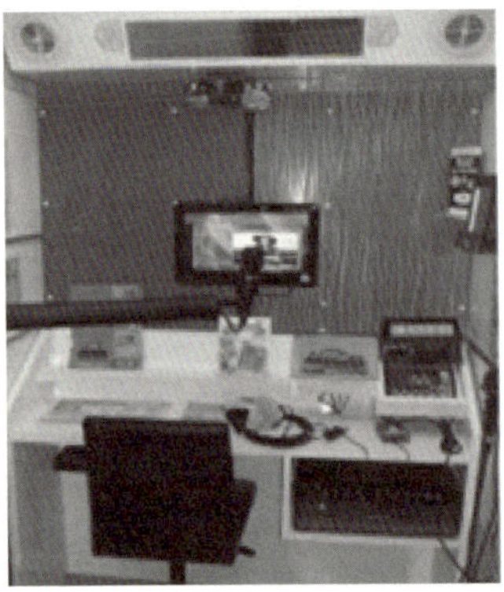

1인 가라오케

2007년에 유니세프가 발표한 OECD 국가 아이들의 행복도에 관한 조사결과를 보면 일본의 아이들(대상연령 15세)이 가장 고독하다고 한다. "자신이 고독하다고 느끼는가?"라는 질문에 "그렇다"고 대답한 아이들이 29.8%로 OECD 24개국 중 가장 높았다. 3명 중 1명은 자신이 고독하다고 느끼고 있다는 것이다.

밥 같이 먹어주는 DVD

2010년 1월 NHK는 〈보도 프로젝트 내일의 일본〉에서 주먹밥이 먹고 싶다는 유언을 남기고 아사한 30대 남성의 이야기를 다루며, '무연사회無緣社會 무연사無緣死 3만2천명의 충격'을 방송해 큰 화제를 불렀다.

혈연관계의 단절, 주변 사람에게 무관심한 "무연無緣사회", 눈을 마주치기를 싫어하는 사람들, 혼자 가라오케, 1인 접객 서비스, 1인 전용 술집, 독신자의 고독사. 현대 일본에서 나타나는 이런 현상들은 타인의 시선을 완전히 무시하거나, 타인의 시선이 닿지 않는 곳으로 숨어 들어가 버리고 싶어 하는 일본인의 심리의 표출이다. 가족과의 소통마저 불편해 하는 일본의 젊은이들, 현대의 일본인들은 스스로 고인孤人이 되어가고 있다.

[참고 문헌]

- 成瀬巳喜男 「映画作家のペース」, 『キネマ旬報增刊日本映画監督特集』, 1960.
- 中古智蓮實重彦, 「成瀬巳喜男の設計」, 筑摩書房 , 1990.
- 成瀬巳喜男: 日常のきらめき, キネマ旬報社, 1997.
- 蓮實重彦, 「成瀬巳喜男の世界へ」, 筑摩書房, 2005.
- 藤村隆史, 「成瀬巳喜男とは何か」, http:/movie.geocities.jp/dwgw1915

주_

1_ 일본의 영화감독. 1950년대 초반 구로자와 아키라와 함께 세계 영화계에 일본영화의 존재를 알렸다. 파멸의 위기에 처한 여인들의 험난한 인생역정을 놀랄 만큼 세련된 스타일로 그려낸 영화 세계로 인해 "영화계의 셰익스피어"라는 평가를 받았다.

2_ 구로사와 아키라, 미조구치 겐지와 함께 일본영화의 3대 거장으로 손꼽힌다. 인간의 순환적 삶을 스크린에 담아낸 영화 예술의 최고 경지를 보여준 작가로 평가받고 있다. 세계 영화사에서도 '위대한 감독' 중 한 사람으로 기록된 그는 특히 한국 감독들에게도 깊은 영향을 미쳤다.

3_ 쇼치쿠와 동보는 지금도 활동을 계속하고 있는 메이저 영화기업이다.

4_ 1919년 창간 영화 잡지. 『キネマ旬報』

5_ 일본의 시인 · 소설가 (1885–1962). 시집에 『사랑의 시집』, 소설에 『오빠 동생』 등이 있음.

6_ 일본의 소설가(1899–1972). 1968년에 노벨 문학상 수상. 대표작 『설국』, 『이즈의 무희』, 『千羽鶴』.

7_ 일본의 소설가(1900–1986). 중간소설 작가로 분류된다. 작품이 대부분이 영화화되었다.

8_ 일본에서는 카마쿠라 막부 무렵부터 농민들에게서 연공미(年貢米)를 확실히 걷기 위해 일정수의 구성원으로 이뤄진 집단(五人組 등)을 설립하여 연대 책임제를 이용해 왔다. 즉, 모든 농민은 운명공동체 일 수 밖에 없었던 것이다. 집단내의 모든 농민이 하나로 의견을 모으지 않으면 안되었다.

9_ 혼네와 타테마에는 어떤 사항에 대한 감정의 차이를 나타내는 말로 일본인의 고유한 가치관이다. 일본인론을 말할 때 자주 사용된다. 혼네란 개인이나 집단이 느끼는 자유로운 마음이며, 타테마에란 사회가 기대하는 대외적인 요소를 반영한 마음이라 할 수 있다.

가족의 탄생, 새로운 의미의 가족

제 목 가족의 탄생
감 독 김태용
개봉년도 2006년
상영시간 113분
제 작 사 블루스톰
장 르 드라마
등 급 15세 관람가
음 악 조성우
카 메 라 조용규 이영훈, 박성진, 신현철, 박명진, 편근철
수상경력

- 2006년 제47회 데살로니카 국제영화제 (각본상, 여우주연상, 골든 알렉산더상)
- 2006년 제26회 한국영화평론가협회상 (최우수작품상)
- 2006년 제27회 청룡영화상 (여우조연상, 감독상)
- 2006년 제14회 이천 춘사대상영화제 (신인남우상)
- 2006년 제7회 부산영화평론가협회상 (감독상, 최우수작품상)
- 2007년 제44회 대종상 영화제 (최우수작품상, 시나리오상)

Contents

1 영화 「가족의 탄생」 읽기

1.1. 또 다른 시선, 김태용 감독

김태용 감독은 2000년대 가장 왕성하게 활동한 감독 중의 한 명이다. 연출과 제작, 각본 그리고 출연이라는 대부분의 영역을 소화해내는 만능 재주꾼이다. 이런 경험들이 각본을 쓸 때는 연출의 부분까지 신경을 쓰게 되고, 연출을 할 때는 시나리오의 느낌을 잘 살려 주는 것이 아닐까.

1969년 서울에서 태어난 김 감독은 정치외교학과를 졸업한 후 독립프로덕션 '서울텔레콤' PD로 활동한다. 이후 한국영화아카데미, 호주국립영화학교를 졸업하며 본격적인 영화인의 길을 걷게 된다. 연극 「매혹」(2004)을 연출하기도 했고, 교육방송 EBS에서 '시네마천국'이라는 TV 프로그램의 진행을 맡기도 했다.

연출중인 김태용 감독

영화감독으로 데뷔한 작품은 「여고괴담 2」(1999)이다. 이 영화는 한국영화아카데미에서 만난 민규동과 공동 감독을 한 것이며, 1998년에 최초로 개봉되어 2009년까지 다섯 편이나 제작된 여고괴담 시리즈 영화의 두 번째 작품이다.

그가 연출을 맡은 영화는 「이 공을 받아줘」(2003), 「온 더 로드, 투」(2005), 「가족의 탄생」(2006), 「시선 1318」(2008), 「만추」(2010), 「신과 함께」(2011) 등이다. 「155마일」(2007)에서는 제작을 맡기도 했으며, 「동백꽃」(2004), 「내 생애 가장 아름다운 일주일」(2005), 「모두들, 괜찮아요」(2006)에서는 배우로 출연하기도 했다. 이 중에서 주목할 작품은 독립영화들이다.

「이 공을 받아줘」(2003)는 이후에 옴니버스 영화 「이공」(2005)에 포함되어서 상영되었다. 2005년 KBS의 프로그램 '독립영화관'에 상영되기도 했다. 버스를 타고 풍경 사진을 찍던 여자가, 싸우는 남녀 커플을 촬영하면서 벌어지는 내용을 담고 있다. 연신 셔터를 눌러대는 여자의 모습에서 사물을 관찰하고자 하는 감독의 시선을 느낄 수 있다. 여자의 카메라에 포착된 남녀는 이후 촬영될 많은 사진들의 일부라 할 수 있다.

「달리는 차은이」는 국가인권위원회가 제작한 옴니버스 영화 「시선 1318」에 포함되어 있다. 전주국제영화제 폐막작이기도 한 이 영화는 주로 학창시절의 학업과 꿈 그리고 성장에 관해서 다루고 있다. 특히 다문화 시대의 '가족'의 의미에 대해서 진지한 성찰과 건전한 대안을 제시해 주고 있다.

이 두 작품 모두 독립영화이고 김태용 감독 영화의 관심인 '시선'을 잘 보여주고 있다. 사실 그가 이 영화들에서 보여주는 것은 우리 주변에 있지만 관심에서 벗어나거나 잘 보이지 않는 공간에 대한 관심이라고 할 수 있다. 이런 점에서 그가 추구하는 영화 세계는 상업적인 지향과 다소 차이를 보이고 있다.

상업성과 예술성은 영화의 오랜 화두이다. 예술적 완성도가 높은데다 흥행까지 한다면 더 바랄 것이 없다. 1993년에 개봉되어 한국 최초 100만 관객을 동원한 영화 「서편제」가 이를 잘 보여주었다. 이 영화에서는 상업적 요소를 발견하기 어려웠다. 김태용 감독의 영화는 상업성을 배제하지는 않았겠지만 그것을 따라가지는 않고 있다. 그래서 할리우드의 블록버스트를 보는 느낌으로 그의 영화를 평가해서는 안되며, 영화의 즐거움을 발견하기 위해서는 세밀한 관찰이 필요하다.

소설가 박완서가 그의 영화 「가족의 탄생」에 관심을 두었다는 사실은 많이 알려져 있다. 김 감독이 다분히 영화언어적 방식으로 만든 작품이 마니아들에게 즐거운 읽기를 제공해 주고 있기 때문일 것이다.

김태용 감독은 여러 영화에도 출연했고, 이 영화의 각본도 직접 썼다. 배우와 시나리오 작가와 연출자의 입장을 동시에 가지

「이공」

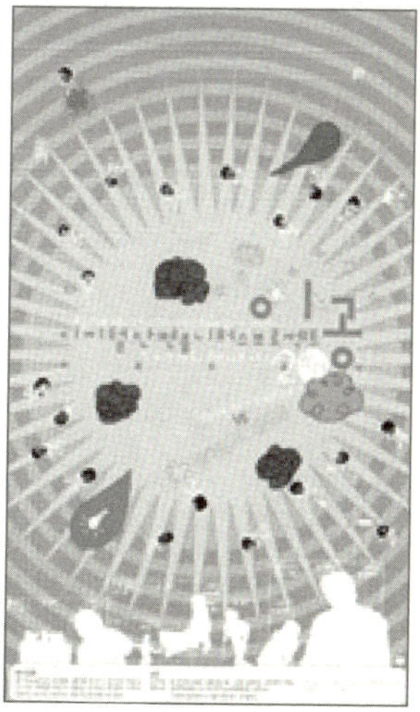

「시선1318」

고 있어서 내용이나 형식에 있어서 빈틈 없는 정교한 흐름을 보여주고 있다. 각각의 장면들과 대사들은 마치 시처럼 은유적이고 함축적이다. 그래서 중요한 장면의 대사들은 마치 시의 표현방식처럼 반복을 통한 강조와 함께 암시적인 성향을 가지고 있다.

김태용 감독의 영화 성향은 '시선'이라는 말로 표현할 수 있다. 그가 눈길을 주는 곳은 주로 새로운 세계이다. 김 감독의 시선이 주로 머무는 곳은 만남과 가족이다.

「만추」

근래 현빈과 탕웨이 주연으로 관객들의 주목을 받은 「만추」(2011)도 만남에 대한 영화이다. 원작은 1966년 이만희 감독의 동명 영화이다. 비록 공간이 한국이 아닌 시애틀이고, 열차가 아닌 버스로 이동 수단이 변경되었지만 '가석방 여자, 쫓기는 남자, 만남과 이별' 등의 공식은 크게 다르지 않다. 우리 삶 속의 짧은 만남과 이별 그리고 기다림에 대해서 이야기하고 있다. 이 영화로 제20회 부일영화상 최우수 감독상을 수상하였다.

여러 수상 경력이 말해 주듯이 그를 대표하는 영화는 「가족의 탄생」과 「만추」이다. 널리 알려진 것은 「만추」를 통해서지만, 그의 영화 개성을 가장 잘 드러낸 대표작은 「가족의 탄생」이라고 할 수 있다.

1.2. 영화 읽기

1) 줄거리

이 영화는 개별적인 세 가지의 이야기로 구성되어 있지만 모두 하나의 이야기로 귀결된다. 첫 번째 이야기와 두 번째 이야기가 세 번째 이야기로 이어진다. 대략적인 줄거리는 다음과 같다.

영화는 긴 터널을 통과하는 기차의 바퀴 소리로 시작된다. 긴 터널을 빠져 나온 기차 속에는 경식과 채현이 등장한다. 그들은 음료수와 계란을 먹으면서 급속하게 가까워진다. 경식은 채현에게 원래 이렇게 모르는 남자와 쉽게 친해지느냐고 묻는다. 채현은 경식이 친절해서 그렇다고 대답한다. 그 다음 신에서는 관광가이드 면접을 보는 선경의 활달한 모습과 분식집을 운영하는 미라의 모습이 이어진다. 그리고 미라는 남동생 형철의 전화를 받는다.

1

첫 번째 이야기는 분식집을 하는 미라와 동생 형철의 만남으로 시작된다. 형철은 군대를 제대했지만 5년간이나 소식이 없었다. 그리고 불현듯 나타나 결혼했다고 하며 미라에게 중년의 여인 무신을 소개한다. 무신은 형철보다 20살이나 연상이다. 형철과 무신의 행동들은 미

형철(엄태웅)과 무신(고두심)

라에게는 낯설고 당혹스럽게 여겨진다. 그러나 무신은 처음의 우려와는 달리 미라가 하지 못하는 형광등을 갈아 끼우기도 하며 점점 가족의 구성원이 되어 간다.

그러던 중 미라의 예비 신랑 김 사장과의 식사 모임은 형철의 과격한 행동으로 난장판이 되고 이 일로 미라와 형철의 관계가 소원해진다. 형철은 특유의 재롱과 늑살로 김사장에게 사과를 하고 미라에게도 웃음을 되찾아 준다. 가을 야유회를 간 자리에서 그들은 겨울 이부자리도 구경하고 사진도 같이 찍으면서 가까워진다.

이 무렵 무신의 전남편의 전부인의 딸이라는 채현이 불현듯 찾아온다. 채현의 등장으로 가족은 불화를 겪지만 우여곡절을 겪으며 그녀를 가족으로 받아들인다. 그러나 형철의 부재가 길어지자 무신은 채현을 데리고 떠난다. 어느 비 내리는 날 미라는 담배를 피우면서 무신이 즐겨 부르던 유행가를 흥얼거린다. 그때 전화벨이 울리고 미라가 등을 돌려 전화소리를 듣는다.

 # 2

두 번째 이야기는 관광가이드 일을 하는 선경과 유부남 운식의 사이에서 어린 아들을 둔 엄마에 관한 내용이다. 선경은 자신에게 관심이 없고 늘 남자들과 자유롭게 연애를 하는 엄마에게 불만이 많다.

그녀는 출근 준비를 하던 중에 갑자기 찾아온 엄마를 바쁘다는 핑계로 쫓아낸다. 엄마는 트렁크와 보자기 짐만 둔 채 선경의 집을 나선다.

선경(공효진)과 엄마 매자(김혜옥)

선경에게는 준호라는 남자 친구가 있지만 서로를 이해하지 못한 채 서먹한 관계이다. 준호는 새롭게 시작할 마음을 가지고 있지만 선경은 이별을 준비한다. 그들은 선경의 자취방에서 각자의 짐을 챙긴다.

병세가 점점 깊어지는 엄마에 대한 가여움은 온전한 가정을 가지고 있는 운석에 대한 분노로 이어진다. 운식의 집을 예고 없이 방문한 선경은 그의 가족들 앞에서 그를 몰아세우지만 자기의 예상과는 달리 자기 엄마를 사랑한다는 말에 충격을 받는다.

엄마의 병세는 점점 깊어지고 선경은 어디 좀 같이 가자는 엄마의 마지막 요청을 바쁘다며 뿌리친다. 그것이 선경과 엄마의 마지막 대화였다. 초라한 빈소에는 아직 상황을 잘 모르는 어린 경석과 선경만이 자리를 지키고 있다. 엄마의 상을 치르고 난 뒤 선경은 그동안 열지 못했던 트렁크를 마침내 열게 된다. 그 속에서 자신의 어린 시절 물품들과 엄마와 찍은 사진을 발견하고 울음을 터뜨린다.

3

세 번째 이야기는 순수한 청년 경석과 친절한 여인 채현에 관한 내

경석(봉태규)과 채현(정유미)

용이다. 경석은 여자 친구 채현이 지나치게 주변 사람들에게 관심을 주는 것이 불편하다. 이런 그녀에게 경석은, 사람들이 그녀를 진짜 좋아하는 것이 아니고 이용하는 것이라고 말해 준다. 두 사람은 견해 차이로 자주 마찰을 일으키고 답답한 경석은 누나에게 마음을 털어놓으며 상담을 받는다.

경석 가족과 식사 약속을 잡은 채현이 상호 씨의 아들 영호를 찾아 주는 일 때문에 불참하면서 경석의 인내심은 한계에 달한다. 채현은 영호가 외로운 아이이고 어디서 숨어 노는지 아는 사람은 자기밖에 없다며 해명한다. 서먹해진 그들은 기차여행을 떠나고 경석이 차 사고를 당할 뻔한 위기를 넘기면서 서로의 사랑을 확인한다.

경석과 채현은 무신의 생일을 맞아 무신과 미라가 사는 집으로 향한다. 20여 년의 세월이 흐르는 동안 무신과 미라도 흰머리가 생겼다. 생일 케이크에 불이 밝혀지고 모두 생일 축하 노래를 부른다. 경석은 생일 선물로 계란 인형을 준다. 그때 마침 TV에서 선경이 합창

단원으로 참가해서 부르는 노래가 울려 퍼진다.

겨울이 다가오고 새롭게 가족이 된 그들이 함께 김장을 하는 중에 20년 동안 소식이 없던 형철이 만삭의 여인과 함께 불쑥 나타난다. 자신을 받아 줄 것이라는 형철의 바람과는 달리 그들은 형철을 대문 밖으로 몰아내고 계속 김장을 한다.

2) 등장인물 들여다보기

이 영화는 가족 이야기이고, 기본적으로 인물 중심의 영화이다. 감독은 이 영화에서 진짜 공간들을 담고 싶어서 춘천에 있는 집, 오산의 미군기지 부근, 춘천 집으로 향하는 로드 무비의 공간 등을 담았다고 한다. 그래서 이 영화는 '가상의' 아주 특별한 가족 이야기를 담고 있지만 그 공간은 매우 현실적인 토대에 바탕을 두고 있다.

감독의 말처럼 '대안가족 홍보영화처럼' 돼버린 이 영화의 가족 이야기는 그 바탕에는 연애가 깔려 있다. 연애는 가족의 출발점이 된다. 1부에서는 형철이 무신과 연애를 했고, 2부에서는 선경과 준호, 매자와 운식의 연애가 그려진다. 3부에서도 이어지는 경석과 채현의 연애는 '혈연'이 아니더라도 '연애'가 있어야 가족이라는 점을 부각시켜 주고 있다.

각각의 에피소드 속에서 인물들은 매우 복합적인 모습을 가지면서 메시지 전달에 한 발씩 다가가고 있다.

가. 떠도는 자와 지키는 자, 형철과 미라

영화의 출발이 되는 에피소드는 형철과 미라에게서 출발되고 있다. 영화의 첫 부분과 끝 부분이 바로 미라의 집이기 때문이다. 형철은 안주

형철은 시간이 흘러도 여전히 젊은 외모를 가지고 있다.

하지 못하는 삶을 살고 있지만 믿을 곳은 오직 누나 미라 뿐이다. 미라는 오랜 시간이 흘러도 여전히 한 자리를 지키고 있다.

영화는 크게 '떠도는 자'와 '지키는 자'의 인물 구도로 그려지고 있다. 전통과는 다른 '변화'로 이야기할 수 있는 '떠돌아다님'과 전통적 가치를 지키려는 '안주'가 대립각을 세우면서 영화를 이끌어 가고 있다. 이 둘은 인간 본연의 자세라고 할 수 있는 일상성에서 차이를 보이고 있다.

이러한 현상은 첫 번째 에피소드에서 가장 두드러지게 드러난다. 형철은 끝없이 떠돌아다니지만 미라는 항상 그 자리를 지키고 있다. 두세 번째 에피소드에서 선경과 경식이 지키는 사람이라면 엄마와 유부남 운식 그리고 채현이 떠도는 자이다. 그러나 영화의 마지막에 이르면 이 떠도는 자들도 대부분 모두 자기의 자리를 찾아간다.

선경 엄마의 죽음으로 운식과의 관계도 자연스럽게 마무리되었고, 채현도 경석과의 관계가 가까워지면서 안정감을 찾는다. 더구나 형철 때문에 전혀 생소한 곳에서 삶을 시작하는 무신도 미라와 같이 살면서 이들 모두는 지키는 자가 된다.

영화에서 끝내 떠도는 자는 형철뿐이다. 무신과 채현의 등장은 모두 형철에 의해서 비롯된다. 형철이 없었더라도 두 번째 에피소드인 선경과 미라의 이야기는 가능하겠지만 세 번째 이야기의 탄생은 사실상 어렵다. 이 모든 처음과 끝의 매듭을 쥐고 있는 사람이 바로 형철이기 때문이다.

다른 사람들은 20여 년의 시간이 흐르는 동안 성장하거나 늙어서 외모가 변하지만 형철은 여전히 변하지 않는 모습을 보여주고 있다. 비록 연상이긴 하지만 무신이 할머니가 되고 누나 미라도 흰머리가 생기고 있는데 다시 불쑥 찾아온 그는 떠날 때와 크게 다르지 않다. 영화에서는 떠도는 자와 지키는 자를 통해서 변화와 전통이라는 메시지를 전달하고 있다.

김장을 하던 '가족' 들이 마지막으로 그를 대문 밖으로 밀어낸 것은 전통세계를 지키겠다는 확고한 신념의 표현이 아닐까. 아이러니하게도 그들의 구성은 혈연을 배제한 매우 비전통적 방식인데도 말이다.

나. 상처받은 어린 영혼, 채현

채현은 어린 시절의 무관심으로 인해 타인에게 과도한 친절을 베풀게 된다.

세 번째 이야기에서 채현은 늘 경석의 마음을 아프게 하는 인물로 등장한다. 항상 자신보다 이웃을 먼저 배려하고 지나칠 정도로 타인에게 친절을 베푼다. 이런 점이 늘 경석은 못마땅하다.

채현은 무신의 전남편의 전부인의 딸이다. 무

신과도 혈연관계가 없으니 당연히 형철이나 미라와는 더 무관하다. 오죽하면 다시 결혼을 한 무신에게 어린 채현이 찾아왔을까. 미라의 집에서도 채현은 환영을 받지 못하는 존재이다. 같이 놀아줄 사람도, 그를 살갑게 대해줄 사람도 없다.

혼자서 마당을 뛰어다니거나 대문 앞에서 쪼그리고 앉은 어린 시절의 그녀에게 각인된 것은 깊은 외로움이었다. 이 때문인지 성년이 된 후에도 그녀는 지나칠 정도로 타인에게 친절을 베푼다. 더구나 자신의 어린 시절을 떠올리게 하는 영호에게는 더 큰 관심을 가진다. 엄마도 없이 외로운 아이이기 때문이다.

경석과의 식사 약속을 지키지 못한 그녀는 영호가 외로운 아이이고 어디서 숨어 노는지 아는 사람은 자기밖에 없다고 한다. 왜냐하면 그녀도 영호처럼 외롭게 자랐기 때문이다. 그러나 그녀는 자신의 행동에 큰 문제가 있다고 여기지는 않는다. 그것이 그녀의 일상성이기 때문이다.

다. 안정된 삶에 대한 열망, 경석

경석은 선경의 엄마 매자와 유부남 운식 사이에서 태어났다. 엄마가 살아 있을 때는 공식적인 아버지의 부재가 있었고, 엄마의 사후에는 부모의 부재를 겪었다. 유일하게 남은 가족이 누나 선경이었지만 아버지가 달랐다.

이런 환경에서 자란

경석은 늘 안정된 가정에 대한 소망을 간직하고 있다. 누나 선경이 늘 엄마의 일탈에 대해 말할 때면, 결혼을 하지 않고 사는 선경도 엄마와 닮았다고 말해 준다. 경석의 입장에서 보면 엄마나 선경이나 모두 일상성을 벗어난 사람들이다.

안정된 가정을 한 번도 가져보지 못한 경석은 무엇보다 '안정감'에 대한 기대가 높다. 그러니 늘 자신이 아닌 외부에 관심을 가지는 듯 보이는 여자 친구 채현에게 불만이 많을 수밖에 없다. 남들이 보면 오해할 만한 행동을 채현이 하고 있기 때문이다. 화해를 위해 그들이 기차를 타고 여행을 할 때 다음과 같은 대화를 나눈다.

–경석 : 남자 친구 있으세요?
–채현 : 있다 없다 해요.
–경석 : 지금은요?
–채현 : 도망갔어요. 나보고 미친년이래요.
–경석 : 미친년도 개성 있던데, 나는.

채현의 입장에서 보면 당연한 일들이 경석의 입장에서 보면 '미친' 일로 여겨진다. 남의 상갓집에서 마치 자기 집 일처럼 도와주려는 것이 채현에게는 당연한 일이지만 경석은 이를 지나친 것으로 여긴다. 그러니 둘의 사이가 하루도 편할 날이 없다.

이렇게 비일상적인 채현을 경석은 왜 그렇게 떠나지 못하는 것일까. 그것은 두 사람 모두 마음의 상처를 가지고 있고 그것을 본인들이 가장 잘 이해하기 때문이 아닐까. '미친년도 개성' 이 있게 보인다는 경석의 말은 이를 잘 이야기해 준다.

한 사람은 세상을 보듬어 가는 방식으로, 다른 사람은 자신의 우리를 지키는 방식으로 그들의 미래를 만들어 간다.

라. 시대의 관찰자, 선경

첫 번째 이야기에 등장하는 형철이 끝없이 떠돌면서 시간의 변화에 따라 사건을 만들어 가는 인물이라면 선경은 시간의 흐름 속에 몸을 맡기면서도 그것을 관찰하는 인물이다.

엄격히 말해서 선경은 자신과 연관된 일들을 관찰하고 깨닫는 자이지 적극적으로 해결하는 인물은 아니다. 그래서 선경에게는 '관찰자'라는 말이 적합하다. 관광가이드인 그녀는 고궁에서 남자 친구가 다른 여자와 같이 있는 것을 목격하지만 자신의 일이 아닌 듯 가볍게 넘겨버린다. 남자 친구의 연애를 목격하고도 말이다.

선경은 또 엄마와 유부남 운식의 딴 살림도 목격한다. 그들의 삶에 직접적으로 뛰어들어 변화시키기보다는 목격하고 이해하는 입장을 보인다. 또한 엄마의 죽음 후에 그토록 자신이 증오했던 엄마의 모습을 닮아 가는 것도 시간 속에서 자신의 삶을 바꾸려하지 않고 순응했기 때문은

아닐까. 남자 친구를 붙잡을 수도 있었고, 엄마에게 자신의 마음을 전할 수도 있었지만 모두 남의 일인 듯 운명을 시간에 맡겨 버린다.

선경은 온전한 가정을 가지고 있는 유부남 운식을 싫어했고, 그가 엄마를

만나는 것이 돈 때문이라고 생각한다. 그래서 운식의 가족들 앞에서 엄마를 사랑하느냐고 묻게 된다. 아무 말도 못할 것이라는 예상과는 달리 엄마를 사랑한다는 말을 들은 선경은 큰 충격을 받는다. 그러나 시간이 흐르면서 그들의 사랑을 이해하게 된다.

경석이 성인이 되어 채현과 만날 무렵, 자신이 꿈꾸던 합창단에서 노래를 하는 것은 모든 관찰을 끝내고 난 뒤에 오는 평화의 영화적 표현으로 볼 수 있다.

3) 영화 속의 암시들

몇 번이나 반복해서 보는 동안에도 여전히 궁금증이 남는 영화들이 가끔 있다. 영화 보기를 마친 후에도 딱히 '이 영화는 이러이러하며, 이러한 것을 전달하고 있다' 거나 '이 영화의 주된 메시지는 이것이다'라고 힘주어 단정하기가 어려운 경우 말이다. 「가족의 탄생」이 바로 이런 류의 영화이다.

감독은 다양한 방식으로 메시지를 전달하려고 한다. 그가 영화언어로 표현하고자 하는 것은 새로운 의미의 가족이다. 그런데 직설화법이 아니고 간접화법이다.

선경이 운식의 집을 방문하기 전에 복도에 놓인 낡은 풍금을 치고 있다. 이 장면에서의 메시지는 마치 시의 그것처럼 매우 다양하게 해석될 수 있다.

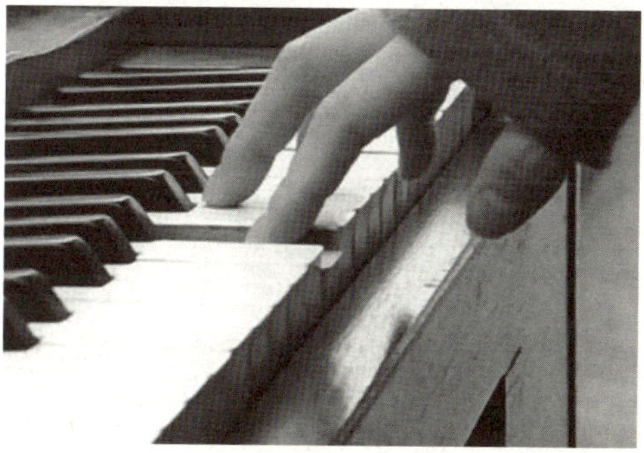

감독이 관객에게 보여주는 방식은 '넌지시 알린다' 는 의미를 가지고 있는 암시이다. 실지로 이 영화는 놀라울 정도

로 많은 암시를 가지고 있다. 심지어 눈을 잠깐 감았다 뜨는 동안에도 어떤 암시적인 장면이 지나가지는 않았을까 싶을 정도이다.

이렇다 보니 영화를 한 번만 봐서는 제대로 이해하기 힘들다. 마치 시의 감상법처럼 몇 번을 되풀이해서 읽으면 조금 더 그 메시지에 가깝게 다가설 수 있는 것처럼 말이다.

영화 속에서 암시들은 매우 다양하고 복합적으로 드러나 있다. 이 모든 것은 감독의 치밀한 계획에 의한 것들이다. 실제로 감독은 이 영화에서 '계산된 배치들' 이 걱정스러웠다고 한다. '시간의 착시효과는 물론이고 공간의 대응이나 대사, 행위들 같은 부분에 있어서 지적으로 배치된 부분이 없지 않다' 는 것이다.

그래서 영화를 꼼꼼히 보면 인물들의 표정, 대사 한 마디, 카메라의 각도 등등에서도 어떤 암시를 발견할 수 있다.

가. 밥과 김치, 한국적인 일상과 전통

밥은 이 영화에서 매우 중요한 키워드이다. 음식을 같이 먹는 장면에서 '가족' 의 동질감을 느끼기 때문이다. 사실 밥을 같이 먹는다는 것은 매우 큰 의미가 있다. 지속적으로 '밥을 같이 먹는 사이'는 가족이거나 아주 가까운 사이이다. 밥을 먹는 생존의 가장 기본적인 행위를 통해서 일상이 유

형철 부부와 누나, 예비 자형의 식사 장면

지된다. 그래서인지 가족을 소재로 한 이 영화에서도 '밥'에 특별한 의미를 부여하고 있다.

오랜만에 불쑥 찾아온 동생을 위해서 미라가 제일 먼저 하는 일이 바로 식사 준비이다. 또한 형철과 결혼한 무신도 제일 먼저 하는 일이 '밥 먹기'이다. 같이 식사를 한다는 것은 이미 그 속에 동질성을 가지고 있다는 것을 의미한다고 볼 수 있다.

미라가 형철 부부를 예비 신랑인 김 사장에게 소개하는 곳도 식당이다. 이들은 같이 밥을 먹으면서 동질성을 가진다. 그러나 형철과 예비 신랑인 김 사장의 갈등이 일어나는 장면에서는 식사도 끝이 나고 만다.

'밥'의 의미는 선경에게서도 찾아볼 수 있다. 남자 친구 준호가 여자와 같이 있는 것을 목격한 선경은 어두운 방에서 관객들을 향해 등을 돌린 채 혼자 밥을 먹고 있다. 혼자서 밥을 먹는다는 것은 가족의 부재나 상실을 의미한다. 경석과 채현의 갈등이 봉합되고 그들이 미라의 집을 찾은 날은 '같이 밥을 먹는' 무신의 생일날이다.

감독은 비록 혈연으로 묶이지는 않았지만 같이 밥을 먹는다는 생존의 가장 기본적인 행위를 같이 하는 사람들을 가족으로 여기고 있는 것 같다.

엄마가 주고 간 김치로 밥을 먹는 선경

아주 한국적인 반찬인 김치도 이 영화의 메시지와 연관된 의미심장한 단서를 제공하고 있다. 혈연으로 이어지는 전통적인 가족의 모습이 실종된 이

영화에서 계속 김치 이야기를 하는 것은 무슨 이유일까? 아무리 가족의 형태가 바뀌더라도 그 바탕에는 한국적인 정서가 깔려 있어야 한다고 믿는 것은 아닐까.

김치는 한국의 전통을 상징하는 것 중의 하나이다. 김치를 먹는다는 것은 좋으나 싫으나 한국인으로 살아간다는 의미일 것이다. 영화에서 김치의 의미는 특별하다. 영화 속에서 김치는 때로는 고독의 상징이도 했다가 화합의 상징이 되기도 한다.

두 번째 에피소드에서 주인공 선경이 이를 잘 보여준다. 그녀는 스스로 옳다고 생각하는 것을 믿으면서 혼자 살고 있지만 남자 친구 준호가 다른 여자와 같이 있는 것을 보고 슬픔에 빠진다. 집에서 혼자서 밥을 먹고 있는데 특별한 찬이 없다. 그래서 그토록 대립하던 엄마가 주고 간 열무김치로 밥을 먹는다.

김치만으로 밥을 먹는 그녀의 모습은 관광가이드 일을 하는 세련된 모습과는 다르다. 김치 속에는 한국인의 본성이 있다. 그 본성은 슬픔이거나 기쁨일 것이다. 김치만큼 한국을 잘 드러내 주는 대상물이 또 있을까. 그래서인지 선경은 고궁에서 관광객들의 사진을 찍어 줄 때도 계속 '김치~'를 외친다.

김장을 준비하는 가족들의 모습

영화의 끝 부분에 등장하는 김장 신도 아주 인상적이다. 겨울을 대비해서 같이 김장을 한다는 것은

이미 가족이 되었다는 것을 의미한다. 우여곡절 끝에 가족이 된 이들은 김장을 통해서 공동체의 삶을 보여주는 것이리라.

더구나 오랫동안 소식이 없다가 불현듯 나타난 형철은 이 '가족 김장 행사' 에 초대받지 못하고 문밖으로 쫓겨난다. 아주 특별한 가족의 구성에 매우 한국적인 김장이 등장하는 것은 참으로 아이러니하다.

나. 사진, 공동체의 기록

밥과 마찬가지로 사진도 가족의 중요한 요소로 등장하고 있다. 사진을 같이 찍는다는 것은 기록으로 남긴다는 의미일 것이다. 이런 점에서 '사진 찍기'는 밥 먹기와는 그 형태가 다르지만 '가족'을 구체적으로 증명하는 단서가 된다.

형철보다 무려 20살 연상인 무신은 미라에게 아주 편한 상대는 아니었다. 더구나 집이라는 같은 공간에서 생활해야 하는 미라의 입장에서는 불편한 존재가 될 수도 있었다. 이런 거리감을 없애준 것이 사진이었다. 부부인 무신과 형철이 사진을 찍고 있자 미라는 딴청을 부리고 있었지만 형철과 무신이 사진을 같이 찍자고 하자 가족이라는 이름의 사진기 프레임 속으로 들어간다.

야유회에서 같이 사진을 찍는 무신, 형철, 미라

사진이 영화에서 부각되는 장면은 이어지는 이야기에서도 찾을 수 있다. 선경은 고궁에서 준호를

만나지만 이미 그에게는 동행한 여자 친구가 있었다. 선경은 그들에게 사진을 찍자고 제의하는데, 그녀 자신도 모르게 준호와 가족이 되고 싶었던 것은 아닐까. 일본인 관광객들의 가족사진을 찍어 줄 때 프레임 속으로 엄마의 모습이 잠시 비쳤다가 사라지는 장면도 의미심장하다.

선경이 어머니의 죽음 후에 트렁크를 열었을 때 발견하게 되는 것도 사진이다. 어린 시절의 인형들과 함께 담겨 있는 엄마와의 사진을 보고 선경은 울음을 터뜨린다. 자신에게 무관심하다고 여긴 엄마가 그토록 오랜 세월동안 딸의 물품들을 고스란히 보관해 온 것이다. 선경은 그 사진을 통해서 비로소 엄마의 마음을 이해하게 된다.

다. 노래, 내면의 깊은 흥얼거림

밥과 사진, 김치가 다소 은유적으로 영상을 통해서 드러났다면 노래는 조금 직접적이다. 자신도 모르게 입 속에서 맴도는 노래, 그 노래는 이미 가수의 것이 아니라 내면에서 흘러나오는 오직 자신만의 '혼잣말'이 아닐까. 영화에서도 노래의 전략은 적절히 사용되고 있다. 영화의 곳곳에 감독이 설치한 유쾌한 부비트랩, 관객들은 알게 모르게 그 장치에 걸려들고 있다.

영화 속에서 무신은 계속 노래를 흥얼거린다.

무신이 미라의 집에 처음 왔을 때 계속 흥얼거리던 노래는 〈도로 남〉이다. 말 그대로 '남'과 '님'은 점 하나의 차이이다. 노랫말처럼 남들도 정말 님이 될 수 있는 것일까.

'남'들이 '님'이 되기 위한 조건에는 영화에서처럼 사소한 인연들이 필요하다. 가족인 '님'이 되기 위해서 필요한 전제조건이 바로 연애이다.

영화의 메시지에 조금 더 근접한 노래는 안양여성합창단이 부르는 〈사랑은 멀리 있지 않아〉이다. 오랫동안 혼자 생활해 왔던 선경의 꿈은 노래를 부르는 것이었다. 노래를 부르는 선경의 머리 위로는 불꽃이 터지고 있고 비로소 선경은 행복한 미소를 보여준다.

> 늘 같은 자리 / 맴도는 아이의 꿈
>
> 말하지 않아도 난 알아 / 한숨 담은 소망은
>
> 하늘을 향해 / 고개를 들어 크게 웃어봐
>
> 이젠 날 수 있어 / 따뜻한 사랑 그것은
>
> 멀리 있지 않아 / 두 손을 뻗어보면 / 느낄 수 있어

노랫말처럼 따뜻한 사랑은 멀리 있지 않았다. 오랜 세월이 지나서야 선경은 그것을 깨달을 수 있었다. 선경의 깨달음은 새로운 가족의 의미에 대해서 말해주는 이 영화의 메시지와 깊은 관련이 있다.

이 외에도 암시적인 장면들을 많이 찾을 수 있다. 가령 형철이 떠나고 난 뒤에 미라와 무신이 식사하는 장면이 그것이다. 형

빈 방에서 트렁크 옆에 선경이 있는 장면. 트렁크를 열기 전까지 선경은 엄마를 이해하지 못하고 있었다.

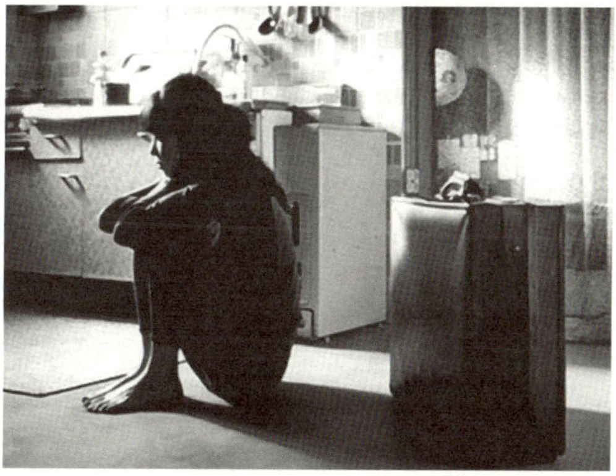

철은 미라와 무신을 연결하는 유일한 고리이다. 기약 없는 형철의 부재로 그들은 시누이와 올케의 사이가 아닌 매우 어색한 관계가 되고 말았다. 둘이 마주 앉은 밥상 사이에 존재하는 공간의 거리는 두 사람의 불편한 관계를 구체적으로 보여주고 있다. 대부분의 영화에서 각 장면들이 암시를 가지고 있는 것은 당연한 일이겠지만 이 영화처럼 철저히 계획되어 있는 작품은 많지 않다. 감독은 이 영화를 통해서 '영화는 보여주기' 라는 점을 강조하고 있는 것으로 풀이된다.

이 영화에서 가장 중요한 암시는 선경이 빈 방에서 트렁크를 등지고 있는 장면에서 찾을 수 있다. 엄마와 선경의 소통 부재를 어두운 방에 남겨진 트렁크가 잘 보여 준다. 그 트렁크를 열기 전에는 선경은 결코 엄마의 세계를 잘 이해하지 못했다. 트렁크는 선경과 엄마의 소통을 보여주는 매개체 역할을 하고 있다. 그 트렁크를 열었을 때 비로소 선경은 엄마의 진심을 확인할 수 있었다.

선경이 눈물을 흘리면서 엄마의 세계를 이해했던 것처럼 관객들도 감독이 던져놓은 퍼즐과 같은 암시적인 장면 속에서 메시지를 찾을 수 있지는 않을까.

2 한국의 가족영화

제7의 예술이라고 불리는 영화의 가장 기본적인 관심사는 무엇일까? 이 물음에 한 마디로 답하기는 쉽지 않다. 가장 많이 상영되는 장르를 묻는 것이라면 여름과 겨울의 특수를 노리는 블록버스터 영화들이다. 주로 SF나 스릴러 그리고 전쟁영화들이 주종을 이루고 있다. 근래에는 영화 기술의 발달로 판타지 영화들도 이 주류의 대열에 동참하고 있다. 그렇다면 이 장르의 영화들이 가장 기본적인 관심사인 것인가? 다시 한 번 고민하지 않을 수 없다. 많이 상영되고 있다고 해서 기본적인 관심사라고 하기에는 무리가 있다.

여기서 잠시 우리나라에서 최초로 천만 관객을 동원한 영화 「실미도」(2003)에 대해서 생각해 보자. 이 영화는 외형적으로 북파공작원들의 이야기를 다루고 있지만 내면적으로는 가족애 코드가 바탕이 되고 있다. 영화의 주인공 중 한 명인 강인찬(설경구 분)은 빨치산의 아들이라는 이유로 일탈의 삶을 살고 있었다. 그에게 남과 북의 분단은 정치적인 현상이 아니라 아픈 가족사일 뿐이었다. 혹독한 훈련 속에서도 그를 꿋꿋이 버티게 해 준 것은 군복 상의에 보관하고 있던 어머니의 사진 한 장이었다.

이듬해 다시 천만 관객을 동원한 「태극기 휘날리며」(2004)도 6·25 전쟁 때 강제로 징집당한 형제의 이야기가 주가 된다. 연산군 시대를 배경으로 한 「왕의 남자」(2005)는 광대들의 이야기를 다루고 있어 '가족'과 다소 거리가 멀어 보인다. 그러나 연산군이 희대의 폭군이 된 배경에는 생모 윤 씨의 죽음이 있었다. 이처럼 가족 이야기는 대부분의 영화에 내재되어 있는 하나의 기본 장치로 볼 수 있다.

그렇다면 좀 더 본격적인 가족의 문제를 다루고 있는 '가족영화'에서는 가족의 모습이 어떻게 표현되고 있을까.

2.1. 전통적인 가족관

흔히 문학작품은 시대를 반영한다고 한다. 영화도 예외가 아니다. 2000년대의 다양한 관심들이 영화에 바로 적용되었으니 말이다. 우리의 전통적인 가족의 모습도 영화에 고스란히 반영되어 있다. 「홍살문」(1972, 변장호 감독)이 그 대표적이다.

개화기 무렵을 배경으로 하고 있는 이 영화에는 가문을 지키며 살고 있는 과부 시어머니와 며느리가 등장한다. 물장수들의 파업으로 물을 구하러 간 며느리 옥례는 그들에게 봉변을 당할 위기에 처하지만 물장수 효철의 도움으로 위기를 모면한다. 이후 그들은 사랑에 빠지지만, 시어머니 서부인은 분노를 참지 못한다.

그 다음 이야기는 우리가 짐작하는 바와 다소 차이가 있다. 가문을 무엇보다 중요하게 여기는 시어머니였지만 며느리가 죽은 것처럼 꾸며 가짜 상여를 보낸다. 며느리가 마치 가문의 명예를 지키기 위해 죽은 것처럼 꾸민 것이다. 그리고 자신도 곧 뒤따라 자결하여 죽음을 맞는다. 그리하여 나라로부터 겹홍살문을 하사받게 된다.

「홍살문」(1972)은 혈연 중심의 전통적인 가족관을 잘 보여준다.

「사랑방 손님과 어머니」(1961)에서도 전통적인 가족관을 발견할 수 있다.

홍살문은 원래 능, 묘, 대궐, 관아 등에 세우는 문이다. 공공시설이나 기관을 표시하는 상징이라고 볼 수 있다. 집안에 홍살문을 세운다는 것은 그만큼 다른 사람들의 귀감으로 삼겠다는 의도가 담겨 있다. 유교 중심의 사회에서 혈연집단인 가문만큼 중요한 것이 또 있었을까. 전통적인 가족관은 이처럼 폐쇄적인 모습을 하고 있었다.

비교적 현대를 배경으로 한 「사랑방 손님과 어머니」(1961, 신상옥 감독)에서도 이러한 가족관을 발견할 수 있다. 「홍살문」은 유교 사상을 바탕으로 한 영화이지만, 「사랑방 손님과 어머니」는 기독교 사상을

「미워도 다시 한번」(1968)은 흥행에 성공하며 수많은 아류작을 탄생시켰다.

바탕으로 하고 있다. 시어머니와 옥희 엄마는 기독교 신자이며 과부이다. 열심히 교회에 다니지만 전통적인 가족관에는 변함이 없다. 사랑채에 손님이 들어오고 마음이 흔들리지만 결국은 아쉬운 마음을 뒤로 하고 그를 보내고 만다. 본인의 욕망보다 앞서는 도덕 윤리가 오랫동안 가족관으로 자리 잡고 있었던 결과이다.

만일 이 폐쇄적인 가족관을 벗어나면 어떤 결과가 올까? 행복할 것인가 아니면 불행할 것인가? 그 대답은 1968년에 개봉되어 한국의 멜로드라마 붐을 일으킨 「미워도 다시 한번」(1968, 정소영 감독)에서 어렵지 않게 찾을 수 있다.

'최루성' 멜로드라마로 불리는 이 영화는 관객들의 눈물샘을 자극하면서 흥행에 크게 성공한다. 그후로 정소영 감독은 연속해서 시리즈로 만들었다. 1968년부터 매년 연속해서 발표된 1,2,3편이 모두 흥행에 성공하고 화제를 낳았으니 이후 비슷한 아류작들이 우후죽순처럼 탄생한 것도 이상할 것이 없었다.

이 영화의 기본 골격은 한 남자와 두 여자의 이야기이다. 물론 한 남자는 유부남이며, 여자들은 연인과 부인이다.

병원의 약사인 강신호는 유치원 교사 혜영과 사귀지만 자신이 유부남이라는 사실을 밝히지 못하고 있다. 그러던 중 아내가 서울로 올라

오면서 모든 사실이 들통 나고, 혜영은 임신 사실을 숨기고 묵호로 떠난다. 혜영은 그곳에서 아들 영신을 낳게 되지만, 아이 학교 문제로 8년 뒤 신호를 다시 찾아온다. 신호는 모든 사실을 알고 괴로워하지만 아들 영신을 받아들이고 혜영은 다시 묵호로 떠난다. 영신은 엄마 혜영 생각에, 혜영은 아들 영신 생각에 괴로운 날들을 보내던 중 그들은 결국 다시 묵호로 내려가기로 한다.

이 영화가 크게 성공했지만 혜영이 신호와 살아야 한다는 주장은 찾아볼 수 없었다. 혜영의 입장이 안타깝지만 어쩔 수 없다는 견해가 지배적이었을 것이다. 만일 혜영이 신호와 결혼을 하고 행복하게 산다는 줄거리를 가지게 되었다면 어떻게 되었을까. 아마 검열에 통과하지 못했거나 흥행에 실패했을 것이다. 그 당시 시대적 상황과 정서에 맞지 않는 줄거리이기 때문이다.

이렇게 볼 때 영화 속의 가족관은 그 시대를 반영하고 있으며, 시대에 따라서 변모되고 있음을 알 수 있다.

2.2. 변화하는 가족관

전통적인 가족관에 변화가 오기 시작한 것은 90년대부터였다. 결혼과 신혼의 소재가 많이 등장하는 것도 90년대 영화의 한 특징이며, 영화의 주인공들은 대부분 신세대적 가치관을 가지고 있다. 또한 기존의 권위적 질서를 거부하고 그들만의 방식으로 사랑을 쟁취한다.

실제로 90년대에 문화의 주된 소비층이 중장년에서 젊은 층으로 변이되는 모습을 보여주는데, 영화도 이들의 가치관을 반영하고 있다.

이혼남과 처녀의 연애를 경쾌하게 다루고 있는 「닥터 봉」. 아이가 딸린 이혼남이라는 사실은 그들의 사랑에 큰 문제가 되지 않고 있다.

「닥터 봉」(1995, 이광훈 감독)은 홀아비 의사와 노처녀의 사랑을 보여주는 멜로 코미디이다. 봉준수는 아내와 사별하고 여덟 살짜리 아들을 둔 치과의사이다. 그는 자신의 차에 흠집을 낸 아랫집 노처녀 여진과 다투게 된다. 여진은 얼마 전에 아랫집으로 이사를 왔는데, 준수의 아들 훈과 잘 어울린다. 훈은 자신을 잘 이해해 주는 여진이 자신의 새엄마가 되기를 바라며 아빠에게 이 놀라운 새엄마 후보에 대해서 이야기를 한다. 준수는 아들이 말한 여자가 여진이라는 사실을 모른 채 만나며 티격태격하지만 해피엔딩으로 끝을 맺는다.

이 영화는 놀랍게도 개봉 당시인 1995년도에 '올해의 좋은 영화'로 선정이 되었다. 홀아비와 노처녀의 러브 스토리가 올해의 좋은 영화로 선정이 된 것은 이전 시대에는 상상하기 어려운 사건이라고 할 수 있다. 더구나 이 영화는 한국영화 최다관객상을 받았고, 감독은 제19회 황금촬영상 신인감독상을 수상했다. 또한 남녀 주인공 역할을 했던 배우가 국내 영화제에서 남자신인연기상과 여우주연상을 받은 것을 보면 이 영화에 대한 대중의 호응도를 짐작할 수 있다.

이처럼 「닥터 봉」은 이전 세대 영화들이 보여주었던 금기를 깨어버리고 있다. 아무도 아이 딸린 홀아비와 노처녀의 경쾌한 만남에 토를 달지 않는 시대가 된 것이다. 앞 시대의 영화들이 보여준 비극적인 사랑의 결말과는 달리 해피엔딩으로 끝맺음되고 있다는 점도 주목할 필요가 있다. 사랑은 변하지 않지만, 사랑의 방식은 이처럼 시대 상황에 따라서 바뀌고 있었던 것이다.

2.3. 새로운 시대의 가족

2000년대에 접어들면서 새로운 유형의 가족영화가 등장했다. 「해바라기」(2006, 강석범 감독)가 바로 그것이다. 이 영화를 통해서 비로소 '피가 섞이지 않은 가족'이 우리 영화에도 탄생했다. 대략적인 줄거리는 다음과 같다.

중년의 덕자는 딸 희주와 식당을 운영하면서 살고 있다. 그녀에게 남편은 있었지만 누군가에게 죽임을 당했다. 그러던 어느 날 덕자는 생면부지의 태식을 집으로 데려온다. 태식은, 외모는 훤칠하게 생겼으나 숫기가 없고 말수도 적다. 그러나 그는 고교시절부터 소문난 싸움꾼이었으며 감옥에도 간 인물이다. 이후 새 사람이 되기 위해 과거의 자신을 잊으려고 노력한다. 태식은 자신을 친아들처럼 대하는 덕자에게 큰 감명과 위로를 받는다. 희주는 나중에 자신의 아버지를 죽인 사람이 태식이라는 것을 알았지만 모두 용서하고 가족의 일원으로 받아들인다.

아쉽게도 이 특별한 가족 이야기는 해피엔딩이 아니다. 덕자도 죽고 희주는 큰 부상을 입게 되며 태식도 최후에는 죽음으로 삶을 마감한

영화 「해바라기」(2006)에서는 혈연에 의존하지 않은 가족의 모습을 보여주고 있다.

다. 영화의 제목이기도 한 '해바라기'는 말 그대로 해를 바라보는 꽃이다. 음지에서 생활한 주인공은 양지를 향하려 했지만 결국 비극적인 죽음이 결말이었다.

이들 영화의 등장으로 '가족' 이라는 개념은 기존의 전통적인 의미 대신 새로운 뜻을 가지게 될 수 있었다. 즉 '부부와 같이 혼인으로 맺어지거나 부모 · 자식 같이 혈연으로 이루어지는 집단 또는 그 구성원' 이 아니라도 가족으로서 공동체를 형성할 수 있다는 가능성을 열어준 것이다. 이것은 매우 보수적 개념인 가족의 의미가 시대의 변화에 따라서 조금씩 바뀔 수 있음을 보여준다. 마치 시대의 변화에 따라서 영화의 정의도 조금씩 변화해 왔던 것처럼 말이다.

그러나 무엇보다도 2000년대 이후 새로운 가족의 모습은 다문화적 요소들에서 많이 찾을 수 있다. 「방가방가」(2010)에서는 이미 익숙해진 외국인 노동자들과의 삶을 다루고 있고, 「완득이」(2011)에서는 다문화가족의 이야기를 다루고 있다. 이들 영화들의 등장은 우리 사회가 앞으로 어떤 모습이 될 것인지에 대한 밑그림을 미리 보여준다고 할 수 있다.

이처럼 한국의 가족영화 속에서 가족의 의미는 시대에 따라서 변모해 왔다. 단순히 물리적인 시간이 아니라 시대상황과 의식의 변화가 그 변화의 중요한 핵심 요소들이었다. 전통적 개념의 가족은 '혈연'이 중시되었지만, 새로운 시대의 가족은 이보다도 '공동체'로서의 기능이 중시될 수 있음을 보여준다. 다문화가족도 새로운 가족의 유형으로 급부상하고 있음은 물론이다.

무엇보다 대가족에서 핵가족으로 분화되는 이 시대에는 우리의 옛말에도 있는 '이웃사촌'이라는 개념이 매우 중요하다. 어느 집안의 자손이냐 하는 질문 대신 '오늘은 누구와 같이 생활하느냐'가 중요한 시대가 된 셈이다. 한국영화가 앞으로 어떤 가족의 모습을 보여주느냐 하는 것은 우리가 가족의 개념을 어떻게 이해하고 있느냐에 따라 달라질 것이다.

[참고 문헌]

- 민병기외, 『한국의 영상문학』, 문예마당, 1998.
- 박민영, 『시인, 영화관에 가다』, 태학사, 2010.
- 서인숙, 『영화비평의 이론과 실제』, 집문당, 1996.
- 송희복, 『영상문학의 이해』, 두남, 2002.
- 유현목, 『한국영화 발달사』, 책누리, 1997.
- 정종화, 『자료로 본 한국영화사1,2』, 열화당, 1997.
- L. 자네티(김진해 역), 『영화의 이해』, 현암사, 1999.
- "정유미와 김태용 감독이 말하는 '가족의 탄생'", 〈네이버뉴스〉, 2007.08.21. 〈http://news.naver.com/〉(2012.5.5.)

돌로레스 클레이본, '남성 천국'에서 여성이 대항하는 방법

원 제 Dolores Claiborne
감 독 테일러 핵포드
배경도시 메인 주 리틀 톨 아일랜드
상영시간 131분
개봉년도 1995년
등 급 청소년 관람불가
주 연 캐시 베이츠, 제니퍼 제이슨 리, 주디 파핏
카 메 라 가브리엘 베리스테인
제 작 자 테일러 핵포드, 찰스 멀베힐

Contents

1 영화 「돌로레스 클레이본」 읽기

1.1. 감독 소개

테일러 에드윈 핵포드(Taylor Edwin Hackford)는 1944년 12월 31일 캘리포니아주 산타 바바라에서 태어났다. 남가주대학교에서 법학과 경제학 그리고 외교학을 공부하였다. 졸업 후 정세가 불안하던 남미 볼리비아에서 평화지원군으로도 활동하였고 여가 시간에는 촬영연습을 시작하였다. 그는 법조계에 나가는 것을 포기하고 영화 방송계에 입문할 생각으로 PBS방송국과 제휴했던 공영 TV방송국의 우편취급소에 일자리를 구한다.

이후 TV 다큐멘터리감독으로 활동한 후 영화계에 입문하여 1978년 단편영화 「십대 아빠」로 1979년 아카데미의 다큐멘터리 부문에서 수상했다. 1980년에 「아이돌 메이커」를 연출하여 본격적인 극영화감독

에드윈 핵포드 감독

으로 데뷔하였다. 이 영화는 1950년대 로큰롤 가요계를 배경으로 뮤직 프로듀서의 애환을 담고 있다.

1980년대에는 탄탄한 스토리와 역동적인 화면구성으로 작품성과 흥행에 모두 성공한 화제작을 연이어 내놓는다. 1982년에 미국 해군 항공학사장교 생도들을 소재로 한 로맨스 「사관과 신사」로 아카데미 최우수 조연상과 최우수 주제곡상을 수상하였다. 이 영화로 그는 국제적인 명성을 얻었다.

액션과 드라마가 잘 버무려진 「어게인스트」(1984), 아름다운 설경과 감미로운 음악과 우아한 발레가 특징인 「백야」(1985)로 상업 영화감독으로 확고한 자리를 잡는다.

이후 1990년대에는 멕시코 갱들의 이야기를 그린 「암흑 속의 혈투」(1993)가 있다. 그는 이 영화로 1993년 제6회 도쿄영화제 최우수감독상을 수상했다. 이 영화는 갱영화이지만 갱영화 특유의 비정함에 인간적인 감성을 더한 작품이다. 1995년에는 가정 폭력을 다룬 「돌로레스 클레이본」를 감독하는데 이 영화의 원작은 미국의 베스트셀러 작가 스티븐 킹의 동명 소설이다. 이 소설의 장르는 심리 스릴러로 소설 전체가 돌로레스 클레이본이 경찰서에서 혼자 진술하는 내용으로 되어 있다.

1998년에는 현대판 파우스트를 묘사한 「악마의 변호인」을 감독하였고 2000년에는 남미를 배경으로 인질 협상가와 사랑을 다룬 「생존의 증거」를 역시 연출하였다. 「레이」(2004)는 흑인음악가 레이 찰스를 영화화한 것으로 호평을 받았다. 「레이」는 흑인 맹인 뮤지션의 일대기를 감동적으로 그려낸 작품이다. 이 작품으로 핵포드 감독은 아카데미 최고 감독상에 노미네이트되었다. 최근 영화 「러브 랜치」(2010)는 실화를 바탕으로 한 것인데 1970년대 후반 네바다의 정부로부터 인가받은 사창가를 배경으로 한 세 사람의 사랑을 그린 드라마다.

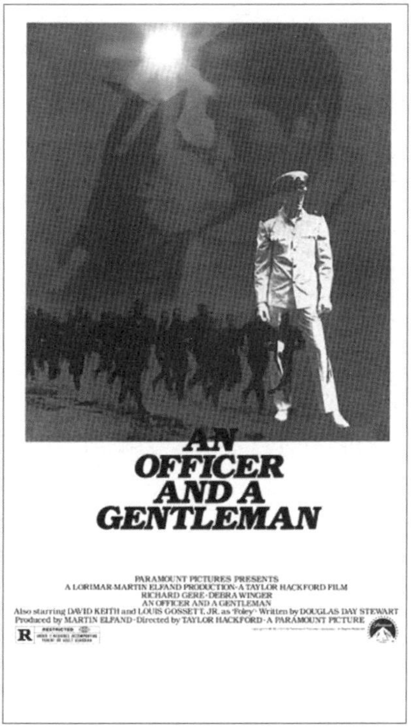

핵포드 감독을 널리 알린 「사관과 신사」

탄탄한 줄거리와 역동적인 영상과 감미로운 음악을 장기로 하는 핵포드 감독은 35년 이상 영화를 제작한 공로로 2005년 영화협회로부터 감독부분 공로상을 수상하였다.

1.2. 줄거리

영화의 중요한 포인트는 과거에 단단히 파묻혀 있는 비밀과 그 비밀이 드러나는 방식에 있다. 이 비밀이 드러나면서 상처는 쓰라리고 고통은 심해지지만 이를 통해 인물들은 자신의 진정한 모습과 대면하

영화는 돌로레스와 그녀의 딸 셀리나의 갈등과 화해를 보여주고 있다.

고 자신을 구원하고 타인도 구원한다. 영화는 섬마을 대저택 안에서 중년의 돌로레스 클레이본이 쓰러져 있는 노령의 베라 도노반을 방망이로 내리치려고 하는 충격적인 장면으로 시작한다. 이때 우연히 우편배달부가 문을 열고 들어와 이 현장을 목격한다. 한편 돌로레스의 딸 셀리나는 뉴욕 맨해튼의 신문사에서 기자로 일하는데 자기가 애리조나 사건취재를 맡아야 한다며 편집자인 남성 상사와 언쟁을 벌인다. 그리고 흥분을 가라앉히려고 그녀는 신경안정제를 복용한다. 상사는 자신의 지위를 남용해 그녀를 성적으로 이용하는 듯이 보인다. 그녀는 발신이 밝혀져 있지 않은 한 통의 팩스를 받는데 그것은 다름 아닌 자신의 어머니 돌로레스가 살인 혐의로 구속됐다는 지역 신문의 기사였다.

셀리나는 내키지 않는 마음으로 15년 만에 고향집으로 돌아오는데 그곳은 미국의 메인 주 리틀 톨 아일랜드의 바닷가 외딴 집이다. 셀리나는 어머니를 찾아왔지만, 마음 깊은 곳에선 어머니가 베라 도노반 여사를 죽인 것이라고 확신하고 있다. 15년 전에도 어머니가 술취한 아버지를 유인해 실족사시켰다고 믿고 있기 때문이다. 그래서 그녀는 18년 전에 고향집을 떠난 이후 발걸음을 하지 않았다.

돌로레스가 베라를 죽인 것이 분명하다고 확신하고 있는 또 다른 사람이 있는데 그 사람은 매키 형사이다. 나이 많은 베테랑 형사 매키는 돌로레스의 유죄를 확신하며 집요하게 수사를 벌인다. 매키 형사는 86건의 살인사건 중 85건을 해결하는 완벽에 가까운 수사 기록을 갖고 있다. 그런 그도 18년 전에 남편의 살해 혐의로 기소된 돌로레스의 유죄를 밝혀지는 못했다. 돌로레스는 그 지역 부호인 베라 도노반를 살해한 혐의로 정식 심리를 받게 될 예정이지만 변호사를 선임하는 것을 완강히 거부하고 있다. 그런데 베라는 8년 전에 쓴 유언장에 오래전부터 자신의 저택에 가정부로 일하며 자신을 돌봐준 돌로레스에게 거액의 유산을 남겼다.

남편이 죽게 되는 사건이 일어나던 18년 전, 돌로레스는 도노반 저택에서 가정부로 힘겹게 일하며 딸의 학자금을 모으고 있었다. 남편 조 세인트 조지는 술주정뱅이에다 아내를 학대하고 폭력까지 휘두른다. 그러나 돌로레스는 고된 노동과 남편의 구박 속에서도 유일한 희망인 딸 셀리나를 위해 모든 걸 참아낼 수 있었다.

그러던 중 갑자기 셀리나의 얼굴엔 그늘이 드리워지기 시작하고 우수했던 학교 성적도 나빠지기 시작한다. 돌로레스는 어린 딸 셀리나가 남편으로부터 성추행을 당하고 있음을 알게 된다. 하는 수 없이 돌로레스는 그 동안 저금한 돈을 찾아 딸과 함께 도망칠 계획을 세운다. 하지만 그 돈마저도 남편이 이미 빼돌렸음을 알고서 절망한다.

이 사실을 베라 도노반에게 알리자 베라는 자신이 바람기 많은 남편을 자동차사고사로 위장해 죽였다고 암시하면서 이렇게 말한다.

> "때로 남편의 사고는 불행한 여인에게는 최고의 친구이다."
>
> "때로 악녀가 되는 것이 자신을 지키는 길이기도 하지."

그러면서 돌로레스의 처지를 이해하고 진심으로 도와주려고 한다. 얼마 후 개기일식 축제가 벌어지던 날, 하늘과 땅이 어두워진 순간 남편 조가 술에 취해 낡은 우물에 실족사하고 만다.

매키 형사는 18년 전에 있었던 조의 사망에 대해서도 돌로레스가 유죄라고 믿는다. 앞서 언급했듯이 남편의 사망 사건에 대해 지난 18년간 끈질기게 돌로레스의 유죄를 확신한 또 다른 사람은 바로 딸 셀리나였다. 셀리나는 무의식적으로 아빠로부터 성추행 당한 것에 대한 기억을 지워버리고 살아왔다. 그럼에도 불구하고 그 대신 심한 신경쇠약 증세와 불면증에 시달리고 있었다. 그리고 과거 아버지의 죽음 때와 마찬가지로, 베라 도노반의 죽음으로 다시 한 번 돌로레스, 셀리나와 매키 형사가 한자리에 모이게 된 것이다. 과거는 이처럼 되풀이 되는 것인가.

셀리나는 여전히 엄마 돌로레스를 이해하지는 못하지만 도울 마음이 있고 돌로레스는 흡연과 약물에 찌든 딸에게 안타까운 심정과 연민을 품는다. 엄마와 한 차례의 언쟁 끝에 셀리나는 엄마에게 뉴욕의 유명 변호사 명단을 주고 고향 집을 떠난다. 그 전날 밤 돌로레스는 셀리나가 곧 집을 떠날 줄 알고 18년 전에 있었던 남편 조의 죽음과 최근 베라의 죽음을 둘러싼 진실을 녹음한 테입을 딸의 차 안에 둔다. 운전 중 돌로레스는 그 테이프를 듣게 된다. 그 내용은 18년 전에 남편 조가 딸 셀리나를 성추행한 것과 예금한 돈을 찾아 딸 셀리나와 멀리 다른 곳으로 도망가고자 했지만 남편 조가 그 돈을 이미 빼돌린 것에 관한 내용이었다. 또한 베라의 조언을 듣고 남편 조를 유인해 실족사시킨 것에 관한 비밀도 담겨있었다. 배를 타고 육지로 나가던 셀리나는 과거에 지금 타고 있는 배 위에서 아빠가 자신을 성추행한 사실을 기억 해내고 곧바로 돌로레스의 심문 장소에 돌아와서 엄마를 변호하여 무혐의로 풀려나게 한다. 셀리나는 자신의 일을 위해 섬을 떠나지만 모녀간에는 진정한 이해와 화해가 찾아온다. 그리고 돌로레스는 베라가 남긴 거액의 유산을 받게 된다.

1.3. 영화 분석 : 상징들의 의미

「돌로레스 클레이본」은 다층적으로 해석할 수 있는 여지를 가지고 있는 영화이다. 다양한 관점들, 예를 들면 공포영화라는 장르적 관점이나 여성주의와 가족관계라는 측면에서 논의할 수 있고 모성애라는 관점에서도 해석 가능하다. 여기서는 여성주의 주제를 부각시키고 이 영화에 사용되는 상징들을 분석해서 이 여성주의 주제가 심층적이고도 풍부하게 드러나고 있음을 보이고자 한다.

「돌로레스 클레이본」은 남성지배적인 가정과 사회에서 여성간의 연대와 여성 스스로 강해질 필요가 있다는 점을 다양하고 풍부한 상징을 통해 제시하고 있다. 이런 상징들은 '돌로레스'가 지닌 강한 모성애와 직접적으로 연관되어 있으며, 나아가 신화적인 함축을 지니기까지 한다. 감독은 이 영화의 잔혹한 내용과 장면을 완화하는 방법으로 신화적인 차원을 도입하는 것이다.

이 영화에 나오는 상징들은 자연적 상징물과 의도적인 상징물로 나눌 수 있다. 자연적 상징물로는 '섬마을', '우물', '일식' 등이 있고, 의도적인 상징물에는 영화 기법적인 '색채의 변화', '이름', '색안경과 거울' 그리고 '물이 끓어 넘치는 주전자'와 '도끼' 등이 있다. 원래의 의미 외에 다른 의미를 지니게 하는 것이 상징이다. 영화의 상징들은 영화의 잔혹한 분위기를 완화시킬 뿐만 아니라 관객들로 하여금 잔인한 행동을 하는 주요 인물들에게 몰입하도록 만든다. 또한 이 상징들은 남성지배적 사회에서 여성의 연대와 주체성의 회복이라는 영화의 주제를 강조하는데 기여한다. 다시 말해 이 상징들은 완고한 남성지배적 사회에서 여성이 겪는 고통과 절망을 드러내게 하고 나아가 여성의 해방과 주체성의 회복을 의미하고 있다. 그러나 그 상징이 궁극적으로 유도하는 것은 거울을 통한 과거의 어두운 자아와 대면이다. 영화 속의 상징들을 따라가며 그 의미를 살펴보자.

1) 자연적 상징물 : 섬마을, 우물, 일식

영화의 공간적 배경은 섬이며 이 섬마을의 이름은 리틀 톨이다. 섬의 상징적 의미로 우선 폐쇄성을 들 수 있다. 육지에서 떨어져 있는 '섬'이라는 공간은 남편의 학대와 자신이 일하는 저택 여주인의 혹독한 성미 때문에 돌로레스에게 감옥 같은 곳으로 느껴진다. 그래서 그녀는 자신의 딸만이라도 감옥 같은 곳에서 벗어나 살기를 원한다. 또한 영화에서 섬은 외딴 집을 의미하기도 한다. 돌로레스의 외딴 가정도 섬처럼 폐쇄되어 있어서 그 집 안에서 일어나는 일은 외부로 잘 알려지지 않는다. 마치 섬이 육지와 떨어져 있어서 그곳에서 일어나는 사건이 육지에는 잘 알려지지 않듯이 영화에서는 친아버지가 딸을 성추행 하고 그것 때문에 아내가 남편을 유인하여 실족사로 위장하는 사건들이 분명하게 잘 드러나지 않는다. 그리고 섬마을 사람들은 조가 가정 폭력을 일삼고 딸을 성추행한 사실도 알지 못한 채 돌로레스를 두고 남편을 죽인 살인자라고 단정한다. 이처럼 영화에서 섬은 사실과 진실이 잘 드러나지 않는 닫힌 공간으로 상징된다.

영화의 배경이 되는 섬 리틀 톨

일식이 일어나는 순간 조가 실족사한다.

우물도 자연적인 상징인데, 얼른 생각하면 여성성을 의미하는 듯이 보인다. 하지만 여성성보다는 생명력이 없는 메마른 남성 조와 연관시키는 것이 더욱 의미있다. 그곳이 그가 떨어져 죽는 장소이기 때문이다. 일반적으로 우물은 생수를 의미하는 생명의 근원이라는 의미를 담고 있다. 그러나 영화에 나오는 우물은 마른 우물이다. 생명력을 상실했다는 의미이다. 이 마른 우물은 더 이상 생명에 필요한 물을 제공해주지 않는다. 평평한 땅에서 쑥 꺼져 내린 어두운 공간에 불과하며, 더 이상 생명과는 아무런 관련이 없는 공간일 뿐이다. 마른 우물처럼 남편 조는 스스로 생명력을 잃었을 뿐 아니라 오히려 가족의 생명을 갉아먹는 존재이다. 이 때문에 가족에게 조는 더 이상 지상에서 생존할 가치와 의미를 지니지 못한다. 조는 그런 메마르고 어두운 곳에 유인되어 떨어져 죽는다.

이 영화에서 핵심적인 사건은 일식이라 할 수 있다. 이 일식이 일어나는 순간에 영화에서 가장 중요한 사건인 조 세인트 조지가 우물 안으로 떨어져 죽기 때문이다. 태양이 달의 그림자에 가려 일부 지역이 밤처럼 어두워지는 현상이 일식이다. 자연적인 상징적 차원에서 볼 때 태양은 남성으로 상징화되고 달은 여성으로 상징화된다. 그리스 신화에서도 태양은 아폴로라는 남성신이고 달은 아르테미스라는 여성신이다. 동시에 이 여성신은 사냥의 신이기도 하며 야생성을 지닌다. 이처럼 여성신은 야성성도 지닌다. 야성성은 때로 이성적인 판단을 초월한다는 점에서 모성성과도 닮았다. 모성성 안에는 야생성도 들어있는 것이다. 상징적인 차원에서 일식은 여성이 남성을 침입하는 현상이다. 이 자연적인 상징처럼 모성성의 돌로레스도 자신과 딸을 보호하려고 포악한 남성성에 침입하여 그를 지상에서 제거하는데 그 시간이 일식이 일어나는 순간이다. 이처럼 일식이라는 상징은 영화의 잔혹한 순간을 부드럽게 하는 작용을 한다.

2) 의도적 상징물 : 색채, 이름, 색안경, 거울, 주전자, 도끼

의도적인 상징은 감독이 영화의 주제를 잘 드러내기 위해 의도적으로 사용하는 영화적 기법이자 방법이다. 그런 기법으로는 우선 화면상의 색채변화가 있다. 이 영화의 스토리는 현재와 과거를 오가며 진행되는데 화면상의 색채의 변화를 통해 과거에 일어난 사건과 현재에 일어나고 있는 일을 구별한다. 현재 일어나는 사건 장면의 색상은 전체적으로 차갑고 어두운 회색에 가깝다. 이에 비해 과거에 대한 회상 장면은 선명한 오렌지색으로 나온다. 이런 차이는 우선 현재와 과거의 장면을 구별하는 역할을 한다.

다음으로 현재의 시간이 어두운 회색으로 나오는 이유는 지금 이 시간이 돌로레스에게는 힘든 시간이기 때문이다. 돌로레스에게 회색은 정신적으로 암울한 상태를 나타낸다. 돌로레스는 오랜 동안 자신이 돌보아주었던 베라 도노반을 살해했다는 혐의를 받고 있다. 그리고 딸에게도 그러한 오해를 받고 있다. 과거가 오렌지색으로 밝게 나오는 이유는 그땐 가족이 함께 있었고 자신의 처지를 이해하고 자신의 편이 되어주었던 베라 도노반도 생존해있었기 때문이다. 그래서 과거에는 나름대로 밝게 살 수 있었던 것이다. 이는 오렌지색으로 상징된다.

색채변화와 관련해 또 다른 인상적인 장면이 있는데 그것은 어머니가 딸과 대립하는 장면에서는 하늘이 차가운 파란색을 띠고 엄마가 분노하는 장면에서는 붉은빛을 띠는 장면이다. 특히 동네 사람들이 살인자라고 놀려댈 때 엄마는 분노하는데 그때 집 위로 붉게 펼쳐진 하늘은 마치 하늘도 노여워하고 있다는 인상을 준다.

색안경과 거울은 상징적인 차원에서 중요한 역할을 한다. 고향 섬마을로 향하는 배위에서 셀리나는 색안경을 착용하고 있다. 그리고 날씨가 흐린데도 불구하고 색안경을 벗지 않는다. 실질적인 의미 외에 상징적인 의미에서도 색안경을 끼고 엄마를 바라본다. 아버지가 어머니와 자신에게 어떻게 했는지를 듣고 오해가 풀리면서 셀리나는 조금씩 마음의 문을 연다. 영화 끝부분에서 셀리나는 색안경을 완전히 벗는다. 이것은 엄마에 대한 오해를 완전히 풀고 엄마를 있는 그대로 받아들인다는 의미이다.

색안경이 사물을 그 자체로 보는 것이 아니라 자신의 관점과 색깔에서 본다는 것을 의미한다면 일반적으로 거울은 사물과 자신을 있는 그대로 비춘다는 의미를 지닌다. 또한 거울은 성찰의 의미를 담고 있다. 영화 스토리상에서 가장 중요한 반전의 계기가 되는 장면 중 하나는 셀리나가 육지로 나가는 선박의 화장실 내에서 자신을 거울에 비추는 장면이다. 이 중요한 장면에서 거울에 비친 모습은 자신의 얼굴이 아닌 뒷모습이다. 이는 그녀가 지금까지 자신의 뒷모습, 즉 자신의 과거를 부정하고 외면하고 있었다는 것을 보여주는 것이다. 그 뒷모습은 기괴하고 무서워 보인다. 그녀는 자신이 부정해왔던 기괴하고도 부끄러운 뒷모습을 보는 것이다. 그것을 본 뒤 셀리는 다시 어머니를 변호하러 섬으로 되돌아간다.

그러나 셀리나에게 중요한 것은 과거의 참모습에 정직하게 직면하는 일이다. 이것은 타인의 눈으로 자신을 바라보는 것을 의미한다. 즉 자신을 객관적으로 보는 것을 의미한다. 셀리나는 자신을 정직하게 바라본다. 그런 후 그녀는 변호사도 없이 심리를 받고 있는 어머니에게 되돌아가서 엄마를 변호한다. 셀리나는 거울이라는 성찰의 상징 도구를 통해 지금까지 무의식적으로 자신을 괴롭히고 있었

셀리나의 뒷모습이 비치는 거울

고 자신이 의식하지 못했던 과거의 어두운 자아를 정직하게 대면함으로써 현재의 자신을 구원하고 더 나아가 어머니를 구원하게 되는 것이다.

아담과 이브의 창조를 담은 로렌조 기베르티(Lorenzo Ghiberti)의 조각.

등장인물의 이름도 상징적인 의미를 지니는데 이름 속에 들어있는 상징의 의미는 변하기도 한다. '돌로레스' 가 그러한 경우로 돌로레스의 처녀 때 성은 클레이본(Claiborne, Clay+ Born)인데 이는 진흙에서 태어난 사람이라는 의미이다. 그리스도교 성경에 따르면 최초의 인간은 흙에서 만들어진 아담이고 여성은 이 아담의 갈비뼈로 만들어진다. 주목할 부분은 돌로레스가 남편 사후에 남편의 성인 세인트 조지를 버리고 처녀 때의 성인 클레이본을 사용하고 이를 고집한다는 점이다. 이는 파렴치한 남편의 이름이 아닌 자신의 이름으로 살고자 하는 의지를 보여주는 것이다. 다시 말해 주인공 '돌로레스' 의 이름의 변화를 통해 여성이 남성과 독립해 주체적인 삶을 살아가는 것을 암시한다.

남편의 성은 세인트 조지(Saint George)이다. 전설에 따르면 세인트 조지는 리비아에서 용을 무찌른 그리스도교 용사로서 후에 영국의 수호 성자가 되는 인물이다. 그러나 아이러니하게도 영화상의 세인트 조지는 자신의 이름값을 하지 못하고 살다 비참한 죽음을 당한다.

주체적인 여성으로서 돌로레스의 분노를 상징하는 사물은 물이 끓어 넘치는 주전자이다. 물론 영화에는 주전자에 물이 끓어 넘치는 장면이 여러 번 나지만 다 그런 상징적인 의미를 지니는 것은 아니다. 첫 번째 장면은 돌로레스가 식당에서 분주하게 뭔가를 찾고 있을 때 스토브에서 주전자의 물이 끓어 넘친다. 이는 황급한 상황을 의미한다. 물이 끓어 넘치는 주전자의 다른 장면은 돌로레스가 딸 셀리나에게 주려고 커피를 끓일 때이다. 이는 과거의 회상으로 이끈다. 세 번째로 돌로레스가 남편에게 구타를 당했을 때 주전자의 물이 끓어 넘친다. 이 경우가 돌로레스의 심리적인 분노를 상징한다. 결국 분노한 돌로레스는 남편에게 자신에게 폭력을 쓰지 말라며 도끼를 들고 위협하며 경고한다.

이 도끼도 여러 번 나오는데 이는 여성의 외면적인 분노를 의미한다. 경찰서에서 나온 돌로레스와 딸이 집에 도착할 때 마을의 남자들이 공중에 총을 쏘면서 돌로레스를 살인자라고 비난하고 돌맹이를 던진다. 이때 이들을 향해 도끼를 휘두르면서 겁쟁이라고 돌로레스는 고함을 지른다. 이것은 이전에 남편이 자신에게 폭력을 사용할 때 도끼를 손에 드는 행동과 비슷하다.

도끼는 강인한 모성을 단적으로 보여주는 예이다.

물이 끓어 넘치는 주전자와 도끼 등과 같은 물건들은 돌로레스의 강인한 모성적 성격을 상징적으로 드러내주는데 효과적이다. 돌로레스는 남성지배적 사회에서 살아남기 위해 강해지지 않으면 안되었다. 폭력을 휘두르는 것도 모자라 딸을 성추행도 서슴지 않고, 저축해둔 교육비도 몰래 가로채가는 남편을 없애버리는 것은 그녀에게 살아남기 위한 하나의 선택이었다. 그러나 폭력을 없애기 위해 폭력에 의존하는 것이 과연 영구적인 해결책이 될 수 있는지에 대해서는 의구심이 든다.

하지만 영화에서 사용된 여러 상징은 주제를 효과적으로 드러내 보이는 기법일 뿐 아니라 이런 잔혹한 범죄 상황을 완화시켜서 보여주는 장치였다. 특히 '일식' 과 '도끼' 는 신화적인 함축을 지니며 돌로레스의 강인한 모성애를 상징적으로 잘 보여준다. 동시에 '클레이본' 이라는 이름을 고집하는 데서 암시되듯이 그녀는 독립적이고 주체적인 여성이라는 의미를 띠게 된다. 이렇게 볼 때 돌로레스는 현실에 존재하는 인물이라기 보다는 달과 사냥의 신인 아르테미스처럼 야성을 지닌 신화적인 특성을 지닌 모성애가 강한 인물이라 할 수 있다.

그러나 상징성이 강한 돌로레스에 비해 딸 셀리나는 현실성이 강한 인물이다. 거울에 자신의 얼굴을 비추는 그녀는 자신을 되돌아 볼 줄 아는 인물이다. 그녀가 과거의 어두운 자아와 정직하게 대면하는 측면에서 보자면 엄마 못지않게 용감한 인물이다. 그녀는 고통스러운 과거와의 대면을 통해 진정한 자신을 발견하게 되고 자신을 구원하려고 한다. 그 뿐만 아니라 엄마의 사랑을 이해하게 되고 더 나아가 역시 과거의 비밀 때문에 마을에서 소외되었던 엄마를 구원하게 되는 것이다.

2 영화 속의 2000년대 미국 가정

「돌로레스 클레이본」은 60~70년대의 가부장적 가정과 남성중심적 사회에서 여성이 독립성과 주체성을 갖고 살아남기 위해 발버둥치는 모습을 실감나게 보여준다. 그렇다면 근래 2000년대 전후의 미국 가정의 모습은 영화에 어떻게 반영되어 있을까?

1990년대 이후에 나온 영화에서 보이는 미국의 가정에서 어떤 가족 구성원은 가족이라는 구속에서 벗어나려는 자유를 꿈꾸고, 가족 구성원 간에 이전보다 더욱 깊은 갈등과 불화를 겪는다. 부부 사이의 갈등은 물론이고 특히 부모와 자식 간의 세대 갈등이 새롭게 대두된다. 또한 안전한 보금자리가 되어야 하는 집은 더 이상 외부의 침입에 안전하지 못한 경우도 있다. 이처럼 현대영화에 비춰지는 가족은 내적인 가족 구성원 사이에는 갈등과 대립 그리고 외부의 위협에 노출되고 있다.

한편 1990년대 이후 미국에는 후기자본주의가 도래했으며 양성평등의식이 신장되었다. 지식 정보와 서비스업 분야에 여성들이 진출하면서 현대 사회에서 여성의 지위와 보수는 향상되었다. 이를 반영하듯이 「아메리칸 뷰티」(2000)의 캐롤린은 중산층에 속하는 부동산업자이고 다른 영화 「패닉 룸」(2002)의 멕(Meg)은 대학 교수로 나온다.

2.1. 「아메리칸 뷰티」: 중산층 가족의 붕괴상

이 영화는 교외에 사는 중산층 가족이 붕괴되어가는 과정을 개성적으로 그린 영화이다. 세 가족이 등장하는데 레스터 번햄의 가족이 스토리 전개상 중심을 이룬다. 나이가 사십둘 인 레스터는 가족을 부양

중산층 가정의 붕괴를 보여주는 「아메리칸 뷰티」

하느라고 직장생활을 힘겹게 해나가고 있다. 아내 캐롤린과 딸 제인은 그를 두고 패배자라고 한다. 무기력한 삶을 하루하루 겨우 이어가던 그는 우연히 딸의 치어리더 공연회에서 딸의 매력적인 친구 안젤라를 만난 뒤 자유로운 삶을 꿈꾼다.

아내 캐롤린은 대학 때 활기차었는데 이제 완전히 속물이 되어 있다. 부동산업을 하는 그녀는 직업 특성상 성공한 사람처럼 보여야 된다고 고집하며 타인에게 보여주는 겉만 번지르르한 삶을 살아간다. 캐롤린은 성공적인 남성 중개업자인 버디 케인의 성공철학을 신봉할 뿐만 아니라 그에게 완전히 매료되어 있다. 그래서 그와 혼외정사를 벌이기도 한다. 레스터는 아내와의 관계를 회복하기 위해 낭만적으로 접근하지만 그녀는 레스터가 맥주를 흘려 비싼 이태리제 소파를 버릴까 봐 염려한다. 아내는 이처럼 물질주의자가 되었다. 사춘기의 딸 제인도 자신의 몸매에 만족하지 않고 돈을 모아 성형을 하려고 한다. 특히 아버지를 누가 죽여주었으면 할 만큼 증오한다. 엄마와도 사이가 좋지 않다. 이처럼 한때 사이가 좋았던 번햄 가족은 이제 여러 이유로 서로에게서 멀어져 있다.

다른 가족은 옆집에 새로 이사 온 피츠 가족이다. 프랭크 피츠는 전직 해병대 중령이고 군인인 만큼 아주 남성적이고 규율을 중시한다. 그런 만큼 그는 동성애자를 무척 싫어한다. 아내 바바라는 항상 흰색 옷을 입고 있으며 늘 우울하고 불안해 보인다. 제인과 친구가 되는 그 부부의 아들 리키는 시간제로 술집에서 일하지만 몰래 대마초를 팔아 수입은 상당하다. 어떤 환상도 가지고 있지 않으며 나날의 일상에서 삶과 사물의 아름다움을 발견하는 철학적인 자세를 견지하고 있는 인물이다. 이 가족은 아버지 피츠의 지배와 감시로 인해 억압적이고 어딘가가 불안하다.

다른 한 가족은 레스터의 또 다른 옆집에 사는 남성 동성애자들이다. 전문직에 종사하는 이 동성애자 가정은 다른 두 가정에 비해 행복하고 사이가 좋아 보인다. 이 남성 커플은 조깅을 같이 하기도 하고 새로 이사 온 피츠의 집에 화환을 갖고 방문하기도 한다. 아이러니하게도 가장 좋은 상태에 있는 가족형태이다.

레스터는 계속 딸의 친구인 안젤라에게 이끌리다 결국 안젤라의 유혹에 넘어간다. 그러나 그녀가 아직도 처녀라는 말을 듣고 그는 안젤라의 순수한 아름다움을 보호해주기로 마음먹는다. 바로 이 순간 그는 물밀듯이 밀려오는 행복감을 느낀다. 그러나 바로 그때 그는 자신을 거부했다고 오해한 피츠의 총에 맞아 희생당한다.

이 영화에 등장하는 앞의 두 가족의 구성원들은 서로 간에 애정이나 존중감은 전혀 없다. 심지어 번햄 가족의 딸 제인은 누가 아버지를 죽여주었으면 하고 실제로 그런 일이 일어난다. 제인은 엄마도 속물이라고 좋아하지 않고 심지어 언쟁하다 엄마에게 뺨을 맞기도 한다. 피츠 가족은 아버지의 감시하는 눈길로 인해 경직되어 있다. 엄마는 정신이 반쯤 나간 듯 무기력하다. 나중에 피츠는 아들 리키가 레스터의 동성 애인이라고 오해하여 집에서 쫓아낼 뿐 아니라 레스터를 향해 총을 쏘아 사살한다.

이 영화에서 완벽한 인물은 아니지만 가장 성숙한 인물은 리키이다. 비록 대마초를 비밀리에 팔아 돈벌이를 하기도 하지만 그에게는 일상의 사물을 직시하고 사물의 아름다움을 발견하는 통찰력이 있다. 영화 마지막 장면에서 죽은 레스터가 독백을 하는데 그것은 집착을 버리면 희열과 감사가 빗물처럼 내린다는 것이다. 이 말의 핵심은 리키의 철학처럼 일상에 일어나는 일을 더욱 자세히 보고 거기에 존재하는 아름다움을 발견하도록 노력하라는 것이다.

상징과 관련하여 이 영화에는 붉은색이 상징적으로 쓰인다. 영화 포스터도 붉은색조가 강하다. 특히 이 영화에 반복해 나오는 붉은 장미의 의미는 등장인물의 관점에 따라 다르다. 처음에는 레스터가 등장할 때 칙칙한 색상이 배경으로 나오다가 그가 개성을 찾으면서 붉은색채가 배경으로 많이 나타난다. 특히 레스터가 안젤라에 대한 욕정을 꿈꿀 때 안젤라의 입에서는 붉은 장미꽃잎이 쏟아져 나오고 안젤라는 그 붉은 장미꽃잎으로 둘러싸인다. 이때 붉은 장미꽃은 욕망의 깨어남이자 동시에 새로운 활력을 의미한다. 그러나 아내 캐롤린에게 장미는 다른 의미를 지닌다. 장미는 그녀에게 교외에 사는 중산층이 성공했다는 외관과 장식의 상징이다. 그래서 그녀는 정원의 장미를 열심히 가꾸고 장미꽃을 식탁 화병에 꽂아 식탁을 장식하기도 한다. 그러나 놀랍게도 장미의 붉은색은 영화의 마지막 부분에서는 핏빛의 붉은색으로 변하게 된다. 레스터가 피츠의 총탄에 쓰러질 때 붉은색 피가 벽에 묻는다. 이렇게 붉은색과 장미의 상징은 인물에 따라 여러 다양한 의미를 가지게 된다.

2.2. 「패닉 룸」: 편모의 가족 구하기

2002년에 나온 이 영화에서는 「돌로레스 클레이본」에서처럼, 이혼한 엄마가 용감히 나서 딸과 가정을 지킨다. 직업이 대학교수인 주인공 멕 알트만은 바람 피운 남편과 최근 이혼한 후 딸 사라와 4층 규모의 저택

가정을 지키는 강인한 여성상을 보여주는 「패닉 룸」

에 이사를 온다. 모녀가 단 둘이 이사 온 첫날밤에 삼인조 강도가 침입한다. 모녀는 비밀의 방인 '패닉 룸'으로 피신한다. 하지만 그 강도들도 '패닉 룸'에 숨겨진 거액의 채권을 노린다. 가까스로 연락이 닿은 남편이 오지만 도리어 강도들의 인질이 되고 모녀에게 별 도움이 되지는 못한다. 경찰도 큰 도움이 되지 않는다. 결국 고투 끝에 멕은 딸과 가정을 지키는 데 성공한다.

모녀가 숨어들어간 '패닉 룸'은 만일의 사태를 대비한 안전한 비밀의 방이다. 이곳에는 전화선과 감시카메라와 환기시스템이 별도로 설치되어 있다. 이 밀실은 그 저택의 전 주인인 금융인이 만일의 사태에 대비해 오랜 기간 만든 것이다. 그러나 전 주인은 그곳을 금전과 귀중품을 안전하게 숨길 수 있는 공간으로 이용했다. 그는 죽기 전에 그 밀실 안에 많은 채권을 숨겨 보관하였다. 이 사실을 알고 있는 전 주인의 손자는 이 밀실에 숨겨진 채권을 노리는 것이다.

역설적인 것은 두 모녀가 위기의 순간에 숨어들어간 패닉 룸은 안전하지 못하다는 사실이다. 오히려 모녀는 그 방에 갇히는 신세가 된다. 이 방에 있는 채권을 노리는 강도들은 이 방에서 이들을 끌어내려 환풍구를 통해 개스를 주입하기도 하지만 엄마는 불을 질러 가까스로 위기를 모면한다. 설상가상으로 딸이 혈당량이 떨어져 생명이 위급한 상황이 된다. 그러나 그곳에 그 아이에게 필요한 의약품은 없기 때문에 외부에서 약품을 구해야 한다. 이처럼 '패닉 룸' 은 저택 안에서 가장 안전한 곳이었지만 현재는 가장 위험한 장소로 변한다. 엄마는 아이의 생명을 살리기 위해 위협을 무릅쓰고 외부로 나가 약을 구해온다. 이는 2000년대 이후 이혼한 여성이 외부의 폭력으로부터 자신과 가족을 보호하기 위해 목숨을 무릅써야 하는 상황을 암시한다.

사실 모녀가 이사한 집은 두 사람이 살기에는 너무나 커 보이는 저택이다. 모녀가 혹독한 고초를 겪고 결국 자신에게 적당한 집을 찾아보는 것으로 영화는 끝난다. 이들에게는 여전히 남편과 아버지가 없기에 영화의 시작 부분과 비교했을 때와 외부적으로 변한 것은 없다. 그리고 여전히 집안에서의 안전 문제는 해결되지 않고 남아있다.

하지만 이 영화에 변화가 있다면 모녀 관계의 변화이다. 영화의 시작부분에서는 엄마가 말을 해도 사라가 듣지 않고 계속 딴짓을 한다. 그러나 영화의 마지막에서 이들은 벤치에서 사이좋게 타블로이드 광고지를 보면서 앞으로 살 집에 대해 이야기를 나눈다. 또한 이처럼 영화가 모녀가 집안에 있는 것이 아니라 집밖에서 집을 찾으며 끝나는 이유는 이 세상에 더 이상 안전한 집은 없다는 방증이 될 것이다.

상징적인 차원에서 가장 안전하게 여겨지던 강철로 만들어진 방인

패닉 룸이 침입 당한다는 사실은 몇 가지 사회적인 의미를 지닌다. 우선 미국 중상류층 사람들이 마지막 보루라고 생각하는 공간이 공략당한다는 의미로 '더 이상 안전한 곳이 없다' 라는 의미를 준다. 즉 미국 중상류층 사람들에게 생명을 담보할 장소나 공간이 더 이상 남아 있지 않다는 사실을 보여준다. 다른 한편 사회적인 차원에서 보자면 패닉 룸이 공략당한다는 의미는 미국 뉴욕이 2001년 9.11 테러공격을 당한 이후 미국도 더 이상 외부의 공격에서 안전하지 않다는 것을 보여준다고 할 수 있다.

2.3. 「조이 럭 클럽」: 중국계 어머니와 딸의 갈등과 화해

웨인 왕 감독의 「조이럭 클럽」(1993)은 딸과의 갈등과 화해라는 점에서 특히 「돌로레스 클레이본」과 비교해 볼 수 있는 영화이다. 영화의 배경과 인종은 다르지만 중국계 미국인들의 삶에서 모녀간의 갈등과 화해 그리고 사랑을 파노라마처럼 다채롭게 보여주고 있다.

세대 · 문화차이로 인한 갈등과 사랑과 이해를 통한 화해를 보여주는 영화 「조이 럭 클럽」

영화는 4개월 전에 어머니를 잃은 징 메이라는 여성인물이 중국에 남겨진 언니들을

만나려는 데서 시작한다. 엄마의 친구들과 그 가족들이 징 메이의 중국 방문을 축하하기 위해 그녀의 집에서 파티를 열어준다. 징 메이는 마작을 하는 모임인 '조이 럭 클럽'(喜福會)에 어머니 대신 처음 참석해서 마작을 하면서 세 명의 어머니 친구들과 얘기를 나누는데 자신을 포함한 여덟 모녀가 겪은 굴곡진 삶의 비밀이 과거의 회상과 현재 시간을 오가면서 점차 드러난다.

이 영화는 소설가 애미 탄(Amy Tan)의 베스트셀러 『조이 럭 클럽』(1989)을 각색한 것이다. 원작 소설은 주로 중국의 문화와 관습을 자세히 설명하면서 미국문화와 차이를 중심으로 전개된다. 영화에서는 꿈과 희망을 찾아 미국에 이민 온 어머니 세대와 미국에서 태어나서 성장한 자녀 세대 사이의 세대차에서 오는 갈등과 문화적 갈등 그리고 자녀들이 당면한 과제를 다채롭게 보여준다. 어머니 세대는 과거 여성차별적이고 봉건적인 중국에서 천대 받고 무시당하며 살았다. 우여곡절 끝에 그들은 희망과 행복을 찾아 미국으로 왔다. 그래서 그들은 미국에서 태어난 딸에 대해 희망과 기대를 한다. 반면 딸 세대는 미국의 자유롭고 개인적인 문화에서 성장하여 엄마 세대와 다른 가치관과 꿈을 지니고 있다.

그리고 딸의 눈으로 보았을 때 어머니는 자신의 개성을 인정하기보다는 권위의식을 갖고 자신을 대하는 것처럼 보인다. 그래서 딸은 때로는 반항도 하고 또 어머니의 눈치를 보기도 하면서 살아간다. 그러나 어머니의 깊은 마음속에서 딸을 향한 애정이 절절하다.

미국에서 태어나 자란 딸 세대는 각자 나름대로 문제가 있으며 특히 결혼생활이 순탄하지가 않다. 대체적으로 어머니 세대는 자신들이 겪은 경험을 딸들과 나누며 무엇보다 용기와 자존감을 갖고 문제를 풀어가라고 조언한다. 잉잉의 딸 레나는 외식비용을 포함한 집안 살림과 관련한 비용을 남편과 반반씩 나눈다. 이처럼 그녀는 결혼생활에서 문제가 있는데도 어쩔 수 없이 살아간다. 엄마 잉잉은 그녀에게 "남자를 잃는 것은 상관없다. 사랑받아야 할 네 자신을 찾으라"고 충고한다. 그후 레나는 남편과 이혼하고 백인 남자와 재혼하여 자존감을 가지고 행복하게 살아가게 된다. 또한 안메이의 딸 로즈는 부유한 백인남편과 이혼하는 위기를 겪고 있는데 엄마 안메이는 딸에게 "남편을 위해 자신을 희생시키지 말고 자신에 대한 존중감을 지니라"고 충고한다. 순종이 여자의 운명이나 덕목이라 생각지 말고 자신의 욕망과 목표를 표현하며 살라고 조언하는 것이다. 이 충고를 받아들인 로즈는 남편에게 자신의 가치와 자아를 당당히 주장하여 이혼의 위기를 극복한다.

이처럼 어머니들이 중국에 살면서 어떻게 차별을 견뎌내고 편견과 역경을 극복하였는지를 딸 세대에게 전해준다. 특히 그들은 딸들에게 자신감과 자아 존중감을 갖추기를 기대한다. 다시 말하여 자신의 가치를 굳게 믿을 뿐 더러 높은 자아 존중감을 갖추고 타인을 대하고 소통하는 것이 문제 해결의 지름길임을 이 영화는 보여준다.

이 영화도 위에서 다룬 세 영화와 같이 상징을 사용하며 삶의 희망 혹은 모녀의 갈등과 이해를 통한 화해라는 주제를 통일성 있게 드러낸다. 영화의 시작부분에서 '백조의 깃털' 이야기가 잠시 언급되고 징 메이의 엄마 쑤얀 우가 백조깃털을 미국으로 가져온다. 이때 이것은 희망의 상징이면서 거위나 오리와는 다른 소중한 자아의 상징이다. 그리고 영화의 마지막의 부분에서 징 메이는 엄마의 소망에 따라 그 깃털을 중국에 가지고 가서 어머니의 유품으로 두 언니에게 전달한다. 이때 이 깃털은 어머니가 두 딸에게 보내는 연민과 사랑의 상징이다. 이처럼 상징을 사용하여 영화는 구조적 통일성과 주제를 선명히 부각시키는 효과를 얻고 있다. 깃털은 어머니의 희망의 상징이자 딸에 대한 사랑과 연민의 상징이 되는 것이다.

이 영화는 그 구성에서 「돌로레스 클레이본」과 가장 유사성이 많은 듯이 보인다. 두 영화 모두 과거를 회상하는 기법을 많이 사용한다. 그리고 여기서도 과거가 현재 당면한 문제를 푸는 실마리가 되는 것이다. 그러나 다른 것이 있다면 「돌로레스 클레이본」에서는 딸이 중요한 사건을 엄마와 함께 겪지만 「조이 럭 클럽」에서는 딸들은 엄마와 같은 경험을 겪은 것은 아니라는 점이다. 그래서 딸 세대가 자신들은 경험하지 못한, 어머니의 경험을 약간은 일방적으로 듣는다는 면이 있다.

2000년대 이후 가정을 소재로 다룬 미국 영화의 특징을 몇 가지로 생각할 수 있다. 우선 가족 구성원들이 각자의 욕망으로 가정이 붕괴되어 가고 있는 모습을 보여준다. 그리고 대체적으로 남성의 잘못으로 인하여 이혼과 외도도 흔한 일이 되어 있다. 이런 상황에서 우리가 본 영화에서 외견상으로 남성보다는 여성이 영화의 스토리를 이끌어 간다는 특징을 들 수 있다. 1990년의 영화 「돌로레스 클레이본」도 그렇지만 「패닉 룸」과 「조이 럭 클럽」이 특히 그러하다.

물론 「아메리칸 뷰티」의 이야기 전개에서 레스터의 딸 제인도 물론 중요한 위치를 차지한다. 이는 반드시 사회에서 여성의 권익이 상승했다는 것을 보여주는 것은 아니지만 현대 사회에서 여성이 상대적이긴 하지만 독립적이고 주체적인 삶이 가능하다는 것을 보여 주고 있는 것이다. 그러나 동시에 남성부재의 이러한 삶의 모습들은 여성이 매우 독립적이고 주체적인 것처럼 보이지만 외부적인 위험에 노출되기 쉬운 상황을 보여준다. 여성의 입장에서 남성은 가해자이면서 동시에 보호자이다. 남성이 없는 상황에서 외부에서 오는 여러 어려움을 감수해야 한다는 것은 매우 역설적이며, 피할 수 없는 여성 삶의 한 모습이라 할 수 있다.

[참고 문헌]

- 스티븐 킹(김승욱 역), 『돌로레스 클레이본』, 황금가지, 2003.
- 에이미 탄(박봉희 역), 『조이 럭 클럽』, 문학사상사, 2000.
- 김성곤, 『김성곤교수의 영화에세이』, 열음사, 1996.
- 김상준, 『신화로 영화 읽기 영화로 인간 읽기』, 세종서적, 1999.
- http://movie.naver.com/movie/bi/mi/basic.nhn?code=17233
- www.amazon.com
- www.wikipedia.org

Part 2. 문화

타인의 삶, 인생의 전환점에서

원　제 Das Leben der Anderen
감　독 플로리안 헨켈 폰 도너스마르크 Florian Henckel von Donnersmarck
배경도시 베를린
상영시간 137분
개봉년도 2006년
등　급 12세 이상
음　악 가브리엘 야레드 Gabriel Yared, 슈테파네 모우하 Stéphane Moucha
카 메 라 하겐 보단스키 Hagen Bodanski

수상 경력

- 2007년 최우수 아카데미 외국어 영화상 수상.
- 2006년 독일영화상(11개 부문에서 7부문 노미네이트). 바이에른 영화상 (4개 부문), 유럽영화상 (3개 부문).

Contents

1 영화 소개

누구나 한 번쯤은 우연히 혹은 호기심이 발동하여 '나' 아닌 '다른 사람'의 일기장을 몰래 읽어본 경험이 있을 것이다. 남의 일기장을 몰래 읽는다는 것은 올바른 행위라고 말할 수는 없겠지만, 여기서 생겨나는 긍정의 면도 '완전히' 무시할 수는 없겠다. 예컨대 엄마가 딸의 책상을 정리하다 서랍 속 일기장을 우연히 읽어봄으로써 사춘기를 겪고 있는 자식이 엄마한테 털어놓지 못한 고민을 알 수 있게 될 것이다. 또는 연인의 일기장을 통해서는 서로 못다한 이야기들을 읽게 되어 상대방을 더 잘 이해하고 배려할 수 있는 계기가 될 뿐만 아니라 자기 자신에게도 반성의 기회를 주어 두 사람간의 소통의 문제가 보다 원활하게 진행될 수도 있을 것이다. 이렇듯 남의 일상을 '읽을' 수 있다면, 나 자신의 일상과 대조시켜 보다 나은 나 자신의 삶을 위한 거울효과로 삼을 수 있을 것 같기도 하다.

이와 같이 남의 일기장을 읽는 장면이 소재가 되는 영화가 있었다. 1984년 미국의 스티븐 바우어와 바바라 윌리엄스 주연의 「씨프 하트 Thief of Hearts」이다. 일년 후 1985년에 우리나라에도 소개되어 적지 않은 관심과 인기를 누렸던 작품이다. 어느 도둑이 주택에 침입하여 그곳에 사는 유부녀의 일기장을 훔쳐 와서 읽어본다. 그리고 그 여인에게 접근하여 애정행각을 벌이는, 하지만 별 야한 장면이 없었던 건전한 관계를 다룬 영화였다.

이 영화는 남의 일기장을 읽는 주인공을 다루었지만, 여기에 소개될 영화 「타인의 삶」에서는 또다른 방식으로 타인의 일상을 몰래 엿보는 주인공이 중요한 역할을 하고 있다. 업무상, 철저히 의도적으로 또 다른 주인공의 일상을 염탐하는 인물을 다루고 있다. 여기서 염탐자가 염탐대상자에게 영향을 받게 된다. 염탐대상자인 타인의 능동적 일상이 염탐자의 수동적 일상을 되돌아보게 한다.

1.1. 감독과 배우

1999년 노벨문학수상자인 귄터 그라스의 작품을 영화한 「양철북 Die Blechtrommel」(1979), 「러브 인 아프리카 Nirgendwo in Afrika」(2001)에 이어 세 번째로 최우수 아카데미 외국어영화상을 수상한 이 영화의 스텝은 다음과 같이 구성되어 있다.

플로리안 헨켈 폰 도너스마르크 Florian Henckel von Donnersmarck (감독)

백작 가문 출신인 폰 도너스마르크는 1973년 5월 2일 독일 노르트

라인-베스트팔렌 주에 위치한 쾰른에서 출생했다. 쾰른은 우리나라 사람들에게 라인강 옆 쾰른 대성당이 있는 도시로 유명하다. 『그리고 아무 말도 하지 않았다』의 작가인 노벨문학 수상작가 하인리히 뵐의 고향이기도 하다.

폰 도너스마르크는 현재 영화감독이자 시나리오 작가임과 동시에 영화제작자이기도 하다. 독일 루프트한자 항공사 매니저를 아버지로 두었던 그는 유년시절과 학창시절을 뉴욕(6년), 베를린(3년), 프랑크푸르트(4년) 그리고 브뤼셀(4년) 등지에서 보냈다. 고교 졸업 시 대학입학시험인 아비투어에서 만점인 1.0을 받았다. 레닌그라드(상트 페테르부르크)에서 2년을 보낸 뒤에 잠시 러시아어 교사 활동도 했다. 1993년부터 3년간 뉴 칼리지(옥스포드)에서 철학, 정치학, 국민경제학 이론을 공부한 이후 리차드 아텐브루흐 Richard Attenborough의 조연출로 활동하면서 연출실기 공부를 했다. 이는 훗날 텔레비전-영화학교인 HFF에서 본격적으로 영화를 공부하게 된 계기가 되었다. 그후 단편작품 등을 제작하다가 만든 첫 장편 작품인 「타인의 삶」은 그가 2006년 1월 HFF의 졸업 작품으로 생각했던 것이었다.

그는 이 영화의 줄거리를 1997년 뮌헨 영화학교에서 연출 공부를 할 때 처음으로 구상했다. 이 영화에 출연한 배우들이 적은 출연료에도 아랑곳 하지 않거나 출연료 없이 촬영에 임했기에 제작비용은 180만

유로가 소요되어 독일에서는 저비용으로 제작된 영화에 속한다. 「타인의 삶」은 개봉 이후 전 세계적으로 5천 달러의 수익을 가져왔다.[1]

그는 다른 졸업생과는 달리 실습기간 없이 곧바로 방송생활을 시작하였고 영화도 주시했다. 2001년부터 4년간 이 영화를 위한 조사 작업을 시작했다. 슈타지의 희생자와 범행 가담자와 대화를 시도하며 역사적 장소도 방문했다.

첫 작품의 집필은 삼촌이 수도원장으로 있는 비너발트 소재 시토교단의 수도사회인 하일리겐크로이츠에 있는 작은 방에서 한 달 동안 진행되었다. 2004. 10.26~12.17일까지 오로지 베를린에서만 촬영이 진행되었는데, 학문적 조언자로서는 슈타지-국가 연구단체에 있는 만프레드 빌케가 있었다.

슈타지 자료를 연구, 관리하는 슈타지 자료청에서 옛 국가안전부 건물에서의 촬영을 허가했다. 이 영화는 우리나라에선 처음에 별 관심을 못 받았지만(관람객수: 43,288명) 독일에선 관람객수 1,678,572명을 기록하였다. 2006년 3월 23일 독일서 개봉됨과 동시에 영화의 시나리오가 주르캄프 출판사에서 출간되기도 했다.

울리히 뮈에 Ulrich Mühe (게르트 비슬러 역)

연극배우이자 영화배우인 울리히 뮈에는 1953년 6월 20일 구동독에 속했던 동부독일의 작센 주에 위치한 그림마 Grimma에서 모피공장을 운영했던 집안에서 출생했다. 그리고 2007년 7월 22일 작센 안할트 주의 발데크 Walldeck에서 사망했다. 1975~79년에 라이프치히에 있는 한스 오토 연극학교에서 연극 공부를 했다. 1983년 하이너 뮐러가 라이프치히 시립 극단에서 활동 중인 그를 베를린 시립극단으로 불러 들여서 그해 독일극단의 앙상블 단원이 되었다. 1989년 뮐러의 작품 『햄릿』과 『햄릿기계』 공연에서 두각을 나타내었다. 그는 연극무대에서의 왕성한 활동 외에도 영화

나 텔레비전에서도 활동했다. 통독 전엔 「부인과 이방인 Die Frau und der Fremde」(1984) 외에도 1988년에 「거미줄 Das Spinnennetz」에서 극중 테오도르 로제 Theodor Lohse 역할을 맡아 바이에른 영화상을 수상하는 등 80년대에는 전 세계적으로 그의 이름이 알려지게 되었다. 1990년 10월 3일에 독일이 통일된 이후에도 계속하여 1991년 토마스 만의 소설을 영화로 만든 「키 작은 프리데만 씨 Der kleine Herr Friedemann」와, 1992년엔 심리공포영화인 「살인적인 눈 Das tödliche Auge」에서 각각 주인공의 역할을 맡았다. 우리나라 영화 팬들에겐 나치 시대 독일 잠수함의 운명을 그린 「마지막 유-보트 Das letzte U-Boot」와 동독 붕괴직전 동독인의 궐기 사실을 다룬 「니콜라이 교회 Nikolaikirche」에서 그의 이름을 기억하게 했다.

1997년부터는 독일 텔레비전 방송국인 ZDF의 범죄시리즈 「마지막 증인 Der letzte Zeuge」에서 법의학자의 역할을 맡았다. 통일 이후엔 오스트리아 잘츠부르크를 비롯해서 여러 도시에서 연극 활동에 매진했다.

연극배우 수잔네 로타르와 세 번째 결혼을 했고 베를린에서 계속 거주했다. 미국에서 오스카상 수상 이후에 얼마 되지 않아 심한 위

수술을 받았는데 원인은 그가 군복무 할 때 받은 수술의 오랜 합병증이었다.

마르티나 게데크 Martina Gedeck (크리스타-마리아 질란트 역)

마르티나 게데크는 1961년 9월 14일 큰 도매상인의 세 딸 중 장녀로 바이에른 지방의 란츠후트 Landshut에서 출생했다. 1971년부터 베를린에서 거주하고 있다. 베를린에서 고등학교를 졸업한 후 베를린 자유 대학교에서 잠시 독문학과 역사를 공부했다. 하지만 1982-1986년까지 예술대에서 오로지 연극만 공부했다. 울리히 빌트그루버가 사망할 때까지 함께 생활하다가 2005년 부터는 그녀가 많은 작품을 함께 했던 스위스 연출가 마르쿠스 임보덴 Markus Imboden과 친밀한 관계를 유지하고 있다.

2002년에 두 번째로 '독일영화상'을 수상했는데, 한번은 연기상이었고 한번은 최고 주연 배우상이었다. 「벨라 마르타 Bella Martha」에서 요리사 역할로 폭넓은 관객층을 확보한 그녀는 독일의 영화와 방송계에서 뛰어난 성격 배우에 속한다.

제바스티안 코흐 Sebastian Koch (게오르크 드라이만 역)

우리나라 영화 팬들에겐 「글루미 썬데이」와 「블랙 북」으로 잘 알려진 그는 1962년 5월 31일 독일의 칼스루에에서 출생했다. 유년과 청년

기를 슈투트가르트에서 보낸 후 원래는 음악가가 되고자 했다. 슈투트가르트 극장장이었던 클라우스 파이만 Peymann이 70년대 말에 그를 연기자로서의 경력을 쌓도록 했다. 1982-1985년 뮌헨에 있는 오토 팍켄부르크 학교에서 Otto-Fackenburg-Schule 교육을 마친 후 본격적으로 연기자의 길로 나섰다. 방송대본 번역가로서도 활동했다.

울리히 투쿠르 Ulrich Tukur (슈타지 고위 간부 그루비츠 역)

1957년 헤센 주 피른하임에서 태어난 투쿠르는 연극인이자 음악가이기도 하다. 투쿠르는 베스트팔렌 주, 헤센 주와 니더작센 주에서 자랐다. 1977년에 아비투어 시험을 치렀다. 군복무 후 튀빙엔 대학교에서 독문학과 영문학 그리고 역사를 공부했으며 음악가로 활동했다. 이때 무대에서 눈에 띄어 1980년에 슈투트가르트 소재 국립 음악 및 조형예술 대학에서 연극수업을 받기 시작했다. 1983년 연극수업을 수료한 후 하이델베르크에서 연기활동을 하기 시작했다. 그는 우리나라에 잘 알려진 미하엘 베르회벤 감독의 영화 「백장미」에서 나치스에 저항하는 대학생 비밀 단체의 멤버 빌리 그라프 역을 이미 학창시절부터 맡았다. 1985~1995년까진

페터 차데크 감독 하에서 그의 예술의 고향이라 할 수 있는 함부르크 소재 독일연극하우스에서 앙상블 단원으로서 수많은 주연과 조연을 맡았다. 그 중에서 유명한 작품으로는 프랑크 베데킨트 작품의 『룰루 Lulu』와 세익스피어 작품의 『햄릿 Hamlet』 등이 있다.

1986년에 독일 연극비평가로부터 올해의 배우로 선발되었다. 2004년에 독일 텔레비전 시리즈물 「범행 장소 Tatort」의 제목 "악惡"에서 은행가의 역할로 독일 텔레비전상(최고 연기상 부문)을 수상했으며, 2006년 「타인의 삶」으로 독일 영화상(최고 남우조연상 부문)을 수상했다. 1995년~2003년까지는 울리히 발러와 함께 함부르크 소극장에서 극장장으로 활동했다. 여기서 그는 볼프강 보르헤르트의 희곡작품 『문밖에서 Draußen vor der Tür』의 주연을 맡았다. 그는 현재 사진작가와 두 번째 결혼 후 베니스와 함부르크에 거주하고 있다.

1.2. 줄거리

비슬러는 슈타지에서 젊은 보안부 직원의 교육을 맡고 있다. 어느 날 그의 대학 동창이자 슈타지의 문화부서 부장을 맡고 있는 친구인 그루비츠가 찾아온다. 그들은 함께 극작가 게오르크 드라이만의 연극공연장을 찾는데, 그곳에서 헴프 장관은 그루비츠에게 드라이만의 일거수 일투족을 감시하길 명령하고 그루비츠는 이 임무를 다시 비슬러에게 맡긴다. 드라이만의 연인인 크리스타-마리아 질란트를 독차지하기 위해 헴프 장관이 자신의 연적인 드라이만을 제거하기 위해서이다.

비슬러는 드라이만의 집에 도청장치를 해 놓고 그 집의 다락방에서 감시한다. 하지만 감시 임무가 국가적인 필요에 의해서가 아니라 헴프 장관의 드라이만 부인과 부적절한 관계에 의해 생겨났음을 알게 되고, 감시 중 두 예술가의 부부애와 그들의 인간적인 일상을 체험하게 된다. 게다가 드라이만의 집에서 훔친 브레히트의 작품을 다락방에서 읽으면서 기존의 사고방식에서 벗어나 다른 삶의 가치를 깨닫게 된다. 그래서 어느 날 밤 비슬러는 헴프 장관의 차에서 질란트가 내리는 모습을 극작가 드라이만이 직접 보게 만든다. 질란트가 자신의 경력을 위해 헴프 장관과 부적절한 관계를 맺고 있는 사실도 알게 되어 사회주의 체제에 회의를 느낀다. 그래서 그는 드라이만에게 불리한 도청사실을 상부에 보고하지 않거나 조작하기에 이른다. 감시당하는 자들의 삶이 감시하는 자의 삶을 변화시켰기 때문이었다.

슈타지 심문 기관

한편 수년 동안 예술 활동 금지 조치를 당하고 있던 연극 감독 예르스카의 자살로 인해 그동안 주위 현실에 무관심한 채 예 술가들의 정치 참여에 대해 부정적인 의견을 지녀왔던 드라이만이 모순된 동독 사회의 참상을 서독의 주간지인 〈슈피겔〉지에 알리는 참여주의 작가로 변신한다. 서독의 잡지사에서 준 타자기를 사용하여 기고하기로 결심하고 몰래 체제 비판적인 기사를 타이핑하여 서방세계에 보낸다.

드라이만의 동거녀 질란트를 슈타지에서 체포하여 심문한 끝에 타자기의 위치를 알아내지만 비슬러가 미리 치우게 되고, 슈타지가 갑자기 집을 습격하자 당혹감과 죄책감으로 길거리로 뛰쳐나간 질란트는 교통사고로 사망하게 된다. 도청작전은 실패하여 비슬러는 좌천되어 우체국에서 우편물을 점검하는 일을 하게 된다.

베를린 장벽이 무너지고 2년 후 드라이만은 전 장관이었던 헴프를 우연히 만나 비밀도청작전에 대해 듣게 되고 그와 관련된 문서를 뒤져 자신을 감시했거나 은밀하게 도운 사람들을 알게 된다.

훗날 드라이만은 그의 자전적인 소설 『착한 사람들의 소나타』를 집필하게 된다. 우편배달을 하던 중에 비슬러는 우연히 드라이만의 책 소개 광고가 서점 유리창에 붙어 있는 것을 보고 그 책을 구입하게 되는데, 그 책이 바로 자신에게 바쳐진 사실을 발견한다.

1.3. 작품 이해

「타인의 삶」에서 감독은 꼼꼼하게 조사한 내용을 바탕으로 보다 현실적인 모습들을 그려내려고 노력한다. 그는 타락한 정치가들과 검열의 세상을 비추면서 그 잣대의 세상도 비춘다. 지식인들과 예술가들의 세상이다. 칙칙한 제복차림의 인물들과는 반대로 예술가들은 밝은 색체의 형상 속에서 대조된다. 이 형상 속에서 그들은 마시고, 춤추고, 사랑하고 삶을 살아간다. 여기서 감독은 "예술은 자유로워야 하고 해방되어야 한다"고 주장한다. 그럼에도 불구하고 질란트는 평범한 예술의 자유를 위해 그의 사랑을 나눌 준비가, 아니 판매할 준비가 되어 있다.

동독의 현실을 보여주는 대표 영화로는 볼프강 베커 감독의 「굿바이 레닌」이 있다. 이 영화 또한 동독의 일상을 보여주고 있지만 동독 체제를 비판할 목적으로만 제작되어지지 않았다. 영화 속에서 동독인들의 '희비극적'인 일상을 보여줌으로써 허구의 세계에서 살아가고 있는 오늘날 우리들의 모습을 그리고 있다. 예컨대 주인공 알렉스와 그의 친구 데니스가 만든 '뉴스 프로그램'에 나오는 뉴스들은 관객을 오직 웃음만 짓게 하지 않는다. 관객들로 하여금 자신들의 주위세계에 대해서도 뒤돌아보게 한다. 바로 이러한 취지에서 폰 도너스마르크 감독은 「타인의 삶」의 소재를 구동독의 일상 속 예술가들의 삶에서 따왔다.

두 가지 이유에서였다. 첫째, 동독의 1980년대 문화정책의 노상에서 동독비밀경찰에 의해 자행된 문화억압의 역사적 실상이 예술적으로, 극적으로 묘사되고 있다. 이러한 실상은 실제로 비슬러 역할을 맡았던 뮈에 자신에게서도 밝혀졌다. 영화 속에서 동독비밀경찰인 슈타지 직원으로 나오는 뮈에는 2006년 「타인의 삶」이 주르캄프 출판사에서 출간될 즈음 한 인터뷰에서 그의 두 번째 부인인 예니 그릴만이 아마도 슈타지의 암호명 HA II/13과 비공식 접촉한 사실에 관해 밝혔다. 그릴만은 이에 대해 베를린 법정에서 책 출판에 있어 뮈에에 대한 가처분신청을 했고, 그녀의 청원을 법정은 받아들여서 책의 보급을 금지시켰다. 법정은 뮈에의 항변을 물리쳤고 그릴만을 계속 IM(비공식 협력자)으로 칭하는 것을 허용하지 않았다.

뮈에는 통일 전 동독에서 공식석상의 토론장에 적극 참가했다. 일

알렉산더 광장에서의 데모 연설에 참가한 뮈에.

례로 1989년 11월 4일 알렉산더 광장에서의 데모 발기인들 중 한 명으로 참가하기도 했다.

베를린 장벽이 무너지는 과정을 그린 「니콜라이 교회 Nikolaikirche」에서 이미 연기 경험을 한 그는 「타인의 삶」에서 슈타지 간부 역할을 맡았지만 아이러니하게 자신도 옛날 슈타지의 감시를 받았다. 훗날 자신에 관한 슈타지 문서를 열람했는데, 대학 학창시절부터 IM이 끈질기게 쫓아다녔고 자신에 대한 일들을 기록했음을 알게 되었다. 4명의 IM 중 2명은 그가 일했던 '독일 극장' 소속 조연출과 동료 여자연기자였다. 그의 이름은 군대가 위기에 처했을 때 전쟁포로수용소에 보내져야 할 예술가 리스트에 올려져 있었다. 이러한 경험에 근거하여 뮈에는 자신의 역할에 대한 준비를 위해서는 단지 옛 기억을 떠올릴 필요만 있었다.

영화 속에서 동독의 슈타지 간부였던 비슬러는 유명 극작가인 드라이만과 그의 동거 여인 질란트를 몰래 감시한다. 명예심과 사회주의에 유익하다는 믿음에 근거해서였다. 하지만 선의 힘은 고위정치가들의 계획을 망쳐놓는다. 스파이는 타인의 삶을 통해 그에게 이때까지 차단되어있던 자유로운 생각과 사상, 열정, 문학의 세계, 음악과 연극 세계로의 통찰을 통해 서서히 교화되고 전향된다. 점점 더 지식인의 세상을 통해 흡수되어지고 이들의 반체제 행동들에 동의를 하게 되고 의도적으로 간과하게 된다. 뒤에는 훗날 자신의 배역인 이 남자를 가리켜 인간이 되고자 하는, 이념으로 가득 찬 깍지라 했다.

둘째, 이 영화는 구동독의 실상을 파헤쳐 폭로하려는 의도의 고발영화가 아니다. 현대인으로 하여금 자신의 주위를 둘러보게 함으로써 개인이나 사회의 모순을 인식하고 개선점에 대해 숙고하길 유도하는 영화이다. 그래서 독재국가 내의 개인의 힘과 무기력을 다룬 이 영화의 중심엔 괴로운 동독의 현실이 서있다. 점점 비대해져 가는 사회의 모순에 당하기만 하는 개인의 저항 가능성과 필요성을 제시하기 위해서이다. 자신의 믿음을 상실해가는 남자들에 관한 이야기에서 극작가 드라이만과 슈타지 간부 비슬러와 같은 동시대인의 침묵이 자신들이 속한 사회체제에 대한 긍정행위임을 보여주는 이유가 여기에 있는 것이다. 이러한 의도에서 감독은 영화장르에 베어톨트 브레히트의 희곡론과 희곡작품을 결합시킨 듯하다. 영화속에서 드물지 않게 이 사실을 인식할 수 있다. 비슬러가 드라이만의 집에서 훔쳐온 브레히트의 시집을 읽는 장면, 브레히트의 극작품 『사천의 착한 사람』을 연상시키는 드라이만의 작품 『착한 사람들의 소나타』 그리고 바에서 비슬러를 만난 질란트가 한 대사 "당신은 착한 사람입니다" 등이 그 일례가 될 수 있다. 브레히트의 서사극이 '사회의 변화 가능성을 추구하고 이에 대한 지혜를 모으기 위한 것'임을 알고 있다면, 여기서 감독의 의도를 간파하는 일은 어렵지 않겠다.

감독은 당혹스러움을 주는 영화가 아닌 단순히 긴장감 넘치고 흥미진지한 영화를 만들고자 했다. 정치성이 부각되는 것도 원치 않았다고 한다. 공포, 사랑, 믿음, 배신을 다룬 영화이기는 하지만 관객이 재미있게 보길 바랬다. 그가 이 영화를 위해 4년간 소재거리에 매달리고 수많은 증인과 인터뷰를 하곤 했지만, 그는 동독이란 주제에 대해 자서전적으로는 아주 적게 접근했다고 밝힌다.

그 외 몇 가지 오역들이 영화를 이해하는 일에 걸림돌이 되고 있다. 『독일영화와 독일 문화』의 저자 최경은은 그의 책에서 영화에 대한 오역이나 충분하지 못한 번역을 자세하게 바로잡고 있다.[2)]

여기에 덧붙여 수정되어야 할 부분이 하나 더 있다. 질란트가 드라이만의 부인으로 소개되어 있는 점이다. 이 영화의 대본에서 질란트가 드라이만의 부인 'Frau'가 아닌 여자친구 'Freundin'으로 표기되어 있다. 게다가 영화의 전반부에서 드라이만은 동네 꼬마들과 길거리에서 축구를 하다가 그만둘 때 여자 친구가 자기를 기다려서 가봐야 한다고 말한다. 그러므로 번역 상으로 정확한 의미는 질란트를 드라이만의 부인 'Frau'가 아니라 여자친구 'Freundin'으로 칭해야 할 것 같다. 이런 점은 우리나라와 결혼 문화가 다른 독일의 "동거문화"의 연관 속에서 설명되어져야 할 것이다.

2 동독과 검열

독일 역사상 예술가들의 수난 시대가 크게 두 역사적 시대에서 존재했었다. 첫째, 독일 망명문학의 발생에 계기가 되었던 히틀러의 제3제국 시대이다. 히틀러의 나치체제에 비판적인 예술가들은 창작활동 금지조치, 출판, 상연금지, 구금과 추방을 당하여 망명의 길을 떠나야 했다. 둘째, 「타인의 삶」의 배경인 동독의 시대이다. 그러므로 동독시대와 그 시대의 검열에 대해 개관하는 일이 영화를 보다 쉽게 이해하는 지름길이라 할 수 있겠다.

2.1. 슈타지

1949년에 동독정부가 수립되기 전 소련의 지배지역이던 동독엔 소련의 지배이데올로기를 대변하는 SED(독일 사회주의 통일당)가 생겨났다. 동독 건립 직후에 SED는 정치적 사회적 권력을 보호하기 위해 강력한 경찰과 사법부를 만들었다. 1950년에는 중앙 감시기관과 검사기관의 역할을 하는 MfS(국가안전국)가 설립되었다. MfS는 1950년에 2,700명의 직원으로 구성되었다. 소련의 모범에 따랐는데, 동독에 주둔하고 있던 소련 지도원들은 MfS가 철저히 소련 비밀경찰의 방식을 넘겨받도록 애썼다.

SED는 그들의 권력을 단지 소련군의 보호 아래 두었고 그리고 거대한 안전부의 도움으로써만 설립되고 유지될 수 있었다. 1950년에 설립된 MfS는 SED의 조직이었다. '정치적 범죄행위'와 관련해서 비밀경찰이자 조사기관이었으며 국가비밀정보기관이었다. 자국민의 감시와 억압 및 대개 서독에 대한 선동과 분열책동을 지향했다. MfS는 조사 대상인의 모든 면에 대해 거의 무한대로 접근했다. 우편검열을 했을 뿐만 아니라 통신비밀, 은행거래비밀, 의학상의 비밀엄수 의무, 거주 침해나 개인 신상기록의 영역도 예외는 아니었다. SED와 MfS는 모든 데이터에 접근했다. MfS의 영향력을 직접적으로 보여주는 예는 그 종사자 수였다. 1989년 말에는 약 91,000명이 종사하고 있었고, 약 190,000명의 비공식 직원이 종사하고 있었다. 말하자면 약 60명의 주민에 한 명의 MfS 직원이 존재한 셈이다. 시간이 흐르면서 약 600,000명의 인원이 비공식적으로 염탐했다. 그 대상은 친구, 친척, 배우자, 직장 동료와 학우들이었다. MfS가 와해되었을 때 약 125.000개의 권총과 77,000개의 경기관총이 발견되었다. 그래서 MfS는 비밀 내전군대로 불릴 수 있었다.

독일어에서 '검열'이란 단어는 '검사', '판단'의 의미를 지니고 있는 라틴어 첸주라 censura에서 기원했다. 당국의 검사, 그리고 경우에 따라서 국가나 교회 조직을 통하여 책과 극작품의 출간이나 공연을 금지시키는 것을 말한다. 출판물과 의사표시를 국가나 비국가 조직을 통하여 감시하거나 감독하는 방식을 말한다. 검열은 특히 독제국가에서 권력수단으로서 일치하지 않는 의견의 보급을 방해하기 위해서 제정한다. 그러한 국가에서는 공식적 의사소통체계가 국가의 통제하에 놓이게 되거나 국가소유 하에 놓여있다. 검열은 문학작품이 지배적인 정치적 방침, 공식적인 교의敎義 또는 도덕의 금지사항과 마찰을 일으킬 때 효력이 발생한다.

그리고 문학검열이라 함은 주로 원하지 않은 소식과 의견들이 공표되는 것을 방해하기 위해 대부분 국가적으로 출간을 조정하는 것을 말한다. 문학검열은 고대 때부터 존재했다. 로마시대에는 검열을 통해 도덕적 규범에 대한 마찰과 공인에 대한 비난을 방해하는 일이 검열관의 과제였다. 검열은 이미 11세기에 중국에 존재했었는데, 독일에서는 실제로 1440년부터 서적인쇄의 발명과 함께 실시되었다. 그러다가 1848년에 외형상으로나마 검열이 폐지되었다가 제3제국 시절에 다시 도입되었다.[3]

히틀러의 제3제국에서의 책 소각과 검열은 지식인, 정치인 그리고 예술가들의 행동을 억압하는 전대미문의 도구가 되었다. 가장 잘 알려진 책 소각 사건은 1933년 5/6월의 사건이다. 5월 10일 22개 대학도시에서 대학생들에 의해 '비독일적 정신에 반대하는 행위' 의 무리속에서 수만 권에 달하는 유대인, 막시스트, 평화주의자, 작가들의 책들이 압류되고 소각되어졌다. 그후 여러 도시와 다른 나라로 이 사건이 연이어졌다. 1945년 이후에는 소련 점령지역이나 동독에서 계속하여 검열이 실행되어졌다.

도청중인 비슬러

동독은 검열국을 체계적으로 은폐했다. '검열'이란 개념은 법, 공고, 미디어에서 사라졌다. SED는 검열정책에서 확실한 방법으로 삭제하거나 출판금지시킴으로써 공식적인 논쟁이 발생하는 것을 삼가했다. 검사행위를 장려행위로 보이도록 노력했다. 유예전술을 계발했고 예술가나 작가들의 순응행위에 대해서는 서독으로 여행, 상장, 훈장, 직위, 다른 특권 등의 특혜나 보상을 선사했다. 그래서 각자 검열가능성에 연루된 자가 항상 지배이념에 저촉되는지에 대해 곰곰이 생각하는 분위기가 형성됐다.[4]

옛 MfS 제 1건물

이러한 검열의 역사는 동독 40년의 역사 속에서 국가안전국인 MfS와 함께 했다. 일종의 지속적인 정신착취 속에서 그리고 역사상 효과가 인정된 당근과 채찍으로써 SED는 비평적인 정신들을 당에 순응하는 정신으로 개종하길 시도했다. MfS-사전에 따르면 MfS의 주

임무는 "사회주의 사회의 안전의 필요와 당의 안보정치에서 생겨나는 일반적인 MfS 과업에 대한 요구"로 묘사된다.

전반적으로 MfS의 주 임무의 실행은 다음의 행위들에 적당한 과업의 결과를 이끌어 내야 하는 것이었다. 말하자면 반대자에 대한 전략적 전술적 정보들을 당에 적시에 보고하고 작전지역에서 출발점에 서있는 적을 계몽하고 방해하고 물리치며 동독에 반하는 적대적인 계략을 방해하고 내부의 적들을 파헤치고 모든 상황의 제약 하에서 동독의 안전을 보증하여 예방과 고차원의 감시, 징계와 법규를 통하여 파괴 및 파괴 행위를 방해하는 일이다.

이와 같은 임무를 수행하는 MfS엔 비공식 협력자를 의미하는 IM들이 활동했다. 영화 「타인의 삶」에서 크리스타 마리아 질란트가 그 역할을 수행하는 인물이다. 1979년에 MfS는 IM을 "객관적이고 주관적인 전제조건의 토대에서 MfS의 명령을 은밀하게 완수하는 동독과 다른 국가들의 시민"으로 정의했다.

2.2. 동독의 발자취

앞에서 소개된 검열행위 속에서 지속된 동독의 역사는 크게 4가지로 나누어진다.

1. 1945-1949: 동독 형성 이전의 시대

2차 세계대전에서 패전한 후 독일은 1949년 각각 동독과 서독으로 분단되기 이전 연합국에 의해 지배를 받게된다. 그 중 옛 동독지역은 소련의 재배를 받게 되었다. 1946년 기존의 독일공산당(KPD)과 독일 사회민주당(SPD)이 소련 점령군의 압력으로 강제 통합되어 SED가 탄생했다. 정치는 반파시즘적 역량들의 "인민전선"을 형성하는데 있었다. 독일 고전주의의 일상적-인본주의적 사상적 총화가 교육 자료로 보급되어졌으며 나치에 의해 망명을 떠났던 토마스만, 하인리히 만, 베어톨트 브레히트, 안나 제거스 같은 작가들을 초대하려는 시도가 있었다.

1949년 10월 7일 동독정부가 설립될 때까지의 시기는 전후의 과도기이다. 훗날 동독정부에서 문화상이었던 요하네스 베혀는 역시 동독정부에서 당서기장이 된 발터 울브리히트와 함께 동독 내에서 문화정책의 근간을 만들었다. 소련군정은 망명 작가들에게 의식주를 제공하고 편안하게 정착하도록 도왔다. 1949년에 파울 비글러 P. Wiegler와 함께 문예잡지 『의미와 형식』을 발간했다. 이데올로기의 편협성을 탈피하여 세계적 수준의 잡지가 되었다. 소련군정의 협조아래 전쟁 때 파괴된 시설들의 복구 작업이 시작되었고, 공연허가를 받아 공연이 이루어졌다.

2. 1949년-1960: 동독의 성립과 발전과정

전제적인 SED는 문학과 예술이 '고루한 형식주의'에 반하여 싸워주길 다짐받았으며 언론과 출판은 오로지 당의 선전에 이용당했다. 문학이 사회주의의 목표와 사회주의적 생산의 건설을 위해 당을 지지하길 요구했으며 어떠한 현대적이고 형식주의적인 실험들이 허용되지 않았다. 독자들에게 사회주의적 영웅을 수여할 것을 요구했다.

50년대 초 동독 문화정책은 작가들의 창작활동을 간섭했으며, 이로써 예술의 발전을 저해하였다. 이를테면 "예술가는 사회의 밝고 긍정적인 삶을 형상화해야 하며, 부정적인 현실을 다루거나 비참한 과거 현실을 묘사해서는 안된다"는 것이 당 문화 관료들의 지론이었다. 이 기간에 '사회주의 리얼리즘'이 1949년 구동독의 문화 정치적인 슬로건으로 채택되었다. 사회주의리얼리즘은 1932년 스탈린의 직접적인 영향 하에 완성되었다. 스탈린은 작가를 "인간의 영혼을 다루는 기술자"라고 말했는데, 이는 영화 「타인의 삶」에서 문화부 장관이 인용하기도 한 문장이다. 70년대에 이르러 예술가의 창의력을 약화시켰고, 모든 예술적인 행위를 하나의 철칙으로 규정하려 했기 때문에 호응을 얻지 못했다. 1954년 1월에 문화부가 창설되고 베혀가 초대 장관으로 임명된다. 영화의 검열부분을 문화부가 담당하게 된다.

3. 1961년-1970: 베를린 장벽의 설치와 동서 냉전의 시대

사회주의 건설 단계가 광범위하게 완결된 것으로 간주되어진 시기이다. 계급 적대자가, 1967년 8월 13일에 기습적으로 건설된 베를린 장벽인 "반 파쇼적 방어벽"을 통하여 정복되었고, 이제는 "실존" 사회주의를 준비하기 위해 새로운 사회주의적 일상을 성취하는게 문제였다. 이러한 도착문학은 다양한 단계를 거쳐 사회주의적 의식으로 전환을 완성했던 영웅들을 필요로 했다.

이에 호응한 비터펠트 운동은 지식인들의 창작행위에 방해되는 운동이었다. 모범노동자의 노동현장에서의 생활이 주로 묘사되었는데, '사회주의 국민문화'의 발전을 위한 기본정책이다. 1952년 4월 24일에 '비터펠트 회의'에서 통과되었다. 이 강령에 따르면 문화 창조자들은 "작가는 생산부서로"라는 구호 하에 한편으로는 "사회주의 건설"에 직접 관련을 맺어야 한다는 것이었다. 다른 한편으로 "동지여, 펜을 잡아라!"라는 구호 하에 노동자들이 직접 문학행위를 하길 요구되어졌다. 이 운동의 목적은 사회주의 리얼리즘[5]을 수단으로 '사회주의 인간' 을 찬미하는데 있었다.

4. 1971-1989: 통독 이전의 호네커 정부

1971년에 울브리히트의 후임으로 SED 당서기장에 선출된 에리히 호네커 정부의 등장으로 많은 삶의 영역에서 창작의 자유가 보장될 거라는 희망이 생겼지만 실제의 변화는 없었다. 1976년 11월에 동독의 음유 시인인 비어만이 서독 순회공연 중 시민권을 박탈당하여 동독으로 되돌아 올 수 없었던 사건이 그 대표적인 예였다. 당 내부의 비평적 목소리들을 조화시킬 수 없는 무능력은 가장 깊은 불신의 길로 내몰았다. 많은 작가들과 예술가들이 항의했으나 SED는 이에 대한 토론조차 호용하지 않았다. 당 체제에 부정적인 작가들을 구금시키거나 출판금지가 잇달아 작가들이 서독으로 이주하길 원할 경우 당 지도부는 출국을 허가했다. 동독작가연맹에서 여러 작가들에 대한 제명과 출판제약과 금지가 뒤따랐고 유레크 베커 Jurek Becker, 사라 키르쉬 Sarah Kirsch, 권터 쿠네르트 Günther Kunert, 에리히 뢰스트 Erich Loest, 토마스 브라쉬 Thomas Brasch 등과 같은 작가들이 연이어 서독으로 출국했다.

1953년의 울브리히트(가운데)

1980년대도 검열과 압

력이 문학을 당에서 요구했던 정도로 조정할 수 없었는데, 1987년 제 10차 작가회의에서 크리스토프 하인은 다음과 같이 용기 내어 검열의 폐지를 요구하기에 이르렀다.

"검열은 인민에 적대적이다. 아주 흔히 지칭되고 칭송된 인민의 슬기로움에 대한 위반이다. 우리들 책의 독자들은 스스로 결정을 내릴 수 있을 정도로 충분히 우월하다. 인민에게 뭐가 요구 가능하고 인민에게 뭐가 좋지 않은 건지에 대하여 관리들이 결정내릴 수 있다는 생각은 관리들의 월권과 오만함을 보여주는 것이다. 검열은 위법이다. 왜냐하면 헌법에 위배되기 때문이다. 검열은 동독의 유효한 법과 합치되지 않고 그 법의 여러 부분들과도 대치된다. 그리고 검열은 유죄의 면을 지니고 있다. 이는 동독의 품위를 크게 훼손시키고 공식적인 품위저하와 같은 것이기 때문이다. 인간행위, 즉 검열은 우리의 문화에 대한 지속적인 파괴행위를 예방하고 우리의 공공사회, 우리의 존엄, 우리의 사회 그리고 우리의 국가에 대한 지속적인 침해를 예방하기 위해 최단 시간 내에 아무런 대체 없이 사라져야 한다."

[참고 문헌]

- 김태원 (외), 포스트모던 브레히트, 현대미학사, 2000.
- 박광자 (외), 독일영화 20, 충남대학교 출판부, 2010.
- 박설호, 동독문학 연구, 한신대출판부, 1998.
- 최경은, 독일 영화와 독일문화, 연세대학교 출판부, 2009.
- Klaus Schroeder, Die DDR, Geschichte und Strukturen, Reclam, 2011 Stuttgart.
- Schüler Duden.

주_

1_ 2백만 달러 이상의 수익을 창출한 나라들은 다음과 같다. 독일: 1860만 달러, 프랑스: 1400만 달러, 미국 : 1000만 달러, 스페인 : 560만 달러, 영국 : 350만 달러, 이탈리아 : 320만 달러.

2_ 다음과 같은 내용들이다.

1. 영화 속에서 프랑크푸르트 알게마이네 차이퉁을 '프랑크푸르트 퍼브릭 데일리로 번역되어있다.
2. 문장 "Denken Sie an den Publikum!"을 "여론을 생각하십시오!"가 아니라 "관객을 생각해보세요!"로 번역했어야 했다.
3. 영화가 끝날 무렵 서점 주인이 선물할거면 포장해야할지를 묻자 "아니오 제가 볼 겁니다"로 번역했다. 하지만 이 문장은 "이 책은 저를 위한 책입니다"라고 번역했어야 했다.

3_ 이런 검열은 바로 독일에서 오랜 전통을 가지고 있다. 특히 중세엔 교회가 근대에 이르기까지 도덕검열과 교리검열을 실행했다. 그 후 인쇄술의 발견과 이로 인한 문학작품의 폭넓은 보급을 통해 검열은 보다 강한 의의를 지녔다. 15C와 16C엔 책들이 특히 종교적 이유에서 출판금지 당했고 이교도로 낙인찍혔다. 검열과 다른 억압방법들을 통해 이후에는 작가들을 대부분 정치적 이유에서 이주나 직응을 강요했나. 이 검열은 19C 초 메테르니히 Metternich 하의 빈 회의 이후 절정에 달했다.

4_ 동독에서의 영화검열시행에 있어서 특징적인 사실은 어떤 영화를 억압하거나 상연허가 내릴지에 대한 규칙이 불확실하다는 데에 있다. 왜냐하면 검열이 공식적으로 존재하지 않았기 때문이었다. 방침이나 표준지침도 존재하지 않았다. 예를 들자면 Ernesto Remanis 영화 『제일 아름다운 여자』(1957)에서 한 장면이 삭제되어야 했는데, 그 이유는 서 베를린 노동자의 식탁위에 바나나와 아나나스가 있었기 때문이었다. 서쪽에서의 삶이 더 매력적으로 묘사되어서는 안 되었기 때문이었다.

5_ 1932년 4월 23일에 소련 공산당 중앙위원회에서 결의되고 1945년 이후엔 동유럽 위성국가에서 확정되어진 문학과 조형예술, 그리고 음악에 대한 공식적 독트린이다. 예술가들에게 현실이 혁명적 발전단계에서 "진실되게 역사적 사실에 따라 구체적으로 묘사"하길 요구했다.

라쇼몽, 문학에서 영화로

원　　제 羅生門
감　　독 구로사와 아키라(?澤明)
개봉년도 1950년
상영시간 88분
제 작 사 다이에이(大映)
장　　르 시대극/드라마
등　　급 전체
음　　악 하야사카 후미오
카 메 라 미야카와 카즈오
수상경력

- 1951년 베네치아 국제영화제 황금사자상, 이탈리아 비평가상
- 1952년 아카데미 외국어영화상
- 1952년 전미 비평가위원회상 감독상, 외국어영화상

Contents

1 영화 '라쇼몽' 읽기

1.1. '천황'이라 불린 거장, 구로사와 아키라(黑澤明)

세계적인 거장 구로사와 아키라는 1910년 명치 말기의 동경에서 4남 4녀의 막내로 태어났다. 아버지는 전직 군인인 체육교사, 형은 활동사진(무성영화)의 변사였다. 중학교를 진학할 무렵 구로사와는 국어와 역사를 잘하는 소년으로 성장해 히구치이치요(1872~896)[1], 나츠메소세키(1867~1916)[2], 트루게네프[3] 등의 문학을 두루 섭렵한다. 그는 화가를 지망해 1928년(18세) 화가의 등용문이던 이과

구로사와 아키라 감독

전二科展에 입선하기도 했다.

1933년은 구로사와에게 힘든 한 해였다. 변사였던 형이 무성영화 시대의 종식을 알리듯 애인과 동반 자살을 하고, 큰 형도 병사한다. 그후 3년간 구로사와는 아르바이트를 하면서 화가의 꿈을 이루기 위해 노력하지만 차츰 자신의 재능에 의문을 갖게 된다. 방황하던 구로사와의 눈에 들어온 것은 신생 영화사 PCL의 조감독 모집 광고였다.

1936년 구로사와는 100대 1의 경쟁을 뚫고 PCL에 입사한다. 이후 7년간 조감독 생활 속에서 그는 누구보다 열심히 각본을 썼다. 영화사에서 능력을 높이 평가받은 구로사와는 이례적인 속도로 승진해 유도를 소재로 한 청춘영화 「스가타산시로」(1943)로 감독 데뷔를 한다. 당시 일본은 학도군 전시 동원체제가 발표된 시기였다. 엄격한 검열로 전의를 고양시키는 영화가 주로 제작되던 시대에 만들어진 이색적인 작품은 박력 넘치는 결투신으로 관객의 인기를 얻었다. 철저한 오락영화를 찍는 것으로 군의 의향에 반항하는 길을 선택한 그는 일생 단 한 편의 전쟁영화도 찍지 않았다.

1945년, 종전과 동시에 구로사와는 신작 촬영을 개시한다. 많은 감독들이 군부를 위해 영화를 찍은 것을 자숙하고 있던 시기, 그는 시대에 희생당한 젊은이들의 슬픈 청춘을 그린 영화 「내 청춘에 후회는 없다」(1946)를 완성한다.

1948년, 38세의 구로사와 아키라는 젊은 배우 미후네 토시로를 발굴해 영화 「주정뱅이 천사」에 주연으로 발탁한다. 이후 17년간 구로사와와 미후네는 「라쇼몽」, 「백치」, 「7인의 사무라이」, 「살다」, 「거미집의 성」, 「요짐보」, 「천국과 지옥」 등 16개의 작품을 같이 하며 '구로사와의 황금시대' 를 만들어간다.

1951년, "「라쇼몽」이 베네치아 국제영화제의 황금사자상"이라는 반가운 소식이 이탈리아에서 들려온다. 이 일은 일본 문화가 재평가 받는 계기가 되어 패전으로 실의에 빠져있던 일본인들에게 큰 희망을 주었다.

17년간 쿠로사와 영화의 주인공이었던 미후네토시로

1952년, 구로사와는 동보영화사로 돌아가 훗날 일본영화사상 가장 훌륭한 작품의 하나라고 평가받게 되는 「살다」를 감독한다.

1954년에 만든 「7인의 사무라이」는 격렬한 전투장면 속에 넘치는 유머, 철학적인 깊이를 가진 작품으로 세계 영화인들의 마음을 사로잡았다.

1969년, 구로사와는 20세기폭스사의 의뢰를 받아 초대형 영화 「토라 토라 토라」의 공동 감독으로 일본 측 영상을 촬영하고 있었다. 그러나 프로듀서가 영향력을 행사하는 할리우드 방식에 반발해 중도에 감독직을 그만두게 된다. 이 일의 여파로 영화사들은 구로사와와 일을 하는 것을 피하게 되고, 그는 4년간 단 한 작품도 발표하지 못한다.

일본영화사상 가장 훌륭한 작품이라 평가받는 「7인의 사무라이」

촬영보다 자금 모집에 더 매달릴 수밖에 없는 처지가 된 구로사와는 직접 영화 제작에 나선다. 1970년에 발표한 「도데스카덴」은 그의 첫 칼라 영화 작품이자 자택을 저당 잡히면서 까지 준비한 야심작이었다. 그러나 영화는 흥행에 실패하고, 쿠로사와는 다음해 자택의 욕조에서 자살을 시도한다.

일본의 영화사들이 외면한 구로사와에게 손을 내민 것은 구 소련이었다. 「백치」, 「밑바닥」 등 러시아문학을 영화화해 온 것이 인정받은 것이다.

65세의 구로사와는 영하 45도까지 기온이 떨어지는 가혹한 촬영 환경 속에서 2년여에 걸쳐 영화 「데루스 우잘라」(1975)를 완성한다. 이 작품은 모스크바영화제 금상, 다음해 48회 아카데미영화제 외국어영화상을 획득했다. 같은 해 일본정부는 구로사와에게 문화공로상을 수여했다.

1980년, 구로사와는 프랑스 합작영화 「카게무샤」로 칸영화제 그랑프리를 수상한다. 쿠로사와의 영화 중 실재한 인물을 다룬 유일한 작품으로 전국시대 무장 다케다 신겐의 대역을 하게 된 주인공의 희비극을 통해 실재와 허상의 문제를 전면에 내세웠다. 1985년에는 죠지 루카스와 프란시스 포드 코플라의 도움으로 대형 시대극 「란」을 완성했다.

1990년에 미국 아카데미협회는 구로사와 아키라에게 특별영화상을 추진한다. 스필버그와 조지 루카스의 에스코트를 받고 단상에 나온 구로사와는 "지금까지 50년 가까이 영화를 만들어 왔지만 나는 영화를 잘 모르겠다. 그러니 계속 영화를 만들어가겠다"는 소감을 남겼다. 그의 영화에 대한 겸허한 자세는 많은 사람을 감동시켰다.

1998년 9월 6일, 50년에 걸쳐 영화계를 종횡 무진했던 거장 구로사와 아키라는 차기작의 각본을 남기고 세상을 떠난다. 일본 정부는 그에게 영화감독으로서는 최초로 국민명예상을 수여했다. 미국의 타임지는 2000년에 '금세기 가장 영향력 있는 아시아의 20인'에 구로사와 아키라 감독을 선정했다.

쿠로사와는 신장 181cm로 일본인으로서 보기 드문 건장한 체격의 소유자였다. 그래서일까, 스태프들은 예술성을 철저하게 추구하고 완벽한 작품을 위해 무섭게 몰아붙이는 그를 두려워했다. 타협을 모르는 정신, 강한 추진력 때문에 사람들은 그를 '완벽주의자', '구로사와 천황'이라 불렀다.

그의 작품을 관통하는 키워드로 '정의', '휴머니즘', '자기와의 갈등' 등을 들 수 있다. 그는 정의와 대칭축에 있는 사회악과 부정, 불합리에 맞서는 인간정신의 고귀함을 당당하게 그려냈다. 그의 영화는 인간에 대한 통찰력, 확고한 휴머니즘, 참신한 표현으로 지금도 여전히 관객들을 매료시키고 있다.

1.2. 작가와 원작

1) 인간에 절망한 작가, 아쿠다가와 류노스케

"인생은 지옥보다도 지옥적이다" (아쿠다가와 류노스케. 『주유(侏儒)의 말』 중)

아쿠다가와 류노스케(芥川龍之介, 1892~1927)는 목장을 경영하는 니이

작가 아쿠다가와 류노스케

하라 토시조의 장남으로 1892년 동경에서 태어났다. 생후 10개월 때 어머니 후쿠의 정신 이상으로 인해 외가인 아쿠다가와 가에서 자라게 된다. 그가 열 살 때 생모가 세상을 떠나자, 친가인 니이하라 집안에서 아들을 다시 데려가고 싶어한다. 12살의 어린 소년은 본가와 외가 사이에 일어난 양육권 소송으로 재판소에서 심문까지 받아야 했다. 1904년에 정식으로 아쿠다가와 가의 양자가 되지만, 이런 일들을 겪으며 그는 인간의 타산적인 모습을 알게 된다.

21살에 동경 제국대학 문과에 입학해 본격적으로 소설을 쓰기 시작한다. 이 무렵에 여자 친구와 결혼을 결심하지만, 아쿠다가와 가의 맹렬한 반대로 단념하게 된다. 본가와 가까운 집안의 딸이라는 것이 반대의 이유였다. 자기를 키워준 사랑하는 사람들의 어쩔 수 없는 에고이즘에 절망한 그는 친구에게 편지로 심정을 토로한다.

> "주위는 추하다. 나도 추하다. 그래서 그것을 눈앞에 보고 사는 것이 괴롭다"

그가 처녀작인 『라쇼몽』(1915)[4]을 집필한 이유는 어둡고 우울한 자신의 심경과 다른 소설을 쓰고 싶었기 때문이었다. 『라쇼몽』 집필 다음 해 1916년, 아쿠다가와는 누구보다 화려하게 문단에 데뷔한다. 당대의 대문호 나츠메 소세키가 그의 소설 『코』를 절찬한 것이다. 이후의 작품들도 전부 호평을 받으면서 작가의 지위를 확립하게 되지만, 눈앞에 놓인 생활의 불안은 여전했다.

> "말할 수 없는 피로와 권태가, 무겁게 내 마음 위로 내려앉는 것은 느꼈다. 조금도 쉴 수 없는 매문賣文 생활" (「동양의 가을」)

아쿠다가와는 삶이 '지옥보다 지옥적'이고 무의미하다고 느끼며 고뇌에 빠진다. 그는 괴로워도 살아가지 않으면 안되는 이유를 알 수가 없었다.

1927년 매형의 자살로 아쿠다가와는 누나 일가를 포함한 20여 명의 생계를 책임져야 하는 입장이 된다. 쫓기듯이 소설을 써내지만 마음속에는 오직 죽음만을 생각하고 있었다. 같은 해 7월 어느 매춘부와 그녀가 안고 있는 부채에 대해 이야기를 하다가, 〈살아가기 위해서 살고 있는〉 인간 존재에 대해 애처로움을 느끼게 된다. 그리고 다음 날 새벽, 그는 치사량의 수면제를 먹고 삶을 마감했다. '뭔가 장래에 대한 어렴풋한 불안' 때문이라고 자살의 이유를 남겨 놓았다.

단지 어렴풋한 불안이란 어둠에 직면한 그 자신의 존재에 대한 불안이었을까? 작가 아쿠다가와 류노스케는 인간에 대해 절망하고 고뇌했지만, 인간의 생에 대한 집착과 에고이즘을 강렬하게 묘사한 작품들을 우리에게 남겨 주었다.

아쿠다가와의 죽음으로부터 8년 후, 그의 벗이자 문예춘추사 사주인 키쿠치 칸은 아쿠다가와의 이름을 딴 신인문학상 '아쿠다가와 류노스케 상'을 만들었다. 아쿠다가와 상은 일본에서 가장 명성있는 문학상으로 지금도 이어지고 있다.

2) 원작 『라쇼몽』, 『수풀 속』

영화 「라쇼몽」은 아쿠다가와 류노스케의 두 편의 단편소설 『라쇼몽』과 『수풀 속』을 원작으로 해서 만들어졌다.

소설 『라쇼몽』의 줄거리는 단순하다. 천재지변으로 인해 헤이안성 주변은 도둑과 들짐승이 배회하는 곳이 된다. 어느 늦가을의 해질 무렵, 일자리를 잃은 하인이 라쇼몽[4] 아래에서 비를 피하게 된다. 시체가 버려진다는 소문 탓인지 사람의 흔적이라곤 없다. 앞으로 어떻게 살아야 할지 고민하던 하인은 라쇼몽의 누각으로 올라가 하룻밤을 보내기로 한다. 누각으로 올라가던 하인은 죽은 여자의 시체에서 머리카락을 뽑고 있는 노파를 본다. 한 올 한 올 머리카락을 뽑는 노파의 행동에 하인은 '모든 악에 대한 반감'과 '참을 수 없는 분노'를 느낀다. 그러나 노파는 굶어 죽지 않기 위해 죽은 사람의 머리카락으로 가발을 만들어 생계를 유지하는데 그게 왜 나쁘냐는 이야기를 한다. 노파의 이야기를 듣고 용기가 생긴 하인은 도적이 될 결심을 한다. 하인은 노파를 때려 옷을 빼앗고 어둠 속으로 사라진다.

소설 『수풀 속』은 인간의 에고이즘을 그린 작품이다. 시대 설정은 옛날이다. 젊은 무사 부부가 여행을 떠나는데 갑자기 나타난 도둑에게 남편은 살해당하고 아내는 강간을 당한다. 남자의 시체를 발견한 나무꾼과 부부를 목격한 스님, 아내의 노모가 순서대로 진술을 한다.

이어서 당사자인 '붙잡힌 도둑', '키요미즈 절에 참회하러 온 여자', '무녀의 입을 빌린 영혼'이 증언을 한다. 도둑은 자신이 남자를 죽였고 이유는 여자에게 한 눈에 반했기 때문이라고 한다. 여자는 도둑에게 강간당한 자신을 경멸했기 때문에 남편을 죽였다고 한다. 무녀의 입을 빌린 남편의 영혼은 아내의 변심한 모습에 자살했다고 증언한다. 누가 남자를 살해했는지 밝혀지지 않은 채 소설은 끝이 난다.

1.3. 영화 읽기

1) 줄거리

끊이지 않는 전쟁으로 황폐해진 헤이안(安平) 시대, 한 명의 승려와 나무꾼이 끝없이 내리는 장대비를 피하기 위해 라쇼몽 밑에 서있다. 그곳에 하인 행색의 제3의 남자가 뛰어 들어온다. 비가 그치기를 기다리며 승려와 나무꾼은 자신들이 목격했던 기묘한 사건에 대해 이야기를 시작한다.

3일 전 숲 속에서 한 사무라이의 아내가 산적에게 겁탈당하고 사무라이는 칼에 찔려 살해된 사건이 있었다. 나무꾼은 나무를 하러 가다 사무라이의 시체를 발견하고 관청에 신고한다. 자신이 대도 타죠마루라고 주장하는 산적이 살인 혐의로 잡혀오고 재판이 진행된다. 재판정인 관청에서 가해자인 산적과 피해자인 무사의 아내 마사코, 목격자인 나무꾼과 승려, 행인 그리고 무당(무당을 통해 죽은 무사의 혼이 증언한다)이 각각 이 사건에 대해 증언한다. 서로가 진실이라고 주장하는 당사자들의 증언과 엇갈리는 진술로 인해 사건의 윤곽은 제대로 드러나지 않고 무엇이 진실인지 알 수 없게 된다.

이런 상황에서 나무꾼은 사실 자기가 그 현장을 목격했다고 털어놓는다. 사무라이의 아내가 싸우기 싫어하는 두 남자를 부추겨서 결투를 붙이고 도망쳤고, 남은 두 남자는 비겁하고 용렬하기 짝이 없는 싸움을 벌였다는 것이다.

듣고 있던 하인은 나무꾼의 증언도 믿을 수 없다고 한다. 그때 라쇼몽의 누각 위에서 버려진 갓난아이의 울음소리가 들린다. 아기의 옷을 뺏으려는 하인을 나무꾼이 나무라자 하인은 나무꾼이 마사코의 단도를 훔친 것을 지적한다. 하인은 나무꾼을 비웃으며 빗속으로 사라진다.

나무꾼은 아이를 안고 있는 승려에게 자기가 아이를 데려가서 키우겠다고 한다. 비가 그치자 나무꾼은 승려의 배웅을 받으며 아이를 안고 돌아간다.

2) 구로사와 아키라의 「라쇼몽」, "인간을 믿는다"

영화는 제목과 시대 배경, 분위기를 소설 『라쇼몽』에서 채용하고 스토리와 인물 묘사는 소설 『수풀 속』을 이용하고 있다. 대폭적인 개편으로 소설에는 없는 나무꾼의 제2의 증언이 추가되고 갓난아이와 관련되는 장면도 덧붙였다.

영화의 내용은 구로사와의 코멘트처럼 '강간 이야기'이며 줄거리도 단순하다. 영화 속에서 감독은 특유의 수법으로 객관적 진리와 주관과의 관계를 추구한다. 하나의 사건을 여러 개의 다른 시점에서 그려내고, 과연 무엇이 진실인가를 묻고 있다.

구로사와 영화의 특징은 그 독특한 표현에 있다. 감독은 마치 문학이라는 장르와 겨루기라도 하듯 영화적인 화법을 취한다. 원작의 이야기를 그대로 둬 주제를 전면에 드러내면서 액자구조[5]를 덮어씌운 것이다. 관객을 개개의 증언과 거리를 두게 하기 위해, 액자 속 이야기인 각자의 증언이 끝나면 바로 액자 밖의 라쇼몽의 장면으로 돌아가 등장인물로 하여금 거짓말이라고 직접 말하게 한다. 영화를 본 관객들은 모든 이야기가 진실인 동시에 거짓이고 진실 그 자체가 불확실하다는 것을 인정하지 않을 수 없게 된다. 이렇게 이야기는 영상에 의해 보다 선명하게 관객에게 제시된다.

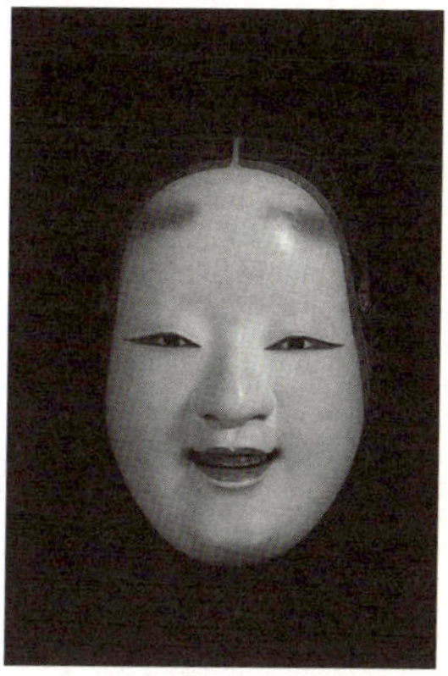

노의 가면 「若女」

「라쇼몽」은 증언이 중시되는 일종의 법정물임에도 불구하고 거의 무성영화에 가깝다. 특히 영화의 핵심이 되는 네 번의 증언 장면은 자막이 없거나 아예 소리를 꺼도 알 수 있을 정도이다.

노의 가면을 연상시키는 배우의 표정 연기

배우들의 과장된 연기 방식, 장면 전체를 아우르며 중심 멜로디를 반복, 고조시켜가는 배경음악의 사용은 다분히 일본적이다. 서양악기로 연주하는 오케스트라를 배경으로 전통연극 노[6]의 작은 북, 큰북, 피리 등을 삽입해서 일본식 오케스트라의 이미지를 만들었다. 무사의 처인 마사코의 얼굴은 노의 가면 「小面」, 「若女」[7]의 이미지를 연상하게 한다. 배우들의 표정은 클로즈업 하나에 당황, 분노, 두려움 등의 설명을 달아도 무방할 정도로 인상적이다. 사무라이의 차가운 경멸의 표정에 관객은 아무 설명 없이도 그의 감정과 여인의 충격을 체감하게 된다.

「라쇼몽」에는 거짓말이라는 대사가 15번 나온다. 그 중 9번이 나무꾼의 입에서 나오지만, 그의 말도 거짓말이다. '라쇼몽에 살고 있는 귀신도 인간이 무서워서 도망갔다는 이야기가 있을 정도' 라는 영화 속 하인의 말처럼 인간은 가면을 쓰고 산다.

영화는 하나의 사건에 대해 다양한 해석을 보여주고, 감독은 다차원적인 해석의 원인이 뿌리 깊은 이기심 때문이라는 메시지를 전한다. 해석하는 주체에게는 반드시 어떤 '의도'가 존재하며 그에 따라 해석 대상이 다르게 기술된다는 것이다.

원작과 마찬가지로 영화 속 등장인물들의 미래가 어떻게 될지는 알 수 없다. 그러나 감독은 버려진 갓난아이를 받아들여 '인간의 믿을 수 있는 마음' 을 보여준 나무꾼에게 밝은 햇빛을 비춰 주고 있다. 이런 묘사는 아쿠다가와가 소설에서 그린 인간에 대한 회의적 시선과는 정반대의 것이다. 원작은 '하인의 행방은 아무도 모른다' 고 결말을 맺고 독자에게 답을 생각할 여지를 남기고 있었다. '인간의 본질은 어떤 것일까?'라는 작가의 질문에 대한 구로사와의 답이 이 영화의 결말이다. 구로사와는 마지막에 승려에게 이런 말을 하게 한다.

"당신 덕분에 나는 사람을 믿어 갈 수가 있게 될 것 같다."

승려는 아기의 옷을 벗겨 가는 하인의 모습에 인간을 믿는 마음을 완전히 잃어가고 있었다. 그러나 나무꾼이 자기의 잘못을 돌아보고 아기를 받아들이는 것을 보며 승려는 다시 인간에 대한 신뢰를 찾기 시작한다.

이것이 아쿠다가와의 질문에 대한 구로사와 아키라의 대답이다. 그는 소설에서 영화로의 변환을 통해 '인간의 마음을 믿는다' 는 답을 찾아낸 것이다.

구로사와 아키라 감독은 「라쇼몽」의 결말이 너무 심심하지 않냐는 미국기자의 질문에 다음과 같이 답했다.

> "잘난 척 하면서 인간을 믿을 수 없다고 말하지만, 인간을 믿지 않고는 살아갈 수가 없다. 그것을 나는 「라쇼몽」에서 말하고 싶었다. 문학적으로 애매하다고 하지만 그것이 정직한 것이다. 인간을 믿을 수 없게 되면 죽을 수밖에 없지 않을까."

영화 「라쇼몽」에서 표현된 것은 아쿠다가와가 소설에서 던진 의문에 대한 답뿐 아니라 감독 구로사와 아키라의 인간관 그 자체이기도 하다.

2 문예영화, 문학에서 영화로

2.1. 일본의 문예영화들

문학작품을 각색한 문예영화는 영화 탄생 이래 중요한 장르가 되어 왔다. 100년 이상의 일본영화의 역사를 돌이켜 봐도 고전부터 동시대 작품까지 무수한 문학작품이 영화화되었고, 해외의 제작자들이 일본의 근현대 문학을 영화로 만든 예도 적지 않다.[8] 일본문학과 영화의 관계를 시대의 흐름을 통해 살펴보자.

1) 1920년대, 대중문학이 영화로

문예작품과 영화가 본격적으로 관계를 가지게 된 것은 1920년경부터이다. 베스트셀러 소설의 지명도가 영화에 도움이 될 것이라는 생각에서 영화는 적극적으로 문예와 관계를 맺는다.

인기 소설의 영화화라는 화제성에 의미를 두었기 때문에 이 시대에 영화화한 문예작품은 예술성이 높은 순문학보다 대중문학이라 불리는 통속적인 유행소설이 압도적으로 많았다. 신파비극, 검호소설, 추리소설에 이르기까지 다양한 장르를 아우르고 있던 대중문학은 다채로운 소재를 제공하는 보고로서 대접받았다. 관객의 눈물샘을 자극하는 멜로드라마, 검의 달인이 펼치는 진검승부를 둘러싼 이야기, 기상천외, 파란만장한 스토리텔링 등 대중문학이 가지는 폭넓은 오락성은 그 자체로 영화의 오락성에도 큰 공헌을 했다.

「설국」 촬영 현장을 방문한 카와바타

젊은 날 타니자키 쥰이치로(1886~1965, 작가)와 카와바타 야스나리(1899-1972, 작가)가 새로운 미디어인 영화에 적극적으로 관계한 것도 이 시기이다. 특히 타니자키 쥰이치로는 1920년 5월 요코하마에 영화사 다이에이가 설립되자 각본 부서의 고문이 되어 시나리오와 제작에 참여하며 영화에 대한 왕성한 의욕을 보인다.

2) 1930년대, 문예영화의 등장

대중문학에 비해 영화화되는 수는 적었지만 순문학이 가지는 예술성도 영화에 수용되었다. 순문학의 영화화는 오락영화에 부족함을 느끼고 있던 고급 지향의 관객들을 만족시켜주고, 수상 경쟁에 유리하게 작용했기 때문에 제작자에게는 일석이조였다.

보통 문예영화라고 하면 순문학 내지 순문학의 대중문학화를 지향하며 전후에 등장한 중간소설의 영화화를 가리킨다. 일본에서 문예영화라는 호칭이 등장해 붐을 일으킨 것도 이 소설들이 영화화되는 1930년대 이후이다. 이 시기에는 각 영화사가 자신들이 자랑하는 최고의 명감독에게 영화를 제작하게 하는데, 예를 들면 쇼치쿠에서 「이즈의 무희」(1933), 「오킨과 사스케」(1935), 「어머니와 아들」(1938), 닛카츠가 「아카니시카키타」(1936), 「창민」(1937), 「노면의 돌」(1938), 「흙」(1939), 신흥 영화사인 동보(전신인 PCL포함)에서 「도련님」(1935), 「여자 마음 세 자매」(1935), 「오빠 동생」(1936), 「아베 일족」(1938) 등이 제작되었다.

「오빠 동생」은 1934년 작가 무로우 사이세이(室生犀星)가 『문예춘추』 7월호에 발표한 단편소설을 PCL의 대표적인 감독 키무라 소토지가 영화화한 작품으로, 무대극으로도 발표되었다. 서로 사랑하면서도 상처를 주는 형제의 복잡한 애정을 서정적으로 그린 작품으로 노동자의 삶을 사실적으로 담아 생생한 효과를 내고 있다. 동 원작은 나루세 미키오(1953), 이마이 타다시(1976) 감독의 영화로 다시 제작된다.

「아베 일족」

「아베 일족」은 명치 천황의 죽음과 노키 대장의 순사(殉死)에 영향을 받아 모리 오오가이가 『중앙공론』

에 발표한 단편소설을 쿠마야 히사토라 감독이 영화화한 작품으로 봉건사회의 충의에 대해 의미를 묻고 있다. 사실적이고 격조 높은 영상으로 중후하게 연출했다는 평을 받고 있다.

「젊은 사람」은 이시자카 요지로가 1933년부터 잡지 『미타문학』에 연재해 미타문학상을 수상한 소설을 토요다 시로가 감독해 화제를 모았다. 이 작품의 성공으로 토요다 시로는 문예영화의 거장으로 도약하는 발판을 마련한다. 원작은 토요다 시로의 작품을 포함해 모두 4회에 걸쳐 영화화되었다.

이 시기 작품들의 특징은 영화 제작사들의 전통을 잇고 있다는 점이다. 쇼치쿠가 가정극과 멜로드라마를, 닛카츠는 선이 굵은 리얼리즘 묘사를 기본으로 한 인간드라마를 중점으로 제작했고, 동보도 이 시기에는 리얼리즘을 전면에 내세운 문예영화의 명작들을 속속 발표했다.

3) 1950년대, 문예영화의 황금기

문예영화가 장르로서 더욱 융성하게 된 것은 전후 중간소설의 등장 이후라는 것이 통설이다. 전후인 1947년 5월에 문예지 『일본소설』이, 9월에 『소설신조』가 창간되자, 이들을 요람으로 순문학에서 대중문학에 접근하는 형태로 생긴 중간소설이 유행한다. 영화사들은 신문 연재소설은 말할 것도 없고 이들 잡지에서 발표되는 작품들도 앞다퉈 영화화했다.

1950년대의 일본영화 황금시대는 순문학에 분류되는 아쿠다가와 류노스케의 작품을 영화화한 「라쇼몽」이 베네치아국제영화제에서 그랑프리를 받으면서 시작된다. 1950년대 후반이 되면 매스미디어의 발달에 힘입어 문예 잡지인 『주간 신조』(1956)와 『주간 현대』, 『주간 문춘』(1959)이 잇달아 창간되는데, 이에 따라 문예작품의 발표 속도도 월 단위에서 주 단위로 바뀌게 되고 양도 급격히 증가한다.

황금시대를 맞이한 일본영화계는 영화사마다 주 단위로 2본 영화의 흥행을 경쟁하는 세계에서도 유례를 찾기 힘든 양산체제를 유지하고 있었다. 그래서 영화사들은 화제작의 영화화를 두고 더욱 격렬한 쟁탈전을 펼쳤다. 다른 회사를 앞지르기 위해서 출판 전 원고나 교정 단계에서 분쟁을 촉발하는 일도 드물지 않았다. 일례로 시시 분로쿠 작품인 『자유학교』(1951)와 『청춘괴담』(1955)은 전자를 쇼치쿠와 다이에이가, 후자를 신동보와 닛카츠에서 동시에 제작하기도 했다.

토오타 시로우, 이치가와 콘, 나루세 미키오 등의 명장이 문예영화의 걸작을 대량으로 만들어 낸 것도 이 시대였다. 이 시대를 대표하는 문예영화로는 「축도」(1953), 「굴뚝이 보이는 장소」(1953), 「태양이 없는 거리」(1954) , 「국화와 같은 그대였다」(1955), 「아스나로이야기」(1955), 「폭풍」(1956), 「만가」(1957), 「숲과호수의 축제」(1958), 「인간의 조건 전 6부」(1959~61) 등이 있다.

「아스나로 이야기」는 이노우에 야스시가 1953년 발표한 자전적 소설을 원작으로 하고 있다. 구로사와 아키라의 조감독을 지냈던 호리카와 히로미치의 감독 데뷔작으로, 구로사와가 각본을 집필했다. 원작에는 초등학생과 중학생 때까지의 생활이 그려져 있지만, 구로사와의 각본에는 투르게네프의 『첫사랑』을 토대로 한 에피소드가 더해져 한 소년이 청년으로 성장하는 옴니버스 영화로 되어 있다. 이 작품으로 데뷔한 아이 역의 쿠보다 켄은 청년시대 주인공 역을 맡은 쿠보다 아키라의 친동생으로 후에 야마우치 켄으로 개명하여 닛카츠 영

「아스나로 이야기」(위), 「태풍」(아래)

화와 TV드라마에서 활약한다.

「태풍」은 작가 시마자키 토손이 1926년에 『개조』에 발표한 소설을 영화화한 작품이다. 자전적 고백 소설인 원작은 처가 세상을 떠나고 집안일을 도우러 온 친조카와 관계를 맺어 사회적 파장을 일으킨 내용을 담고 있다. '집안도 집밖도 태풍'인 불안한 상황에 남겨진 아버지와 4명의 아이들의 생활을 이나가키 히로시 감독이 우락부락한 아버지와 그 밑에서 자라는 아이들의 훈훈한 가정극으로 완성시켰다.

이렇게 문학작품을 원작으로 한 문예영화는 영화의 중요한 장르로서 관객들에게 인식되었고, 문학과 영화는 밀월시대를 맞이하게 되었다. 문예영화는 일본영화를 더욱 깊이 있고 풍요로운 것으로 만들어 일본영화의 황금시대를 구축하는데 큰 역할을 했다.

2.2. 일본영화와 미디어믹스

현대의 일본영화는 원작이 있는 작품을 영화화하는 소위 '미디어믹스'[9] 방식을 따르는 경향이 늘고 있다. 위에서 살펴본 것처럼 이것은 갑자기 생긴 현상이 아니라 일본영화의 황금기였던 1950년대에 적극적으로 이용되었던 수법이었다. 당시 영화사는 자사의 자금으로 영화를 만들고 자사의 영화관에서 상영을 하는 형태였기 때문이다. 그러나 60년대 이후에는 영화산업의 사양화로 인해 제작되는 영화도 줄어들고 미디어믹스 작품 수도 감소하게 된다.

미디어믹스 작품이 다시 조금씩 증가하기 시작한 것은 1976년 무렵부터이다. 당시 카도카와 출판사는 자사 출판 원작 『이누가미가 일족』을 영화화하면서 TV CM, 출판물 판촉, 역사 광고 등 다양한 미디어로 대량선전 전략을 펼쳤다. 결과는 대성공이었고, 이 시도는 80년

애니메이션과 영화로 제작된 「시간을 달리는 소녀」

대 이후 일본영화의 선전 방법을 바꾸게 하는 계기가 되었다.

근래에는 기업의 출자, 제작 참여와 멀티플렉스 영화관의 보급으로 인해 일본영화가 활기를 띄면서 미디어믹스 작품이 더욱 증가하고 있다.

소설이 원작인 영화는 1960년대를 정점으로 그 수가 감소하지만 미디어믹스가 비즈니스 전략으로 주목받고 나서 다시 조금씩 증가하는 추세이다. 지금은 특정 작가의 작품을 영화화하는 형태가 아니고 서점 판매량이 높은 작품을 우선적으로 영화화하는 경향이 일반적이다.

그 예로 츠츠이 야스카카의 SF 단편소설(1963)인 「시간을 달리는 소녀」를 들어보자. 이 작품은 드라마와 만화로도 만들어져 일본 미디어믹스의 원조 격으로 인정받고 있으며, 1980년 이후 네 번이나 영화화되었다.

소설가 오토이치의 작품군은(『GOTH』『ZOO』『너에게 밖에 들리지 않아』 등) 영화, 만화뿐 아니라 연극으로도 공연되었다.

최근의 영화제작에 있어서는 특히 만화, 극화 원작 작품의 증가 추세가 두드러지는 경향이 있는데, 이것은 만화잡지의 인기가 관객 동원으로 이어지고, CG의 발달로 영화화가 용이해졌기 때문이다.

2005년 이후의 일본영화 흥행성적 톱 10에 들어간 영화의 원작 만화는 다음과 같다.

2005년 4위 『NANA』, 7位 『ALWAYS 3번가의 석양』

2006년 2위 『LIMIT OF LOVE海猿』, 5위 『데쓰노트」the Last name』

2007년 3위 『ALWAYS 속 3번가의 석양』, 8위 『도로로』

2008년 2위 『꽃보다 남자 파이널』, 6위 『20세기 소년 제1장』

만화, 게임, 애니메이션, 소설, 영화 등으로 제작 한 다양한 미디어 믹스 작품들

10위 『L change the WorLd』

2009년 1위 『ROOKIES-졸업-』, 3위 『20세기 소년〈최종장〉』

7위 『고쿠센 THE MOVIE』, 10위 『크로즈ZERO2』

2010년 2위 『THE LAST MESSAGE 海猿』, 6위 『노다메칸타빌레 전편』

8위 『노다메칸타빌레 후편』

2011년 4위 『GANTZ』, 7위 『GANTZ PERFECT ANSWER』, 10위 『키모테』

이 외에 영화와 연동해서 게임을 만드는 경우도 있는데 영화 「망국의 이지즈」는 영화 내용의 30년 후를 그린 게임이 함께 발매되었다. 또 바이오하자드 시리즈처럼 최근에는 일본에서 만들어진 게임이 할리우드에서 영화화되는 사례도 많다. 바이오하자드는 1996년에 플레이스테이션용 게임으로 발매된 이래 시리즈화 되어, 2002년 미국에서 영화로 제작되었고 지금까지 5부작이 만들어졌다.

게임을 원작으로 한 소설도 출판되었다. 플레이스테이션 2용의 호러게임인 「SIREN」은 2006년에 「싸이렌 ETERNAL SIREN」이라는 영화로 제작되었으며 소설과 만화판도 있다.

이렇게 현재의 일본영화는 미디어믹스라는 시대의 흐름을 타고 30년 전에는 결코 존재하지 않았던 새로운 정보전달 매체를 도입하면서 계속 진화하고 있다.

[참고 문헌]

- 이정국, 『구로사와 아키라의 영화세계』, 서해문집, 2010.
- 笠井秋世, 『芥川龍之介』, 清水書院 , 1966.
- 黒澤和子, 『回想 黒澤明』, 中公新書, 2004.
- 都築政昭, 『黒澤明 全作品と全生涯』, 東京書籍, 2010.
- 新潮社, 『文豪ナビ 芥川龍之介』, 新潮文庫, 2004.
- 江藤茂博, 『映画・テレビドラマ原作文芸データブック』, 勉誠出版, 2005.
- 日本映画データベース http://kinema-shashinkan.jp

주_

1_ (1872~896) 일본 근대 소설가. 19세기 말 일본에서 가장 중요한 여류 작가 중 한 사람으로 도쿄 서민층의 정서와 유곽의 풍경 등을 소재로 다루었다.

2_ (1867~ 1916). 일본의 소설가이자 평론가, 영문학자.

3_ (1818~ 1883) 러시아의 시인 · 소설가 · 극작가.

4_ 일본의 수도였던 헤이안 경(지금의 교토)의 정문. 원래의 한자는 羅城門이다.

5_ 액자 구조는 액자가 그림을 둘러서 그림을 꾸며주듯, 바깥 이야기(외부 이야기)가 그 속의 이야기(내부 이야기)를 액자처럼 포함하고 있는 기법을 말한다. 액자 구조는 외부 이야기를 내부 이야기 밖에 두면서 내부 이야기의 진실성을 부여하고자 쓰인다.

6_ 일본의 전통적인 연극형식. 노에서는 거의 아무런 사건도 일어나지 않기 때문에, 전체적 효과를 내는 것은 진행되는 행위보다는 주로 직유나 은유에 의한 것이 대부분이다.

7_ 小面은 가련하고 순진한 미녀의 탈, 若女는 小面보다 조금 나이 많은 아름다운 여인으로 둘 다 남자에게 버려지는 여자 이야기이다.

8_ 타니자키 쥰이치로의 『卍』(Liliana Cavani /이탈리아), 『枕草子』(Peter Greenaway/영국), 무라카미 하루키의 『노르웨이의 숲』(Tràn Anh Hùng/베트남), 엔도 슈사쿠의 침묵』((Martin Charles Scorsese/미국) 등을 들 수 있다.

9_ '미디어 믹스'는 일본에서 만들어져 쓰이는 일본식 영어 조어로 영어의 'Mixed Media'와는 전혀 다른 의미이다. 우리나라에서는 유사한 의미로 원 소스 멀티 유즈(OSMU)이라고 부르는 경우가 많다. 미디어 믹스는 원래 광고업계의 용어로, 상품을 광고하기 위해 여러 매체(미디어)를 조합함으로써 각 매체의 약점을 보완하는 수법을 가리키는 말이었다. 하지만 이제는 하나의 매체로 표현할 수 없는 것을 소설, 만화, 애니메이션, 게임, 음악 CD, TV 드라마, 영화, 탤런트, 캐릭터 상품 판매 등의 다양한 방면으로 전개하는 것을 일컫는다.

꿈, 설화에서 출발한 영화적 상상력

제　　목 꿈
감　　독 신상옥
개봉년도 1967년
상영시간 91분
제 작 사 안양필림
장　　르 문예영화
등　　급 등급 보류(NR)
음　　악 정윤주
카 메 라 최승우
원　　작 「꿈」(춘원 이광수 소설)
수상경력 제28회 베니스영화제 출품

Contents

1 영화 「꿈」 읽기

1.1. 60년대 한국영화의 대부 신상옥

20세기 한국을 대표하는 감독들은 누구인가? 한 언론에서 영화 전문가를 대상으로 설문조사를 한 적이 있었다. 임권택, 유현목, 김기영, 신상옥 감독이 앞의 순위에 들었다.

그러나 한국영화의 르네상스였던 60년대를 대표하는 감독을 선정하자면 단연 신상옥 감독이 독보적이라고 할 수 있다. 수많은 수상경력이 말해 주

듯이 그는 자타가 공인하는 60년대 한국문예영화 시대의 스타 감독이었다.

신상옥 감독(1928~2006)은 함경북도 청진에서 태어났다. 일본에서 회화를 공부하고 해방이 되던 해에 귀국하여 고려영화사에서 최인규의 조감독으로 영화계에 입문한다. 그의 영화에서 발견할 수 있는 장면들 속의 미적인 대상 배치는 이전에 공부했던 회화에서 영향을 받았다고 짐작할 수 있다.

1950년 영화제작사 '신상옥 프러덕션'을 설립하고, 한국전쟁 중 부산에서 첫 연출 작품 「악야」(1952)를 만들었다. 이후 명성을 쌓아가던 그를 최고 감독으로 확인시켜 준 것은 「성춘향」(1961)이었다. 춘향전은 지금까지 우리나라에서 가장 많이 영화화된 소재였다. 그럼에도 관객들의 큰 관심을 모을 수 있었던 것은 대중적 인지도가 높았던 홍성기 감독의 영화 「춘향전」도 같은 해 개봉되었기 때문이었다. 이른바 '춘향대첩'이라고 할 수 있는 홍성기–김지미 커플과 신상옥–최은희 커플의 흥행 결투는 신상옥 감독 커플의 완승으로 끝이 났다.

신감독의 대표작 「사랑방 손님과 어머니」(1961)

이 영향으로 신감독은 당대 가장 대표적인 감독으로 주목받게 된다. 그가 감독한 많은 영화들은 대부분 그 시대의 대표작이 되었다. 「상록수」(1961), 「사랑방 손님과 어머니」(1961), 「성춘향」

(1961), 「무정」(1962), 「벙어리 삼룡이」(1964), 「꿈」(1967) 등으로 이어지는 그의 영화들은 한국 문예영화의 진수를 보여주고 있다.

그렇다고 그의 관심이 문예영화에만 머문 것은 아니었다. 아동영화 「닌자키드」(1994), 범죄 스릴러 「마유미」(1990), 사극 「삼일천하」(1973), 「연산군」(1961), 「대원군」(1968), 반공영화 「평양폭격대」(1972), 공포영화 「천년호」(1969), 멜로영화 「언니의 일기」(1968) 등 다양한 장르를 연출했다. 특히 사극은 많은 호평을 받았으며, 「천년호」는 한국 공포영화의 뿌리로 기억되고 있다.

신상옥 감독의 영화를 이야기할 때 부인 최은희를 빼놓을 수 없다. 두 사람은 배우이자 부부였으며 사업상 동료였기 때문이다. 실제로 신상옥 감독의 100여 편 영화들의 주인공은 최은희였다. 최은희가 가진 전통적인 한국의 여성 이미지와 신 감독의 연출력이 조화를 이루었는지 이들이 함께 한 영화들은 대부분 많은 호평을 받았다.

이들이 처음 만난 것은 1954년 장편 문화영화 「코리아」를 촬영하면서부터이다. 이 영화는 한국의 명승지를 두루 소개하면서 그 명승지와 연관된 내용을 극화해서 보여주는 형식을 가지고 있다. 이들의 영화적 만남은 「젊은 그들」(1955), 「꿈」(1955), 「무영탑」(1957), 「지옥화」(1958), 「어느 여대생의 고백」(1958) 등으로 이어진다.

신 감독의 연출력이 돋보이는 사극 「연산군」(1961)

신감독과 최은희에 관해서 빼놓을 수 없는 이야기는 바로 '납북'에 관한 것이다. 지금도 많은 사람들의 의혹이 완전히 사라지지 않았기 때문이다. 근래의 언론 보도에 의하면 최은희가 납북 장소인 홍콩에 방문한 것이 영화 '양귀비' 제작 협의 때문이었다고 한다. 지인들과 해변을 산책하던 중 어디선가 나타난 장정들에 의해 보트에 태워졌다는 것이다. 이후 출간된 자서전 『최은희의 고백』(2007)에 의하면 그녀는 예술학교 자매결연 문제로 홍콩에 갔다고 기록되어 있다.

그들 사이에는 자식도 없었고, 여러 이유로 납북 전인 76년에는 이미 22년 부부의 관계가 정리된 상태였다. 그러나 최은희의 납북 소식을 접한 신 감독은 급히 홍콩으로 갔고 그 역시 납북되었다. 이 사건은 한국을 대표하는 감독과 배우의 납북이라는 점에서 언론의 큰 주목을 받았다.

여러 자료들에 의하면 신 감독은 정치범이 수용되는 '제6감옥'에 수용되었다. 1983년 최은희와 평양에서 재회한 그는 김정일의 지시로 신필름영화촬영소를 설립하였고, 북한을 탈출할 때까지 약 2년 4개월간 여러 영화를 만들었다. 신감독이 북한에서 연출한 영화는 「돌아오지 않는 밀사」, 「소금」, 「심청전」, 「사랑 사랑 내 사랑」, 「불가사리」, 「탈출기」, 「심청전」의 7편이다. 그 외에 「홍길동」, 「철길따라 천만리」, 「길」, 「조선아 달려라」, 「붉은 날개」 등의 영화 제작에 도움을 준 것으로 알려져 있다.

신감독은 「돌아오지 않는 밀사」로 체코 카를로비바리국제영화제에서 특별감독상을, 최은희는 「소금」(1985)으로 소련에서 열린 모스크바국제영화제 여우주연상을 수상했다. 북한영화였지만 한국인 최초 여우주연상 수상이었다. 이 영화는 소설가 강경애의 단편을 원작

「성춘향」(1961)은 같은 해에 개봉한 홍성기 감독의 「춘향전」을 누르고 흥행에 크게 성공한다.

으로 했는데 '북간도(北間島)에 살던 한 가족이 일제의 소금 반입금지 명령에 맞서 싸우며 항일운동을 벌인다'는 내용이다.

이후 이들은 1986년에 오스트리아 빈에서 탈출에 성공하고 미국에서 머물다가 2000년에 우리나라로 영구 귀국했다. 신 감독은 이듬해인 2001년에는 극단 '신협'의 대표로 취임하여, 헤밍웨이 원작의 뮤지컬 「누구를 위하여 종을 울리나」(2001), 「크레이지 포 유」(2002)를 만들었다.

그의 마지막 영화는 「겨울 이야기」(2004)인데, 치매에 걸린 시아버지와 며느리의 갈등 극복을 그리고 있다. 안타깝게도 이 영화는 끝내 극장에서 개봉되지 못했다.

2006년 4월 11일, 그는 '영화계 큰별', '한국영화 거목', '영화계 거장' 등으로 평가받으며 지병으로 타계했다. 생전에 모두 75편의 영화를 연출했고, 149편을 제작했던 것으로 보도되었다. 1994년에는 칸영화제 심사위원을 맡았고, 1999년에는 한국예술평론가협회가 선정한 '20세기를 빛낸 한국의 예술인'에 뽑히기도 했다.

1.2. 원작 설화와 소설

1) 원작 설화 「조신의 꿈」

영화의 바탕이 된 소설은 삼국유사에서 그 소재를 가져왔다. 신상옥 감독의 「꿈」(1967)은 춘원 이광수의 소설이 원작이고, 소설은 조신 설화를 바탕으로 하고 있다. 신상옥 감독이 2회나 영화로 만든 것을 보면 이 소재에 대단한 관심을 가지고 있었음을 짐작하게 해 준다.

널리 알려진 대로 『삼국유사』(1281)는 고려 후기의 승려 일연(一然, 1206~1289)이 편찬한 역사서이다. 설화 자체가 구전된 것이었으니 영화 「꿈」은 구전된 내용을 영상으로 옮긴 것이라고 할 수 있다.

조신의 이야기는 『삼국유사』 탑상(塔像)편에 있는 조신조(調信條)에 수록되어 있다. 사찰이 세워지게 된 유래를 기록한 사찰연기설화의 일종이다. 『삼국유사』에서 이와 관련하여 다음과 같은 내용이 전해지고 있다.

> 조신은 세규사라는 절에서 절 소유의 땅을 맡아서 관리하는 일을 하고 있었다. 그 고을의 태수 김흔공의 딸을 마음에 품은 조신은 낙산사의 관음보살 앞에서 그 여인과 같이 살게 해 달라고 빌곤 했다. 그러던 중 그 여인 김 낭자에게는 배필이 생기게 되는데, 조신은 관음보살이 자신의 소원을 들어 주

지 않는다고 원망을 하며 잠이 들었다.

꿈속에서 갑자기 김 낭자가 기쁜 얼굴로 조신을 찾아온다. "저는 일찍부터 스님을 잠깐 뵙고 알게 되어 마음속으로 사랑해서 잠시도 잊지 못했으나 부모의 명령에 못 이겨 억지로 딴 사람에게 시집갔다가 이제 부부가 되기를 원해서 왔습니다." 조신은 매우 기뻐하며 그녀와 함께 고향으로 돌아갔다.

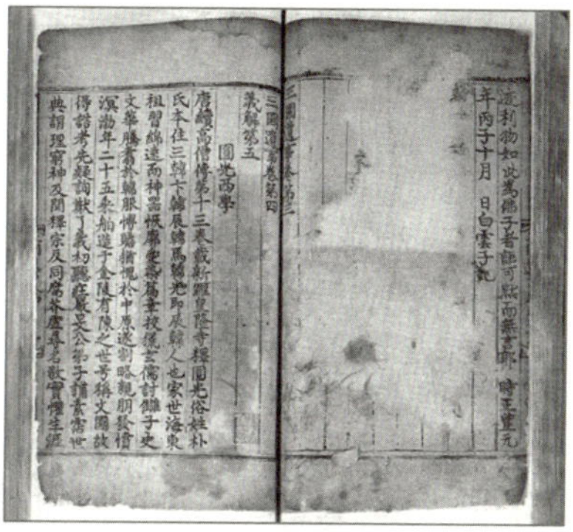

국보 제306호 '삼국유사'(3권 1책 · 33.6×21.3cm)

그러나 행복한 순간은 잠시였다. 40여 년 동안 부부는 다섯 자녀를 두었는데 너무 가난하여서 구걸 생활을 하는 처지에 이르렀다. 온 나라를 떠돌아다니며 구걸을 하는 동안 15세 되는 큰 아이가 굶어죽고 10세 된 딸이 구걸을 하다가 마을 개에게 물렸다. 이 모습을 본 부인이 부부의 정은 깊으나 젊음은 갔고 이제는 서로가 근심이 된다고 하며 헤어지자고 한다. 부부가 각자 아이 둘씩 데리고 떠나려고 하는 순간 조신은 꿈에서 깨어난다.

모든 것이 하룻밤의 꿈이었다. 그 하룻밤 사이에 조신의 수염과 머리털은 모두 희어졌고 한평생의 고생을 다 겪은 것처럼 재물을 탐하는 마음도 사라

「꿈」의 배경지인 낙산사를 정밀하게 묘사한 단원 김홍도의 「낙산사도」. 2005년 화재로 소실된 낙산사가 2009년 10월에 김홍도의 그림을 바탕으로 복원됐다.

지고 잘못을 뉘우치게 된다. 꿈에서 죽은 아이를 묻은 장소에 가서 땅을 파 보니 석미륵이었다. 이후 그 미륵을 근처에 있는 절에 모시고 정토사를 세웠다.

지금으로부터 800여 년 전에 기록된 이야기라고 보기에는 믿기 어려울 정도로 공감이 가는 내용이 아닌가. 조신과 김 낭자가 40여 년을 같이 산 후에 서로 이별을 하는 장면에 이르면 애잔함마저 느껴진다. 김 낭자가 조신과 헤어지면서 '붉은 얼굴과 예쁜 웃음도 풀 위의 이슬이요, 지초와 난초 같은 약속도 바람에 나부끼는 버들가지입니다' 라고 말하는 부분은 현세의 삶이 덧없다는 것을 비유적으로 드러낸 것이다.

『삼국유사』가 역사서의 기능을 가지고 있지만 대부분은 불교와 연관이 있다는 점에서 보면 조신설화는 아주 특별하다. 꿈을 소재로 하고 있는 몽자류 소설에서 보여 주는 '현실–꿈–현실' 의 모습을 가지고 있을 뿐만 아니라 깨달음을 얻게 되는 과정이 매우 극적이다. 당대의 문장가인 춘원 이광수가 이를 놓칠 리가 없었다.

2) 깨달음의 소설, 춘원의 「꿈」

춘원은 원작을 바탕으로 한 소설 창작에 관심을 보였다. 「꿈」 이전에도 연암 박지원의 한문 소설을 새롭게 창작한 『허생전(許生傳)』(1923–1924)이 있었다. 그의 소설에서의 관심은 역사와 불교에 관한 것들이 많았다.

「개척자」(1925)를 비롯하여, 「꿈」(1955, 1967, 1990), 「단종애사」(1956, 1963), 「마의태자」(1956), 「그 여자의 일생」(1957), 「사랑」(1957, 1967),

「흙」(1960, 1967, 1978), 「재생」(1960, 1969), 「원효대사」(1962), 「이차돈」(1962), 「무정」(1962), 「유정」(1966, 1976, 1987), 「세종대왕」(1970) 등이 영화로 만들어졌다.

해방 후의 춘원 이광수 (1946)

모두에게 알려진 대로 춘원은 일제강점기 때 《조선일보》와 《동아일보》에 몸담았던 언론인이었으며, 문인으로도 최고의 전성기를 누렸다. 그러나 그의 친일 행적은 늘 그의 문학적 업적과 비교되곤 하였다.

창씨개명을 공개적으로 지지하며 친일적인 행보를 보인 그는 1939년에 조선문인협회 초대 회장이 된다. '흥아興亞의 대업大業을 완성完成시킬 황군적皇軍的 신문화新文化 창조創造를 위하야 용왕매진勇往邁進코저 맹세盟誓'한다는 내용의 성명서에서 이 단체의 성격을 알 수 있다.

그러나 1945년 해방이 되었고, 그는 반민족 행위자가 되었다. 1949년 1월 8일 반민특위에

《경성일보》에 실린 이광수의 창씨개명 지지 칼럼. (1939.12. 12.)

半島文壇の大御所
李光洙さん
氏へ名乗り
一家揃つて「香山」姓へ
創氏の苦心を語る李光洙さん

불려갈 때 조사관에게 '해방이 1년만 늦었어도 조선 사람들은 황국신민의 대우를 받았을 것입니다' 라고 말하기도 했다. 이후 폐렴에 걸려 건강이 악화된 상태로 6 · 25전쟁을 맞게 되고 인민군에게 집을 차압당하고 납북된다. 이후 평양에서 이송 도중 심한 동상과 폐결핵으로 사망한다.

일제강점기는 이광수에게 '꿈'과 같은 시절이었고 해방은 그에게 현실이었다. 해방 이전에 친일 관련 글을 쓰며 승승장구했던 그가 해방이 되자 급격한 몰락의 길을 걷게 되었다. 아내와도 이별을 하고 문단의 대표적 친일자로 낙인이 찍혀서 전전긍긍했다. 그런 그가 삼국유사의 조신 이야기에 관심을 가진 것은 어쩌면 당연해 보인다. 하룻밤 꿈을 꾼 뒤에 더욱 정진하게 되었다는 설화의 내용은 자신에게 닥친 현실과 매우 적절하게 맞아떨어지는 형국이었다.

「꿈」(1947)을 통해서 설화에서 조신이 대오각성하고 큰 깨달음을 얻어 정진했듯이 자신도 지난 시절의 과오를 인정하고 새롭게 문필가의 길을 가겠다는 점을 은연중에 부각시킨 것이 아닌가 싶다.

그래서일까. 원작 소설 「꿈」에서 제일 처음에 나오는 소제목은 '못생긴 중 조신'이다. 세속적인 기준에서 잘 생기지 못했으니 '꿈'을 꾸었을 것이다. 소설은 기본적으로 설화를 바탕으로 하고 있다.

> 조신과 평목이 앞 동구까지 쓸어갈 때에 노장 용선화상龍船和尙이 구부러진 길다란 지팡이를 끌고 대문으로 나온다.
>
> "저, 앞 동구까지 잘 쓸어라. 한눈팔지 말고 깨끗이 쓸어. 너희 마음에 묻은 티끌을 닦아버리듯이" 하고 용선 노장이 큰소리로 외친다.
>
> "네" 하고 조신과 평목은 뒤도 돌아보지 아니하고 더 재게 비를 놀린다.

"오늘은 태수 행차가 오신다고 하였으니, 각별히 잘 쓸렸다." 하고 노장은 산문 안으로 들어온다.

태수 행차라는 말에 조신은 비를 땅바닥에 떨어뜨리고 허리를 편다.

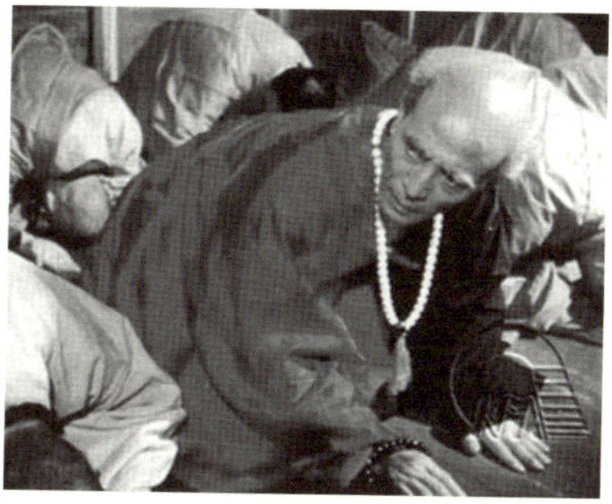

신상옥 감독의 「꿈」에 등장하는 조신의 스승 용선대사

삼국유사에는 조신과 김 낭자와 자녀들이 등장하지만 소설은 조금 더 구체화되고 설화에 없었던 인물들이 등장한다. 소설에서 김 낭자는 '달례月禮'로 그녀의 배필은 약혼자 '모례 화랑'으로 구체화된다. 자녀들은 미력이, 달보고, 칼보고, 거울보고이다. 모두 꿈속에서 본 것으로 이름을 정했다. '미력'과 '칼'은 아들이고, '달'과 '거울'은 딸이다.

전체적으로 설화의 내용을 바탕으로 하고 있지만 이광수 특유의 스타일이 녹아 있다. 내용상 가장 큰 차이점은 모례 화랑의 등장이다. 설화에 없던 인물 모례의 등장으로 영화는 더욱 긴장감 넘치는 구도를 가지게 되었다.

조신은 마침내 보고 싶은 달례도 보지 못하고, 하고 싶은 말도 못하고, 눈을 싸매고, 뒷짐을 지고, 목에 올가미를 쓰고 매어달려서 다리를 버둥버둥하였다.

"살려주오, 살려주오." 하고 소리를 질렀으나 제 귀에도 그 소리가 들리지 아니하였다.

숨이 꼭 막혀서 답답하였다. 차차 정신이 흐려졌다.

'무서워서 어떻게 죽나. 죽은 뒤에 무엇이 있나?' 하고 조신은 관세음보살을 염하면서 팔다리를 버둥거렸다.

'아이고, 나는 죽네, 관세음보살.' 그리고는 조신은 정신이 아뜩하였다.

조신은 형장으로 끌려가 죽음의 순간에서 잠에서 깨어난다. 죽어서 땅에 묻힌 큰 아들 미력이도 없고, 자신이 죽인 평목도 없었다. 무엇보다 자신의 곁에서 10여 년 동안 함께 하다가 모례 화랑의 칼에 머리털을 잘린 달례도 없었다. 모든 것이 꿈이었다.

이처럼 춘원 소설 「꿈」은 불교적 구도에 관한 내용이지만 개인적으로는 새로운 문학적 정진을 다짐하는 계기가 되는 작품이라 할 수 있다.

1.3. 영화 읽기

1) 줄거리

때는 신라 시대, 조신은 명주에 위치한 낙산사의 승려이다. 명주 태수의 딸 달례는 시녀와 함께 바위 언덕에 피어 있는 꽃을 보고 감탄하고 있다. 사찰로 돌아오는 길에 이를 본 조신은 위험을 무릅쓰고 바위 언덕에 있는 꽃을 꺾어 준다.

첫 만남 이후 조신은 달례의 아름다운 모습을 잊어버릴 수 없어 고민한다. 번뇌를 잊기 위해 온갖 노력을 했지만 머릿속에 각인된 달례의 모습은 쉽게 지워버릴 수 없었다.

그러던 중 낙산사에 태수의 행차가 있었고 달례도 일행을 따라왔다. 달례를 보는 순간 조신의 마음은 다시 불타올랐고, 달례가 모례 화랑과 혼사를 한다는 말을 듣고는 터질 듯한 고통을 받는다. 그 어떤 설법으로도 번뇌에서 벗어날 수 없을 것만 같았다. 결국 그는 스승 용선대사에게 그 번뇌를 털어 놓으며 달례와 연분을 맺게 해달라고 애원한다. 스승은 세속의 일이 헛된 일이라는 것을 조신에게 깨우쳐 주지만 한번 마음이 기운 조신의 귀에는 들리지 않았다. 파계를 한 후 모든 고통을 당하더라도 달례와 연분을 맺게 해달라고 간청한다. 결국 용선대사는 조신의 청을 들어주겠다고 하며 관음전에서 관세음보살을 염불하라고 한다.

조신과 달례

스승의 말대로 조신이 관음전에서 관세음보살을 염불하고 있었는데 꿈인지 생시인지 달례가 관음전의 문을 열고 들어온다. 달례는 평소에 조신을 흠모해 왔다고 하며 약혼자 모례 화랑을 피해서 도망을 가자고 한다. 이 말을 들은 조신은 한 치의 망설임도 없이 달례와 낙산사를 떠나 도피 생활을 한다. 졸지에 약혼자를 빼앗긴 모례 화랑은 분을 참지 못하고 일행들과 함께 조신을 추격하기 시작한다. 조신은 동굴이나 야외의 험한 곳에서 도피의 나날을 보낸다.

세월이 흐르고 부부의 연을 맺은 조신과 달례는 산골에 정착을 하여 제법 안정된 생활을 하고 있다. 이미 자식들도 여러 명이 있다. 그

도피 생활 중의 달례, 평목은 모두 하룻밤 꿈으로 조신을 깨우치기 위한 관음보살의 현신이다.

러나 그 행복도 오래가지 못한다. 조신이 사는 곳을 어떻게 알았는지 낙산사의 동료 승려인 평목이 찾아온 것이다. 조신은 반갑기도 했지만 마음은 불안한 마음을 감출 수가 없었다.

평목은 스승 용선대사의 말씀을 전하려고 온 것이라 했다. 스승은 조신이 어디에 가든지 신통력을 가지고 알아차리고 있다. 평목은 음흉하게 생긴 외모처럼 속이 검은 사람이었는데, 승려의 신분임에도 조신의 큰딸에게 흑심을 품고 있었다. 그러던 중 조신 내외가 집에 없는 것을 확인한 평목이 큰딸을 욕보이려 하고 이를 목격한 조신은 그를 죽이게 된다.

이 무렵 조신을 찾아 전국을 헤매던 모례 화랑이 이 산골에까지 찾아 왔다. 그들 일행은 마침내 조신의 위치를 알게 되고 평목의 시체도 발견하게 된다. 조신 일가는 필사적으로 탈주를 하고, 그 사이 아이들은 하나둘씩 죽음을 맞는다. 이런 상황을 겪으면서도 조신은 반성하지 못하고 달례와 계속 도피 생활을 한다.

마지막 아이가 죽었을 때에야 마침내 조신은 붙잡힌다. 그는 모든 것은 자신의 잘못이라며 혼자 벌을 받을 것을 청한다. 모례 화랑은 분노에 가득 차서 칼을 뽑지만 마지막으로 자비를 베풀어 준다. 그 자비란 원래 승려였던 조신에게 스승 용선대사가 건네 준 가사를 입을 수 있게 하는 것과 세상의 모든 근심이 사라졌을 때 손을 들어 표시를 하는 것이었다.

조신이 세상의 모든 번뇌를 끊은 듯 손을 올리자 모례 화랑은 칼을 힘껏 들어 조신의 목을 내리친다. 조신은 외마디 비명을 지르며 바닥을 구른다. 목을 잡고 일어나 보니 그곳에는 모례 화랑도 달례도 없다. 다만 법당 안의 대자대비한 관세음보살만이 내려다보고 있다. 모든 것이 꿈이었다.

조신은 법당 문을 열고 나가 새로운 세상을 맞이한다. 그의 얼굴에는 잔잔한 미소가 흐르고 새로운 세상을 맞은 듯한 표정이 가득하다. 마침 달례 아씨와 일행들이 법회를 마치고 절을 떠나려는 중이었다. 그 모습을 지켜보며 조신은 합장을 한다. 합장을 하고 있는 조신의 손등으로 개미가 기어오르고 있다. 그는 가만히 개미를 잡아 땅에 내려다 준다.

2) 신상옥의 「꿈」, 되돌아보는 욕망에 대한 깨우침

꿈 이야기는 우리 문학에서도 낯설지 않은 소재이다. 대체적으로 꿈속에서 자신이 원하는 일을 이루고 난 뒤 그 모든 것이 부질없음을 깨닫게 된다는 내용들이다.

대표적인 예로 김만중의 「구운몽」을 들 수 있다. 주인공 성진이 8선녀를 희롱하여 인간 세상에 태어나 온갖 부귀영화를 누리다가 말년에 깨달음을 얻고 불가에 귀의한다는 내용이다. 조신이 꿈속에서 고통의 시절을 겪고 깨달음을 얻었다면, 성진은 부귀영화를 누린 후 스스로 덧없음을 깨닫는 방식이다. 이래저래 속세의 일이 무상하기는 마찬가지였다.

노힐부득과 달달박박의 이야기가 담긴 탱화

깨달음의 방식이 꿈이 아닌 이야기도 있다. 『삼국유사』에 나오는 노힐부득과 달달박박의 경우를 보자. 수도를 하고 있는 이들에게 아름다운 낭자가 찾아와 하룻밤 묵기를 청한다. 이미 깊은 산속의 밤이 되었으므로 그녀를 받아들였지만 수행자의 초심을 잃지는 않았다. 낭자는 관음보살의 현신이었고 그들은 도를 이루어 부처가 되었다. 이처럼 깨우침은 오랫동안 우리 문학의 근간에 자리 잡고 있는 불교 설화의 중심적인 주제였다.

영화에서 조신의 신분은 승려이다. 불가에서 금하고 있는 속세의 인연을 간절히 원하였으니 처음부터 그의 소망은 이루어질 수 없는 것이었다. 어떻게 보면 남녀의 만남은 속세의 바탕이 되고 근심의 근본이 된다. 달례와 연분을 맺은 순간부터 조신은 끝없이 도피생활을 시작했고, 자식들이 죽고 마지막으로 모례 화랑 무리에게 붙잡힐 때까지 그에게 평화란 없었다. 그토록 원했던 속세의 삶은 그에게 고통만을 남겨 주었다.

평목과 용선화상의 등장으로 소설은 설화의 짧고 단순한 구조를 뛰어넘고 있으며, 영화는 이를 잘 반영하고 있다. 평목은 용선화상의 부탁으로 조신을 찾아 나서지만 엉뚱하게도 조신의 부인이 된 달례와 큰딸을 넘보는 속물의 모습을 보여준다.

평목은 속세에 대한 입장에서 조신과 크게 다르지 않은 사람이다.

그도 조신의 일탈을 경계하기는커녕 오히려 부러워한다. 그로 인해 조신은 점점 죄악 속으로 빠져들고 결국 그를 죽이고 만다. 조신은 이 모든 혼란스러운 상황이 스승이 평목을 통해서 내려 준 가사와 장삼 때문이라고 여긴다. 자신은 이미 불가의 계율을 깨트리고 파계를 한 몸인데, 불가의 상징물이 집안에 있으니 화를 부른다고 여긴 것이다.

특히 가사와 장삼은 스승이 조신을 깨우치는 상징물이다. 조신이 최초의 잘못을 저지를 때 스승은 이것들을 통해서 조신을 깨우치려 했다. 이후 멀리 도망쳐서 가정을 이루고 살 때 평목을 통해서 다시 가사와 장삼 이야기를 하게 함으로써 두 번째 깨달음을 주고자 하였다. 소설에서 스승인 용선화상은 예지력이 있는 인물로 그려지고 있다. 설화에서는 오로지 관세음보살의 법력으로 깨달음을 얻게 되지만, 소설에서는 스승이 그 깨달음을 이끄는 중간 매개체 역할을 하고 있다.

원작이 된 이광수의 소설 「꿈」은 모두 세 번 영화로 제작되었는데, 두 편은 1955년과 1967년에 신상옥 감독이, 나머지 하나는 1990년에 배창호 감독이 연출했다. 설화와 소설 그리고 영화들은 단순히 표현 방법만이 아니라 그 주된 줄거리에서도 차이점을 드러내고 있다. 이 중에서 원작의 묘미를 잘 살린 작품은 1967년 신상옥 감독의 작품이다. 원작 소설에서는 조신의 스승이 '용선화상'이지만, 신상옥 감독의 영화에서는 '용선대사'로 불린다.

영화들은 각기 다른 결말을 보여준다. 신 감독의 영화에서는 원작 소설의 줄거리대로 마지막에는 그를 칼로 처단한다. 그 충격으로 조신은 잠에서 깨어나 모든 것이 하룻밤 꿈이었음을 깨닫고 수도에 정진한다.

그러나 배창호 감독의 영화에서는 조금 내용이 다르다. 배창호 감독의 영화에서는 스승은 '큰스님'으로 불리고 있으며, 꿈에서 깨는 장면도 신상옥 감독과 차이를 보인다. 모례 화랑은 조신의 목 대신 머리채만 베어버린다. 조신은 관음전에 들어가서 잠이 들고 깨어나 보니 모든 것이 하룻밤의 꿈이었다.

원작과 줄거리는 다르지만 공감의 폭은 오히려 더 깊다. 특히 바닷가에서 조신의 머리채를 베는 장면에서는 관객들도 감독의 연출력에 깊이 감탄하게 된다. 앞서 제작된 신 감독의 영화를 의식하지 않을 수 없었던 차별화된 고육지책이라고 하기에는 상당히 창의적인 해석이다. 이 영화의 창의성은 다른 부분에서도 발견할 수 있다. 달례가 생계를 위해서 몸을 판다든가 결국 문둥병에 걸린 달례를 참회하면서 조신이 찾아가는 장면들은 이전 영화가 생각할 수 없었던 부분이다.

배 감독의 영화에서 달례는 계속 노래를 부르고 있다. 이 영화의 주제를 함축하고 있는 삼국유사의 사(詞)에서 기본적인 내용을 가져온 것인데, 이 사(詞)로 하룻밤 꿈 이야기를 마무리해 보자.

> 잠시 쾌활한 일 마음에 맞아 한가롭더니, 근심 속에 남모르게 젊은 얼굴 늙어졌네.
>
> 모름지기 황량(黃粱)이 다 익기를 기다리지 말고, 인생이 한 꿈과 같음을 깨달을 것을.
>
> 몸 닦는 것 잘못됨은 먼저 성의에 달린 것, 홀아비는 미인 꿈꾸고 도둑은 재물 꿈꾸네.
>
> 어찌 가을날 하룻밤 꿈만으로, 때때로 눈을 감아 청량(淸凉)의 세상에 이르리.

2　60년대의 문예영화

2.1. 한국의 60년대

한국영화는 60년대에 활짝 개화했다. 해방 이전에는 대부분 영화 제작편수도 많지 않았고 그나마 일본의 검열을 통과해야 했다. 해방이 되면서 광복과 해방의 기쁨은 1945~1950년 사이 한국영화에 엄청난 파장을 미쳤다. 해방의 기쁨을 노래하는 내용이 이 무렵 영화의 주조를 이루었다. 이 영화들은 '해방영화解放映畵', '광복영화光復映畵'라 불리었는데 1946년 10월 개봉된 「자유만세」는 이 시기에 현존하는 영화로 문화재로 지정이 되었다. 장제스(蔣介石)가 난징(南京)에서 중국에 소개된 이 영화를 보고 감격하여 '자유만세, 한국만세'라는 휘호를 써주었다는 일화를 남기기도 했다.

50년대 우리 영화는 새롭게 기지개를 펼 수 있는 시기였다. 해방 후

1962년 당시 국내 최대 극장이었던 충무로의 대한극장

종로 3가의 단성사

경제적으로나 문화적으로 새로운 기운이 일어날 무렵 6·25전쟁이 일어난다. 전쟁 중에 유능한 영화인들이 납북되고 많은 기자재들을 잃게 되어 영화계는 엄청난 타격을 받게 되었다. 피난했던 영화인들은 진해·부산·대구 등에 분산되어 군부대를 중심으로 전시체제에 적응하며 각자의 활동을 재개하게 된다.

대구에 있던 공군본부 정훈감실에서는 홍성기·신상옥·전택이·김일해 등 피난길의 영화인들이 중심이 되어 '공군촬영대'를 만들었다. 전쟁기간인 1950~1953년까지 거의 모든 영화인들이 정부기관과 군대에 소속하여 영화제작을 계속하였다. 그 결과 전쟁 중에도 다양한 영화적 성과를 낼 수 있었다. 전투 현장을 촬영한 보도영화와 전쟁을 소재로 한 반공계몽영화도 제작되었다.

스릴러 영화 「공포의 밤」(1952), 계몽적인 내용의 「태양의 거리」(1952), 미망인과의 사랑을 그린 「베일부인」(1952), 전투경찰·공비·마을처녀의 삼각관계를 다룬 「애정산맥」(1953), 여고생들의 순정을 그린 「청춘」(1953) 등의 영화들이 만들어지기는 했지만 여전히 이 시기의 영화들은 반공계몽영화라고 하는 장르에 집중되어 있었다.

한형모 감독의 「자유부인」(1956)은 6.25 전쟁 이후 변화해 가는 시대적인 분위기를 담고 있다.

1950년대 후반부에 이규환 감독의 「춘향전」(1955)을 비롯해서 고전소설, 왕조비사王朝秘史, 야사野史의 로맨스 등의 소재가 주로 영화로 만들어졌고, 새로운 시대를 맞이하면서 낡은 윤리나 도덕, 기성관념 등이 변화하는 세태를 반영한 멜로드라마가 많이 제작되었다. 「자유부인」(1956)은 그 대표작이라 할 수 있다. 「시집가는 날」(1956), 「벼락감투」(1956), 「오부자」(1958) 등의 코미디물도 이 시기에 제작되었다. 해방과 전쟁을 겪은 50년대를 지나면서 비로소 한국영화가 제대로 된 안정 속의 발전을 이룩하게 된다.

「꿈」(1955, 이광수 원작), 「젊은 그들」(1955, 김동인 원작), 「물레방아」(1956, 나도향 원작), 「백치 아다다」(1956, 계용묵 원작) 등의 문학작품을 원작으로 하는 영화들이 탄생하면서 60년대 문예영화의 시대를 예고하였다.

1960년대는 한국영화사상 처음으로 1,500편이 훨씬 넘는 한국영화가 제작되면서 한국영화의 전성기를 맞이한 시기였다. 1960년대에 가장 주목할 만한 영화사적인 사건은 영화법의 제정이다. 1962년 1월에 법률 제 995호로 〈영화법〉이 제정 공포되었는데, 그 내용의 핵심은 한국영화의 보호와 육성이었다. 1963년 3월과 1966년 8월에 개정된 영화법으로 한국영화는 할리우드영화에 대적할 만한 새로운 방어막을 만들었다.

1966년에는 시행된 스크린쿼터제는 외국영화의 수입편수가 한국영화의 3분의 1을 넘지 못하게 제한을 하고, 외국영화상영극장에 1년간 60~90일은 한국영화를 상영하도록 하는 제도였다. 여러 모로 한국영화의 전성시대를 맞을 내외적 분위기가 조성이 된 셈이었다. 한국형 멜로드라마의 완성작으로 불리는 「미워도 다시 한 번」(1968, 정소영 감독)이나 대표적인 청춘영화 「맨발의 청춘」(1964, 김기덕 감독)이 제작된 것도 이 무렵이다. 이들 영화는 수많은 아류작을 만들어 내면서 관객들의 발길을 영화관으로 이끌었다.

2.2. 문예영화 전성시대

사전적 의미로 보자면 문예영화文藝映畵는 '문예작품을 각색하여 제작한 영화'이며, '흥행을 위한 오락성이나 흥미보다는 순수한 예술성에 중점을' 두는 영화이다. 이렇게 보자면 60년대는 한국영화 역사상 가장 많은 문예영화가 제작된 시기라고 볼 수 있다.

고전문학을 주된 소재로 영화를 만들었던 우리 영화의 초기 20년대부터 지속적으로 문예영화가 만들어진 것은 사실이다. 그러나 개인 창작의 문학작품을 바탕으로 본격적으로 영화가 만들어진 것은 60년대부터이다. 정부에서 우수영화 보상제도를 실시하였는데, 외

화수입 쿼터를 얻기 위한 제작이라는 비판도 있었지만 결과적으로 다양한 문학작품들이 영화로 제작되었다.

해방 전과 50년대에 각각 10편의 문예영화가 제작된 점을 감안해 보면 30여 편이 넘게 제작된 60년대는 분명 한국 문예영화의 분수령이 되는 시기였다. 이 사실은 80년대와 90년대가 각각 30여 편과 40여 편으로, 70년대에는 20여 편으로 오히려 줄어든 점을 감안해 보면 분명하게 드러난다.

전후의 혼란상을 담은 「오발탄」

60년대의 문예영화는 남녀간의 사랑을 소재로 한 것, 전쟁 등 시대상을 반영한 것, 역사를 소재로 한 것, 인간 실존의 문제를 다루고 있는 것 등이 있다.

「오발탄」(1961, 유현목 감독, 이범선 원작)은 시대상을 드러난 문제의식이 강한 작품이다. 6·25를 겪은 한 가정을 통해 그 당시 사회가 느끼는 삭막한 삶의 모습을 사실적으로 드러내고 있다. 늘 "가자, 가자"를 외치는 미친 노모, 만삭의 아내, 강도죄로 붙들려간 동생, 양공주로 몸을 파는 여동생. 이런 가족들은 주인공에게 의지한다. 그는 늘 아픈 이를 부여안고 지내지만 치과에 갈 엄두를 내지 못한다.

그러던 중 박봉의 월급을 받는 날, 늘 그를 괴롭히는 이를 뽑고 술은 한 잔한다. 그리고 딸아이에게 줄 고무신도 샀다. 하지만 그가 돌아가야 할 방향을 찾지 못하고 멍청히 서있다. 그 순간 그가 마치 잘

딸의 시각으로 본 남녀관계를 다룬 「사랑방 손님과 어머니」

못 쏜 오발탄과 같은 상황이란 사실을 느끼게 된다.

이 작품은 혼란한 시대를 살아가는 소시민의 모습을 통해 삶 자체가 하나의 오발탄과도 같다는 메시지를 남긴다. 전후의 혼란상과 살아남는 데에 급급한 소시민의 모습을 사실적으로 드러내 준다. 현실의 비참함과 피폐함을 적나라하게 드러냈다는 이유로 한때 상영이 금지되기도 했다.

「사랑방 손님과 어머니」(1961, 신상옥 감독, 주요섭 원작)에서는 원작과 마찬가지로 어린 딸 옥희의 눈을 통해 본 어른들의 모습이 묘사된다. 옥희는 할머니와 어머니와 함께 산다. 어느 날 사랑방에 아버지의 친구가 하숙을 하게 된다. 그 사랑방은 아버지가 돌아가신 뒤 아무도 사용하지 않던 곳이다. 옥희는 사랑방 손님에게 관심을 갖는다. 영화는 시간이 지나면서 생기는 어머니와 아저씨 사이의 내면적 갈등을 옥희의 눈을 통해 전달한다.

영화는 원작과는 달리 어머니의 재혼을 문제 삼는다. 옥희의 외삼촌을 통해 이제는 구습을 벗고 사회 변화에 맞추어 우리의 가족제도도 바뀌어 가야 한다는 생각을 드러낸다. 하지만 어머니는 아저씨가 서울로 가는 모습을 멀리서 바라만 볼 뿐이다. 자신의 행복과 사랑을 찾기 보다는 딸아이를 통해서 미래의 희망을 가지는 전통적인 어머니의 모습이 부각되고 있다.

「상록수」(1961, 신상옥 감독, 심훈 원작)는 일제강점기의 농민계몽운동을 내용으로 하고 있다. 1930년대 초 동아일보가 주최하고 소설가 이광수가 앞장을 섰던 브나로드 운동이 온 나라에 펴진 일이 있었다. 이 운동의 하나로 농촌계몽운동의 현장을 알리는 소설이 만들어졌는데, 대표적인 작품이 이광수의 「흙」과 심훈의 「상록수」였다.

청석골의 채영신과 하곡리의 박동혁은 모두 신문사가 주최한 농촌계몽운동에 열심히 참여한 젊은이다. 어느 날 주최측이 베푼 위로회의 모임에서 서로를 알게 된 것이 인연이 되어 사랑하게 된다. 그러나 서로 학교를 마치자 각자의 고향으로 내려가 농촌운동을 하게 되어 헤어진다.

그런데 열 사람 몫을 혼자 해내다가 지쳐 쓰러진 채영신은 박동혁에게 가서 휴향하고 떠나던 날, 두 사람은 3년만 기다렸다가 평생의 반려자가 될 것을 약속한다. 청석골로 돌아온 채영신은 직접 공사일에 참여하며 청석학원을 완성한다. 그러나 한국어 교육 등으로 일경에게 잡히는 몸이 되었고 그녀는 과로 끝에 몸져눕는다.

박동혁과 채영신

이 흑백영화는 원작의 감동을 고스란히 전달하고 있으며 「꿈」에서 주연으로 활동한 최은희와 신영균이 열연을 하였다.

이 외에도 춘원 소설 「흙」, 「유정」, 황순

원 소설 「독 짓는 늙은이」, 「일월」, 「카인의 후예」 등 우리 문학사에 빛나는 원작 소설들이 이 시기에 영화로 제작되었다. 60년대는 한국 영화가 정체성을 가지게 된 시기였으며, 오늘날 아시아를 넘어 세계 영화계로 진출하게 되는 기틀을 닦은 시기였다고 할 수 있다.

[참고 문헌]

- 일연(김원중 역),『삼국유사』, 민음사, 2008.
- 김종원, 『한국영화사와 비평의 접점』, 현대미학사, 2007.
- 민병기외, 『한국의 영상문학』, 문예마당, 1998.
- 박민영, 『시인, 영화관에 가다』, 태학사, 2010.
- 서인숙, 『영화비평의 이론과 실제』, 집문당, 1996.
- 송희복, 『영상문학의 이해』, 두남, 2002.
- 유현목, 『한국영화 발달사』, 책누리, 1997.
- 정종화, 『자료로 본 한국영화사 1.2.』, 열화당, 1997.
- 정종화, 『한국영화사』, 한국영상자료원, 2008.
- L, 자네티(김진해 역), 『영화의 이해』, 현암사, 1999.
- 배장수, '신상옥감독 타계 – 60년대 한국영화 르네상스 열어', 〈경향신문〉, 2006. 04. 12.
- 손용석, '한국의 톱여배우 납치한 北김정일의 첫마디', 〈한국일보〉, 2012.03.12.
- 정운현, "해방이 1년만 늦었어도 황국신민 대우를...", 〈오마이뉴스〉, 2004.09.12.
  〈http://www.ohmynews.com/nws_web/〉 (2012. 5.5.)

Part 3. 사회

도가니, 안개 속에 가려진 사각지대의 인권

제　　목 도가니
감　　독 황동혁
개　　봉 연도 2011년
상영시간 125 분
제 작 사 삼거리 픽쳐스 , 판타지오
장　　르 드라마
등　　급 청소년 관람불가
음　　악 이성현
카 메 라 김지용
수상경력

- 2012 제14회 우디네 극동영화제 관객상
- 2011 제32회 청룡영화상 음악상

Contents

1 영화 「도가니」 읽기

1.1. 아픈 기억과의 만남, 황동혁 감독

2011년, 우리 사회는 도가니 열풍에 휩싸였다. '이 영화는 2005년 어느 청각 장애우 학교에서 일어난 실화를 재구성하여 만들어졌습니다'라는 문구를 달고 있는 영화 「도가니」는 2005년 광주 인화학교 사건을 다루고 있다. 2009년 6월에 출간된 동명의 공지영 소설이 영화로 만들어지기까지는 그다지 많은 시간이 걸리지 않았다.

인터뷰중인 황동혁 감독

이 영화의 파급력으로 인해 장애우와 13세 미만의 아동을 대상으로 한 성폭력 사건에

공지영 소설 「도가니」(2009)

대한 관련 법 '성폭력범죄의 처벌 등에 관한 특례법'의 개정이 이루어지게 되었다. 2011년 11월 광주시는 우석법인에 대한 설립허가를 취소하는 통보를 내린다. 「도가니」는 영화가 현실을 반영하는 것이 아니라 현실을 바꾼 구체적인 사례로 기억될 것이다.

그런데 전국이 도가니 열풍으로 가득 차 있을 때도 정작 '감독 황동혁'에 대해서 말하는 사람은 드물었다. 이 영화 이전에 크게 주목을 받은 작품이 없었기 때문이다.

1971년생 황동혁 감독이 영화 일을 시작하게 된 계기는 TV를 통해서였다. 고등학교 시절 모 방송국의 파리 특파원으로 나온 엄기영 앵커를 보고 신문방송학과에 입학하게 되었다고 한다. 그러나 언론 공부가 자신의 성향과 맞지 않아서였는지 4학년 때 비디오 촬영을 시작하며 영화로 꿈을 전향했다. 이후 신문방송학 대학원에 진학해서 본격적으로 영화이론을 공부하게 되는데, 「우리들의 대학」, 「담배 한 모금」 등의 디지털 단편영화들을 이 시기에 제작하게 된다. 이후 남가주대학교의 영화제작과에 입학해서, 단편 영화 「장미」, 「천국과 지옥」, 「운명」 등을 연출했다.

대외적으로 알려진 그의 첫 연출작은 졸업 작품인 「기적의 도로」이다. 택시 기사로 생활하는 한국계 미국인 제임스가 미국에 입양된 오빠를 찾아 LA로 온 지영을 만나게 되면서 일어나는 일을 내용으로 다루고 있다.

한국에서 첫 연출작은 사형수 아버지와의 만남을 다룬 「마이 파더」이다. 다섯 살 때 미국에 입양된 제임스 파커가 친부모를 찾기 위해 주한미군으로 지원해서 일어나는 일을 내용으로 하고 있다.

사형수 아버지와의 만남을 다룬 「마이 파더」(2007)

이처럼 그의 데뷔작들에서 공통으로 발견할 수 있는 관심사는 '입양'이라는 형식을 통해서 보여주는 '아픈 만남'이다. 그가 왜 데뷔작에서 '입양'을 소재로 하고 있는가에 대해서는 알려진 바가 없다. 다만 한국 유학생이 가장 잘 만들 수 있는 미국과 한국의 공통분모로 입양 문제를 다룬 것이 아닐까 하고 짐작할 뿐이다. 「기적의 도로」에서는 제임스와 지영이 서로 오누이가 아닐까 하는 암시를 통해서, 「마이 파더」에서는 부자 관계를 통해서 입양 문제를 다루고 있다. 두 영화의 주인공 이름이 '제임스'라는 점도 눈여겨 볼 수 있다.

그를 세상에 널리 알린 「도가니」에서도 주인공과 인화학교 학생들 간의 '만남'을 통해서 이야기가 이어진다. 황동혁 감독이 영화사로부터 영화 제의를 받은 것이 2009년 말이니 소설이 나온 지 몇 달 후의 일이다. 그는 어느 특강에서 이 영화에 대해서 다음과 같이 밝히고 있다.

'처음에는 거절했지만 실제 사건을 영화화해 세상에 알림으로써 여전히 해결되지 않은 사건을 위해 싸우고 있는 모든 분들에게 도움이 될 수 있을 것이라 생각해 수락했다.' (2012. 8. 13)

여기에 주인공들이 있다. 그들은 한 장소에 머물러 있는 것이 아니라 어디론가 가고 있다. 그들이 만나려는 사람은 아픈 기억을 가지고 있는 사람들이다. 황동혁 감독이 얼마나 더 많은 '만남'을 스크린에 담아낼지는 아무도 모른다. 중요한 것은 그가 보여주는 만남을 통해서 우리가 조금 더 많은 곳에 눈길을 줄 수 있다는 점일 것이다.

1.2. 줄거리

대학에서 미술을 전공한 강인호는 자애학원 소속 학교에 부임하기 위해 무진으로 향한다. 그의 가족으로 홀어머니와 딸이 있다. 인호가 향하는 길은 온통 검고 푸른 안개에 휩싸여 있다. 그의 차가 어두운 터널을 통과하는 순간 맞은편 차의 조명 때문에 길에 있던 고라니를 치여 죽이게 된다. 차의 정비를 위해 들른 정비소에서 그는 무진인권운동센터 간사로 일하는 서유진을 알게 된다.

인화학교는 영화 속에서 자애학원으로 그려진다.

우여곡절 끝에 학교에 도착했는데 교장

실은 천장이 비치는 독특한 구조로 되어 있었고 수족관에는 해파리가 있다. 스승과 고교시절 동창인 교장은 매우 점잖았지만 그의 쌍둥이 동생인 행정실장은 매우 직설적이며 속물적이다. 행정실장은 학교발전기금 명목으로 인호에게 5천만 원을 요구하는데, 그의 어머니는 전세금을 빼서 이 돈을 마련해 준다.

큰 기대를 안고 어렵게 부임한 학교의 분위기는 심상치 않다. 민수라는 아이가 담임선생님으로부터 폭행을 당하고 있었고, 화장실에서는 이상한 신음 소리가 들린다. 그 와중에 기숙사 생활지도 교사 윤자애가 연두의 머리를 세탁기에 넣어 돌리는 사건이 일어난다. 교육이라는 명목이었지만 체벌이 아닌 폭행이었다.

이 학교의 더 큰 문제는 폭행과 성폭행이 함께 자행되어 왔다는 점이었다. 가해자는 교장, 행정실장, 박보현 교사였는데, 피해자들의 부모는 모두 사회적 약자들이었다. 유진과 인권단체에서는 가해자의 처벌을 요구하지만 시청과 교육청에서 서로 책임을 미루면서 자기의 소관이 아니라고 한다. 사정은 경찰서도 마찬가지였다. 담당 형사는 장애우들의 말만 믿고 사회적 위치와 명성을 가진 교장을 조사할 수 없다는 입장을 밝힌다.

그러던 중 서울의 방송국의 취재로 자애학원 성폭행 사건은 세상에 알려진다. 결국 가해자들은 재판을 받게 되고 기독교인들의 교장 옹호 시위가 벌어진다. 이 일로 인호는 학교에서 해고된다. 교장 측은 소송에서 이기기 위하여 온갖 방법을 동원한다. 그들이 선임한 변호사는 부장판사를 지냈으며 명문대를 나온 무진의 명사였다. 재판의 핵심 쟁점은 성폭행에 관한 것이었고 교장은 이를 적극 부인한다. 그러나 교장이 유리를 성폭행한 것을 목격한 연두의 증언이 효력을 가지게 되고, 교장은 불리한 입장에 놓인다.

승소를 확신했던 인호는 상대방 변호사와 동석한 스승에게서 이 사건의 무마를 부탁받는다. 더구나 증인으로 나온 학교 수위, 아이들을 검사했던 병원의 의사 등 대부분의 참고인들은 아이들에게 불리한 내용을 진술한다. 설상가상으로 피해자인 민수의 할머니가 교장 측과 돈을 받고 합의해 버린다.

모든 노력이 물거품이 되려는 순간에 피해자 연두가 교장실에 있던 성폭행 녹화 테이프의 존재에 대해 말해 준다. 인호와 유진은 밤에 몰래 교장실에 잠입해 그 테이프를 확보한다. 결정적인 증거물로 인해 사건은 다시 급물살을 타게 되고 인호와 유진은 판결에 큰 기대감을 가지게 된다. 검사도 승소를 예견하면서 판사에게 직접 증거물을 보여주기 위해 만날 것이라고 한다.

드디어 최종 판결이 있던 날, 판사는 가해자들의 행위는 인정하면서도 그동안의 교육기여도와 당사자들 간의 합의를 참작하여 아주 가벼운 처벌만을 내린다. 판사는 선배 판사에 대한 전관예우라는 측면에서 이 사건을 다루었고, 검사 역시 상대방 변호사로부터 퇴임 후 로펌 취업을 약속받았던 것이다. 재판장은 아수라장이 되고, 담당 검사는 인호의 시선을 피하며 서둘러 자리를 뜬다.

실의에 빠진 인호가 이 모든 일에서 손을 떼려는 무렵 민수는 그를 성폭행 했던 박 교사와 철길에서 같이 죽음을 맞는다. 민수의 죽음을 계기로 법원 앞에서는 시위를 벌어지고, 인호는 민수의 영정 사진을 든 채 경찰의 물대포를 맞는다. '이 아이는 들을 수도 말할 수도 없는 아이입니다. 이 아이의 이름은 민수라고 합니다' 라는 말을 계속 반복하던 인호는 결국 바닥에 쓰러지고 만다.

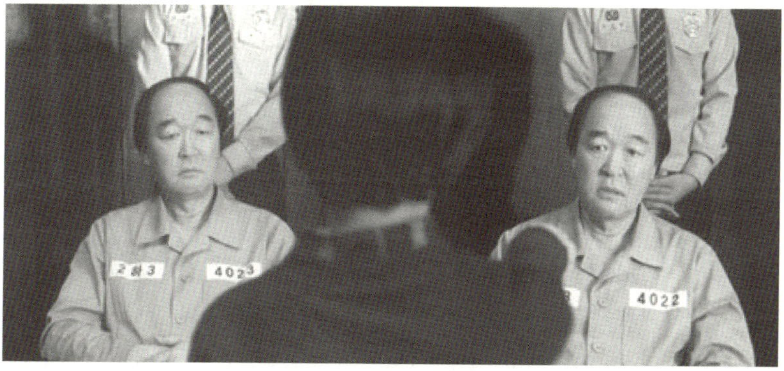

쌍둥이인 교장과 행정실장은 두 개의 얼굴을 가지고 있는 무진의 본 모습을 잘 보여준다.

1년이 지난 뒤, 무진을 떠난 인호는 크리스마스 무렵 유진의 안부 메일을 받게 된다. 항소는 기각되었고, 후원을 받아 아이들이 같이 있게 되었다는 소식이었다. 그 무렵 인호는 지하철에서 자애학원이 위치하고 있던 무진시의 홍보 포스터를 보게 된다. 그 포스터에는 '무진으로 오세요. 하얀 안개의 도시' 라는 문구가 새겨져 있다.

1.3. 영화 속의 은유들

때로는 숨기고 싶은 이야기들이 있다. 「남부군」(1990, 정지영 감독)에서 지리산 빨치산 이야기가 그렇고 「실미도」(2003, 강우석 감독)에서 북파 공작원의 이야기가 그렇다. 숨기고 싶지만 어쩔 수 없이 드러나고야 마는 아픈 진실들이다. 이런 역사적인 진실들은 누군가 밝혀내고 공론화되어서 세상에 알려진다. 그것이 역사에 대한 당연한 의무라고 여겨지기 때문이다.

그렇다면 소외된 소수에 대한 진실은 어떠할까? 여기에 답을 해 줄

수 있는 영화가 바로 「도가니」이다. 도가니는 '장애우, 성폭력, 소외'의 문제를 복합적으로 다루고 있다. 각각의 주제처럼 보이는 이 세 가지는 사실 서로 유기적으로 연결되어 있다. 이 영화 이전에 장애우 문제를 심도 깊게 다룬 「오아시스」(2002, 이창동 감독)가 있으나 실화는 아니다. 「도가니」는 영화적인 은유를 통해서 2005년에 일어났던 충격적인 실화를 드러내고 있다.

'안개', '고라니', '해파리', '겨울'로 드러나는 은유를 통해서 영화를 들여다보자.

1) 안개

영화의 배경이 되는 무진霧津시는 실존하는 공간이 아닌 상상의 공간이다. 그 뜻을 풀어 보면 말 그대로 '안개 언덕'이다. 안개는 사물의 모습을 잘 보이지 못하게 덮어버리는 역할을 한다. 그래서 '무진'은 진실은 담겨 있지만 잘 보이지 않거나 덮이는 공간이다. 이 영화에서도 '안개'는 가장 대표적인 은유이다. 그렇다면 감독이 안개를 통해서 드러내고자 하는 원래 뜻은 무엇일까. 그것은 존재하고 있으나 잘 보이지 않는 세상의 한 부분에 대한 이야기는 아닐까?

무진은 안개의 도시이다.

실제로 영화는 시작과 끝이 안개 장면이다. 영화가 시작되면서 검고 푸른 길을 인호가 차를 타고 달리

고 있다. 그리고 곧이어 비나 눈이 오거나 안개가 낀다는 내레이션이 들린다. "아직 도착 안했나?", "안개 때문에 지금 어딘지도 모르겠어." 생계를 위하여 먼 지방으로 일을 나서는 주인공과 그를 걱정하는 노모의 통화 속에서 이 영화의 메시지를 짐작할 수 있다. 늘 자식의 앞길을 걱정하는 노모와 생존과 정의의 갈림길에 서게 될 주인공의 행보를 짐작하게 하는 복선이 이 대사에 깔려 있다.

현실에서는 감히 짐작조차 하지 못했던 추악한 진실이 있는 공간, 그곳이 무진이다. 누군가는 가해자이고 누군가는 피해자가 되는 현실 속에서 진실을 밝히기 위해서 뛰어드는 주인공조차도 그 결말을 예견하기 어려운 공간이기도 하다.

최종 판결날, 확실한 물증이 있었음에도 불구하고 가해자들이 가벼운 처벌을 받게 되자 공황상태에 빠진 인호를 담은 다음 장면은 안개를 형상화하기라도 하듯이 한동안 하얗게 처리된다. 그리고 하얀 안개에 쌓인 무진의 모습이 드러난다. 모든 것이 안개 때문이었다. 아니, 진실과 정의를 안개가 가리고 있었다.

재판에서 패한 후 카메라는 차례로 정박해 있는 바닷가의 어선들, 어둠 속에서 침묵하고 있는 자애학원의 빈 교실과 아이들의 그림들, 어둠 속에 남아 있는 쓸쓸한 법정 증인석, 무진인권운동센터 그리고 무표정하게 집 밖에서 옷을 개고 있는 민수 할머니, 계단에 뒹구는 낙엽 등을 보여준다. 이 모든 것들이 푸른 안개가 뒤덮고 있는 무진의 모습이었다.

재판에서 승리한 가해자들은 뒤풀이 모임에서 자신들의 승리를 사필귀정事必歸正이라는 말로 표현한다. 이 말은 교장의 풀이대로 '정의는 반드시 승리한다' 는 의미인데, 무진이라는 공간에서의 정의가 어떤 것인지를 단적으로 보여준다.

사건이 종결된 후 인호도 무진을 떠난다. 그리고 1년 뒤 지하철 홍보문에서 인호는 다시 무진과 접하게 된다. '무진으로 오세요, 하얀 안개의 도시'라는 홍보 문구처럼 사진 속에서 무진은 하얀 안개로 덮여 있다. 인호는 한동안 발길을 떼지 못한다. 그토록 많은 사건이 있었던 무진이 외견상으로는 평화롭고 아름다운 곳으로 포장되어 있었기 때문이다.

'2011년 현재 일부 가해자는 학교에 복직되었으며 이 사건에 대한 법적인 판결은 모두 끝이 났습니다' 라는 자막을 남기고 영화는 끝이 난다. 우리가 사는 세상 어딘가에는 또 다른 무진이 있는 것은 아닐까 하는 의혹을 남겨두면서 말이다.

2) 고라니

'안개' 다음으로 주목할 만한 은유는 '고라니' 이다. 영화가 시작되면서 무진의 학교로 향하는 인호의 모습과 어디인가로 향하고 있는 아이의 모습이 교차되고 있다. 어두운 터널을 터벅터벅 건너서 아이의 발길이 향하는 곳은 철길이다. 마침 인호도 터널을 통과하던 중이다. 터널 속에서 맞은편 트럭의 불빛을 피하던 인호는 터널을 벗어나면서 급브레이크를 밟지만

아이의 죽음은 곧 고라니의 죽음과 연결된다.

고라니를 치여 죽이고 만다. 철길에 서 있던 아이도 터널 속에서 나온 기차에 치여 죽음을 맞는다.

철길에 남겨진 아이의 신발과 피를 흘리며 죽은 고라니의 모습이 교차편집으로 구성되어 있다. 여기서 인호의 차에 받혀 죽은 고라니는 사실 기차에 치여 죽은 아이의 은유물이라고 어렵지 않게 유추할 수 있다.

그런데 토끼나 멧돼지가 아닌 왜 '고라니' 였을까? 여러 이유가 있겠지만 그 속성에서 의미를 찾아야 할 것이다. 초식을 하는 순한 기질도 반영되었겠지만, 인간에게 길들여지지 않은 야생성이 그 중요한 이유가 되지 않을까. 이러한 원관념은 '고라니'와 '아이들'이 모두 공유하고 있는 부분이다. 고라니가 아이들이 되거나 아이들이 고라니가 되거나 말이다.

영화에서 등장하는 피해 아동들은 모두 청각장애가 있으며 부모가 없거나 지적 장애를 가진 부모를 두고 있다. 돌아가는 세탁기에 머리를 박히거나 성폭행을 당해도 하소연할 길이 없다. 화장실에 숨은 연두가 교장에게 발각되어 질러댔던 그 소리, 죽음을 앞둔 고라니처럼 그저 외마디 비명을 지르는 것이 유일한 고통의 드러냄이 아니었을까.

3) 해파리

실내의 수족관에서 해파리를 키우는 사람이 얼마나 있을까. 아마도 그다지 많지 않을 것이다. 취업을 소개받고 학교 교장실에 들어선 인호는 교장과 상담을 하는데, 교장실 한편에 해파리 수족관이 있다. 해파리들은 창백한 조명을 받으면서 이리저리 유영을 하고 있다. 그런데 처음에 다소 의아하게 여겨졌던 이 장면이 나중에는 전혀 이상

교장실에는 해파리 수족관이 있다.

하게 여겨지지 않는 이유는 어디에 있을까. 그것은 바로 교장이 해파리 같은 부류의 인간이기 때문일 것이다. 인호와 유진이 교장의 성폭행 증거를 찾기 위해 밤에 교장실에 방문했을 때도 해파리는 어둠 속에서 교장 대신 교장실을 지키고 있다.

해파리는 여타의 물고기처럼 바다에서 살고 있지만 사람에게 크게 도움이 되지 않고, 오히려 맹독을 가지고 있다. 인호와 교장의 첫 만남은 교장실 천장을 통해서 관객에게 소개된다. 교장실 천장은 거울처럼 반사가 되는 재질인데, 교장의 말소리가 들리는 가운데 인호의 모습이 거꾸로 비춰져서 보인다. 인호는 '거꾸로'인 세계에 온 것이다.

교장은 자신과 고교 3년 동안 한 반이었던 인호 스승과의 인연을 떠올리며 예의를 차린다. 온화하고 품위 있는 교장의 얼굴은 잠시 후 교장실에 들어온 쌍둥이 동생 행정실장과 흡사하게 닮았다. 행정실장에게서는 교장에게서 받은 품위는 찾을 수 없었고 직설화법으로 발전기금을 요구한다.

로마신화에는 문을 지키는 두 얼굴의 신 야누스가 등장한다. 행정실장은 교장의 또 다른 야누스적인 얼굴이다. 신화의 야누스가 집안의 안전을 지키는 역할을 하고 있었던 반면 교장과 행정실장은 그들의 이익을 위한 탐욕의 얼굴일 뿐이었다.

그렇다면 이들 외에 영화에서 '해파리'와 같은 유형의 인간은 또 없을까? 가장 먼저 떠오르는 인물이 연두의 머리를 세탁기에 집어넣고 돌린 기숙사 생활지도 교사 윤자애이다. 그녀는 공식적으로는 자애학원 설립자 수양딸임에도 불구하고 교장과 불륜관계에 있다. '아랫사람에게 베푸는 도타운 사랑'을 의미하는 자애慈愛가 그녀의 이름이다. 그 학교의 이름도 '자애학원'이니 이래저래 반어적인 설정이라 하겠다.

남학생을 성폭행한 박보현 교사, 가해자들을 두둔하던 형사, 성폭행 가해자들이 재판을 받는 날에 몰려온 교인들과 교장의 부인도 역시 이 무리에 포함시킬 수 있다. 아이들의 성폭행 사건을 고발하기 위해 유진이 다녀온 시청과 교육청의 관계자들도 정도의 차이는 있지만 이 부류에서 빼놓을 수 없다. 그들은 모두 바다의 생태계를 위협하는 해파리 같은 부류의 인간들이다.

4) 겨울

황 감독은 신영복 선생의 『감옥으로부터의 사색』을 기억에 남는 책으로 꼽고 있다. 이 책은 신영복 선생이 군사정권 시절에 통혁당 사건으로 투옥되어 20여 년 동안 복역했던 체험을 바탕으로 하고 있다. 어느 강연에선가 신영복 선생은 비좁은 감옥에서 여름은 서로가 서로에게 짐이 되는 계절이지만 추운 겨울은 서로의 온기를 알게 해 준다고 했다.

그래서일까. 영화의 배경이 되는 계절은 처음과 끝이 겨울이다. 영화가 시작될 무렵 라디오에서 들리는 무진의 기온은 영하 1도이다. 겨울 속을 헤치고 인호는 무진으로 다가선 인호는 그곳에서 제일 먼저 유진을 만난다. 아이들과 같이 법정 싸움을 이끌어 가면서 인호와

인호, 무진인권운동센터 유진 그리고 아이들은 겨울을 이기는 사람들이다.

유진은 서로 가까워지며 미래의 결혼까지도 고려하는 사이가 된다. 같이 어려움을 이긴 동료애가 그 속에 있었기에 낭만적인 연애와는 조금 차원이 다른 믿음을 공유하고 있다. 영화의 끝 장면도 크리스마스를 앞둔 어느 겨울날이다. 인호는 크리스마스 케이크를 들고 많은 사람들 사이로 걸어가고 있다. 겨울, 춥지만 온기가 필요한 계절이 아닌가.

실제로 영화 대사 중에는 이런 내용이 있다. "날씨가 많이 추워졌어요. 겨울이 추운 건, 곁에 있는 사람의 온기가 얼마나 소중한지 알게 해주기 위해서래요." 유진이 인호에게 보낸 메일의 내용 한 대목이다. 홀어머니가 당부한 대로 '입 닫고 귀 닫고' 학교 측에 붙어 있지 못하고 해직되면서까지 진실을 밝히려는 인호, 끝까지 아이들을 지키는 무진인권운동센터의 유진 그리고 정신적인 고통 속에서도 성폭행 사실을 증언하고 새 희망을 찾기 위해 노력하는 아이들이야 말로 겨울을 이기는 따뜻한 사람들이다.

이러한 은유 외에도 영화 속에서 암시적으로 사용된 노래는 영화의 메시지와 유기적으로 연결되어 있다. 〈가시나무새〉는 고대 켈트족의 설화에 나오는 가시나무새를 소재로 만든 노래이다. 설화에 의하면

이 새는 하염없이 가시를 찾아 날아다니다가 결국 자기 몸을 가시에 찌르고 죽어가면서 가장 아름다운 소리로 운다고 한다.

재판정에서 가해자 측 변호사는 연두에게 교장실에서 유리가 성폭행을 당하는 정황을 추궁한다. 공소장에는 연두가 기숙사로 가려고 하다가 교장실에서 희미한 음악 소리가 들려서 발길을 돌렸다고 기록되어 있다. 그 노래가 바로 '슬픔 무성한 가시나무 숲'에 '쉴 곳을 찾아 지쳐 날아온 어린 새조차 가시에 찔려' 날아간다는 내용을 담은 〈가시나무새〉이다. 다른 소리는 거의 들을 수 없는 연두가 유일하게 들었던 이 노랫말로 공소장의 증언 내용은 법적인 효력을 가지게 된다.

〈사랑으로〉는 노랫말과 다른 반어적인 상황에서 사용되고 있다. 가수 해바라기가 부른 이 노래는 멜로디와 가사가 서정적이어서 주로 화합의 자리에서 많이 사용된다. 장애우들의 모임에서도 어렵지 않게 들을 수 있는 합창곡이 바로 이 노래이다. '내가 살아가는 동안에 할 일이 또 하나 있지. 바람 부는 벌판에 서 있어도 나는 외롭지 않아.' 로 시작되는 이 노랫말은 '변치 않을 우리들의 사랑으로 어두운 곳에 손을 내밀어 밝혀' 주는 사회에 대한 봉사 정신을 담고 있다.

그런데 놀랍게도 이 노래는 그들이 원한 승리를 거둔 후에 가진 변호사 측 뒤풀이 장소에서 불리고 있다. 참으로 아름다워야 할 노래가 왜곡되는 순간이다. 민수를 성추행했던 교사 박보현이 술에 취한 채 귀가하면서 마지막으로 불렀던 노래도 이것이다. 겉으로는 '사랑'을 말하고 있지만 실상은 그 반대일 수 있는 우리 사회의 한 모습을 노래로 드러내 주는 것은 아닐까.

이처럼 은유와 암시적 화법으로 영화를 이끌어 갔던 감독은 영화의 말미에 이르러 직설 화법으로 승부를 하고 있다. 유진이 인호에게 보낸 메일을 통해서 말이다.

"아이들이 그러더라구요. 우리도 다른 사람들과 똑같이 소중한 사람들이란 걸 알게 된 거요. 이렇게 잘 커가는 아이들을 보면서 그런 생각이 들었어요. 우리가 싸워야 하는 건, 세상을 바꾸기 위해서가 아니라, 세상이 우리를 바꾸지 못하게 하기 위해서라고."

2 2000년대 한국영화, 진짜 이야기

2000년대는 한국영화사에 있어서 한 획을 긋는 시기였다. 이 시기에 가장 주목할 내용은 천만 관객의 시대가 도래했다는 점이다. 이미 90년대 말에 「쉬리」(1999)가 관객 6백만여 명 동원이라는 경이적인 기록을 세우면서 2000년대에 이어질 흥행을 예감했다고 보는 것이 옳다. 전 세계적으로 할리우드 영화의 돌풍이 지속되는 가운데 거둔 쾌거였다.

한국영화사상 최초의 천만 관객 동원에 성공한 「실미도」

그러나 이것만이 이 시대를 대변하는 현상은 아니다. 한류, 상업영화(조폭 코미디 영화 등), 실화소재 영화, 공포 영화 등이 이 시기를 진단하는 영화 키

워드들이다. 특히 한류의 영향으로 동아시아 지역을 중심으로 한국에 대한 관심이 크게 증가하였다는 점도 한국영화의 부흥을 가져온 한 원인으로 지적할 수 있다.

멀티플렉스 multiplex나 2000년대 초반의 상업주의 영화들이 이 시기 한국영화의 부흥을 가져오는데 크게 기여했음은 부인할 수 없다.

2013년 현재까지 천만 관객을 동원한 영화는 모두 일곱 편이다. 「실미도」(2003, 강우석 감독), 「태극기 휘날리며」(2004, 강제규 감독), 「왕의 남자」(2005, 이준익 감독), 「괴물」(2006, 봉준호 감독), 「해운대」(2009, 윤제균 감독), 「도둑들」(2012, 최동훈 감독), 「광해, 왕이 된 남자」(2012, 추창민 감독)의 순이다. 이 중에서 2012년에만 두 편의 영화가 천만 관객을 동원했다는 것은 '한국영화의 발전' 이라는 점에서 무척 반가운 일이다.

이렇게 승승장구하는 근래 한국영화의 주된 관심사는 무엇보다 '팩트fact'에 있다.

2.1. 진짜 이야기, 실화

관객들은 이제 진짜 이야기를 보고 싶은 것일까. 2000년대에 접어들면서 부쩍 많아진 것이 실화를 바탕으로 한 영화의 제작이다. 재미는 있지만 '만들어 낸 이야기' 보다 직접 공감할 수 있는 이야기에 더 많은 시선을 보내고 있다. 「수잔 브링크의 아리랑」(1991), 「아름다운 청년 전태일」(1995), 「이재수의 난」(1999) 등의 영화가 이미 90년대에도 제작이 되었지만 본격화 된 것은 그 이후부터이다. 영화적 관심이 새롭게 옮겨온 것이다.

2000년대의 실화 소재 영화들은 장애우 소재, 사건 · 사고 소재, 스포츠 소재 등으로 크게 나눌 수 있다. 장애우를 소재로 한 영화는 인간승리라는 점에서 크게 부각이 되었다. 2000년대의 장애우 소재 영화로는 「오아시스」(2002, 이창동 감독), 「말아톤」(2005, 정윤철 감독), 「맨발의 기봉이」(2006, 권수경 감독) 등이 있다.

(좌) <말아톤>의 실제 주인공 배형진 군 어머니 박미경 씨 (우) 주인공 역의 조승우 씨 어머니 역의 김미숙 씨

영화 「말아톤」(2005, 정윤철 감독)

이 중에서 가장 널리 알려진 것은 「말아톤」이다. 영화의 실제 주인공 배형진은 신체장애자이다. 건강을 위해서 달리기를 시작한 형진의 이야기는 TV를 통해서 널리 알려졌고 이후 영화로 제작되었다.

영화 속의 주인공 초원이는 자폐증을 가진 소년이다. 그러나 그의 어머니 경숙은 그가 달리기만큼은 정상인보다도 월등한 능력을 가지고 있음을 발견하고 꾸준히 훈련을 시킨다. 시간이 흘러 초원이가 20살이 되었지만 그의 정신 연령은 여전히 5살 수준이다. 그러나 꾸준히 연습을 한 덕택에 달리기 기량은 나날이 발전해 있다. 그들 모자는 마라톤 경기에 출전하려고 노력한다. 마라토너 정욱을 만나면서 그 목표는 점점 더 현실이 된다.

이 영화의 실제 인물인 배형진은 2001년에 19세의 나이로 춘천 마라톤 대회에 참가해서 42.195km를 2시간 57분 7초에 완주했다. 2002년에는 철인 3종 경기에 출전하여 수영 3.8km, 사이클 180.2km, 마라톤 42.195km를 15시간 06분에 완주하는 기록을 세웠다. 이 기록은 국내 최연소 철인 3종 완주 기록으로 기록되었다. 장애우를 소재로 한 영화들은 우리들의 관심을 이웃과 소외된 '사람'에게까지 확대하는데 기여를 하고 있다.

또, 근래에는 유난히 사건 · 사고를 다룬 영화들이 많이 제작되었다. 시대적 관심이기도 했지만 그동안 묻혀 있던 많은 사건들이 비로소 재조명되는 계기가 되기도 했다. 개구리 소년 이야기를 다룬「아이들」(2011, 이규만 감독), 법정 드라마「부러진 화살」(2011, 정지영 감독) 등이 크게 주목을 끌었다.

사건 · 사고를 다룬 영화들에는「살인의 추억」(2003, 봉준호 감독),「그 놈 목소리」(2007, 박진표 감독),「그때 그 사람들」(2005, 임상수 감독) 등이 있다. 이전에도 재일 조선인 김희로의 인질 사건을 담은「김의 전쟁」(1992, 김영빈 감독)과 같은 영화가 있었지만 2000년대와 소재 면에서 차이가 있다. 이 영화에서 전과자이며 인질극을 벌이는 흉악범인 김희로는 아이러니하게도 일본에서 차별 받는 재일 조선인의 비애와 민족적인 저항을 대변하는 영웅으로 그려지고 있다. 민족성이나 계몽성 등이 바탕에 담긴 영화라고 할 수 있다. 이에 반하여 2000년대의 사건 · 사고 소재 영화들은 철저하게 대중성에 더

미해결로 남은 사건을 다룬「살인의 추억」(2003)

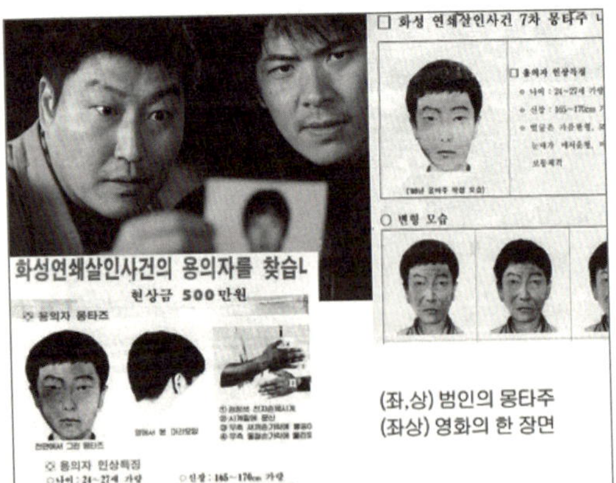

(좌,상) 범인의 몽타주
(좌상) 영화의 한 장면

관심을 가지고 있는 것으로 평가할 수 있다.

「살인의 추억」은 1980년대 화성 부녀자 연쇄 살인사건을 소재로 하고 있고, 「그 놈 목소리」는 1991년 이형호 군 유괴 사건을 소재로 하고 있다. 두 편 모두 범인이 잡히지 않은 채 미해결 사건으로 남은 것을 영화화 했는데, 특히 「그 놈 목소리」의 경우 영화 개봉 무렵 전국적으로 연쇄살인사건이 일어나던 무렵이어서 큰 화제가 되었다.

역사적 사건을 다룬 것으로는 북파 공작원들을 소재로 한 「실미도」(2003, 강우석 감독), 박정희 전 대통령 시해를 다룬 「그때 그 사람들」(2004, 임상수 감독), 광주민주화운동을 다룬 「화려한 휴가」(2007, 김지훈 감독)를 들 수 있다. 「실미도」는 은폐되었던 역사의 진실을 재조명하며 분단의 의미에 대해서 되돌아보게 하고 있다. 한국영화 역사상 최초로 천만 관객을 동원한 이 영화와 「살인의 추억」의 성공으로 '실화 소재'에 대한 관심이 높아졌다고 할 수 있다.

이 중 가장 대표적인 것은 역시 「실미도」이다. 강우석 감독은 인터뷰에서 "전체 맥락은 논픽션이고 부분적으로 픽션이 가미됐다"고 밝힌 바 있다. 영화는 소설 「실미도」 그리고 저자 백동호 씨의 증언, MBC 다큐멘터리 「이제는 말할 수 있다」, 실미도 지휘관의 『신동아』 기고문(1993), 당시 소대장 김방일 씨의 증언 등을 참고했다고

「실미도」는 북파공작원의 이야기를 다루고 있다.

(상) 실미도 부대원의 자폭 사진
(좌,하) 실미도 부대원
(좌상) <실미도>의 한 장면

한다. '684 부대'로 불리던 실미도 부대의 정식 명칭은 공군 제7069 부대 2325전대 209파견대이다. 1968년 무장공비 김신조 일당의 청와대 기습 사건(1.21 사태) 직후 보복 조치로 그 해 4월 창설되었다. 어려운 훈련을 정부의 약속을 믿고 견뎌냈지만 그 약속이 지켜지지 않자 기간병을 살해한 후 실미도를 탈출했다. 이들은 청와대로 향하던 도중에 목적을 이룰 수 없음을 알고 버스를 탄 채 모두 자폭하였다. 이때가 1971년 8월 23일이니 창설부터 완전 해체까지 3년 4개월가량 은밀하게 운영된 셈이다.

「실미도」는 분단과 통일의 문제를 다시 뼈아프게 우리에게 제시해주고 있다. '탈영병', '무장괴한'으로 인식되어 있던 역사를 수정하며 스크린에 등장한 것이다. 그동안 소수와 약자, 음지의 진실은 한동안 굳게 닫혀 있었다. 그것이 서서히 드러나기 시작한 것은 90년대 이후부터이다.

「우리 생애 최고의 순간」(2008, 임순례 감독)

「남부군」(1990, 정지영 감독)에서는 우리 역사에서 은폐되어 왔던 빨치산의 이야기를 본격적으로 다루었다. 빨치산 소재는 그 이전 시대까지 워낙 금기시 되던 소재였고, 군사정권 시절의 반공 교육으로 인해 철저히 왜곡된 모습으로 그려졌다. 더구나 50년대 이후 대부분의 반공 계몽영화들은 국방부의 지원을 받으면서 제작되었기 때문에 필연적으로 국군의 주적으로 묘사되곤 했다. 그러나 「남부군」은 이러한 기존의 인식을 깨고 빨치산들도 고뇌하고 사랑하는 동일한 인간으로 묘사하고 있다. 영화 소재가 넓어졌다는 측면 외에도 역사의 진실을 대중 앞에 밝힌다는 점에서도 이러한 영화들의 의미는 남다르다고 할 수 있다.

스포츠를 소재로 한 영화는 2000년대 이후에 꾸준히 제작되었다. 「YMCA 야구단」(2002, 김현석 감독), 「슈퍼스타 감사용」(2004, 김종현 감독), 「우리 생애 최고의 순간」(2008, 임순례 감독), 「국가대표」(2009, 김용화 감독), 「코리아」(2012, 문현승 감독) 등이 대표적인 작품이다. 이전에도 스포츠 소재의 영화들이 있었지만 '실화 붐' 시대를 맞아서 2000년대에 주도적으로 제작이 되었다.

이 중에서 가장 눈길을 끄는 영화는 단연 「우리 생애 최고의 순간」이다. 여자 핸드볼은 비인기 종목이었고 선수 구성과 외부적인 지원 면에서 열악한 환경을 가지고 있었지만 2004년 아테네 올림픽에서 최고의 명승부를 펼쳤다. 경기를 거듭할수록 국민적인 기대감이 높아졌고 드디어 마지막 결승 무대에서 금메달까지 노렸지만 아쉬운 패배를 당했다. 비록 금메달을 놓쳤지만 실력이나 투지 면에서는 우승자였던 선수들에게 국민들은 아낌없는 찬사를 보냈다. 이 영화는 '우생순'으로 줄여서 불릴 만큼 흥행에도 큰 성공을 거두었다.

2.2. 진화하는 상상력, 팩션

2000년대에 가장 유행했던 영화의 흐름은 논픽션과 팩션이었다. 팩션 faction이란 팩트 fact와 픽션 fiction을 합성한 신조어로써 '역사적 사실이나 실존인물의 이야기에 작가의 상상력을 덧붙여 새로운 사실을 재창조하는 문화예술 장르를 가리킨다.' 이 용어는 1990년대 미국에서 역사적 사실에 허구적 요소가 가미된 소설을 가리키는 것으로 처음 사용되었다. 이미 『다빈치 코드 The Da Vinci Code』라는 팩션 소설과 영화가 큰 성공을 거두었고 이후 팩션은 세계적인 이슈가 되었다.

우리나라에서는 팩션 형식의 TV드라마와 영화가 많은 주목을 받았다. TV드라마로는 「대장금」(2003), 「해신」(2004), 「불멸의 이순신」(2004), 「바람의 화원」(2008), 「선덕여왕」(2009) 등이 있고, 영화로는 「황산벌」(2003), 「왕의 남자」(2005), 「신기전」(2008), 「불꽃처럼 나비처럼」(2009), 「미인도」(2008), 「구르믈 버서난 달처럼」(2010) 등이 있다.

팩션 형식의 TV드라마 중에서 가장 주목할 작품은 해외에 '한류붐' 을 이끄는데 기여한 작품은 「대장금」(2003)이었다. 장금에 대한 역사적 기록은 〈조선왕조실록〉에 중종의 총애를 받은 천민 출신의 의녀로 기록된 내용 외에는 전혀 없다.

「대장금」의 한 장면. 동아시아 지역에서 폭발적인 인기를 얻은 이 드라마는 세계로 그 영향력을 넓혔다.

그러나 작가들의 상상력은 장금을 단 한 줄의 기록에서 시청자들의 기억에서 살아 숨 쉬는 존재로 만들어 놓았다. 드라마에서 장금은 요리에 능할 뿐만 아니라 의술에도 능하고 예법을 몸에 익힌 미인으로 등장한다. 아시아인들의 열광이 세계적으로 이어지는 것도 모두 이와 무관하지 않다.

그런데 정작 팩션의 관심사가 되는 소재는 널리 알려진 인물이나 사건 등이다. 「대장금」처럼 그동안 알려지지 않은 소재로 성공한 경우는 매우 드물다. 이런 면에서 「선덕여왕」은 팩션의 전형성을 보여준다고 할 수 있다. 역사적으로 선덕여왕은 신라 제27대 왕이다. 이름은 덕만德曼으로 시호가 선덕여대왕善德女大王이고, 아버지는 진평왕이다. 출생년도는 알려지지 않았으며 632년에 왕위에 올라 16년간 나라를 다스렸다. 우리에게는 '당태종의 모란 설화', '지귀 설화', '여근곡 설화' 등 설화속의 인물로 신라의 여러 왕 중에서도 친숙하다. 그러나 정작 역사적인 사료 외에는 실재감이 부족하다. 그러나 드라마에서는 이런 자료의 부족함을 상상력으로 잘 메워주고 있다.

그런데 팩션 형식의 사극에서 가장 논란이 되는 부분은 역사적 사실의 왜곡이다. 「선덕여왕」도 예외가 아니었다. 특히 드라마에서 큰 비중을 차지했던 인물 미실은 상당 부분 창조된 면이 많다.

미실에 관한 유일한 기록이라고 할 수 있는 『화랑세기花郎世記』 필사본 연구자들에 의하면 미실은 군대를 동원해 쿠데타를 일으킬 인물이 아니라는 견해를 보인다. 그러나 역사학계에서는 신라 중대의 학자이자 정치가인 김대문(金大問)이 지은 '화랑세기' 필사본 자

「선덕여왕」에 등장하는 인물들의 관계는 상당 부분 허구이다.

체가 역사학계로부터 위작僞作으로 여기는 입장을 가지고 있다. 이런 점을 고려하면 '선덕여왕'은 단순한 역사왜곡 차원을 넘어선 '창작'으로 봐야 한다는 시각도 있다. 최소한 사극 분야의 팩션은 당분간 드라마적 흥미와 역사왜곡이라는 찬반논란에서 벗어나기 어려울 것으로 보인다.

영화에서 팩션은 TV드라마보다 조금 더 자유롭다. TV가 일방향적인 방영으로 시청자들의 선택권이 제한된다면, 영화는 적극적인 의지를 가지고 직접 영화관에 가야 하기 때문에 조금 더 선택적이다. 이런 면에서 보면 영화는 팩션 논란에서 상대적으로 자유로울 수 있다. 실제로 언론에서 거론된 많은 팩션 논란들의 대부분은 TV드라마에 편중되어 있다. 영화는 다큐적인 것이 아니며 허구를 담는 것이라는 인식이 많아서일 것이다.

아마도 팩션으로 가장 성공한 영화는 「왕의 남자」(2005, 이준익 감독)일 것이다. 인지도가 높지 않은 배우들이 등장해서 천만 관객을 동원한 영화에 당당하게 이름을 올렸다. 그 이유로는 여러 가지가 있지만 이 영화의 소재와 역사적 상상력이 잘 조화를 이루었기 때문일 것이다. 팩션이라는 형식이 이 영화에는 제격이었던 것이다.

「왕의 남자」의 한 장면. 이 영화의 흥행 성공으로 한국영화계에 본격적인 팩션 붐이 생겨났다.

「왕의 남자」는 2005년도에 개봉된 「박수칠 때 떠나라」(2005, 장

진 감독), 「웰컴 투 동막골」(2005, 박광현 감독)과 함께 연극이 바탕이 된 영화이다. 영화의 흥행에는 연극을 바탕으로 충분히 검증된 흥미 요소들이 적절히 영화에 반영되었지만 관객들의 눈길을 잡은 부분은 연산군이라는 시대의 폭군이다. 이 폭군이 광대에게 사랑을 느낀다는 '픽션 상황의 설정'은 관객들의 눈길을 사로잡기에 충분했다.

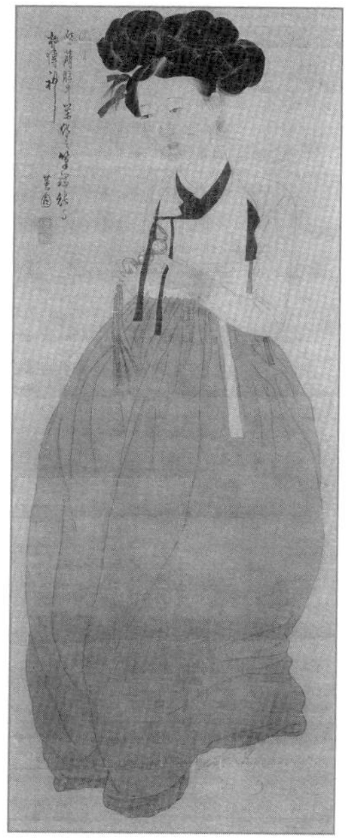

신윤복의 대표작 중 하나인 〈미인도〉 113.9×45.6cm. 간송미술관에 전시되어 있다.

놀랍게도 영화 「왕의 남자」의 경우 엄청난 성공에도 불구하고 역사왜곡 논란이 크게 일지는 않았다. 그 이유는 많은 사람들이 이것이 '허구'라는 사실을 이미 알고 있었다는 안전장치 때문일 것이다. 이미 허구라는 것을 알고 관람을 하니 역사적 진실이 문제될 것은 없었다.

그런데 영화 「미인도」(2008)의 경우는 좀 다르다. 신윤복이라는 인물이 조선시대의 화공이라는 사실 외에는 많이 알려진 정보가 없는 데다, 그를 여성으로 설정했기 때문이다. 혜원蕙園 신윤복申潤福은 1758년생으로 도화서圖畫署 화원畫員으로 알려져 있다. 벼슬은 첨정僉正에 올랐으며 기녀, 무속, 술집을 소재로 한 풍속도를 남겼다. 김홍도, 김득신과 함께 조선 3대 풍속화가로 꼽힌다. 그는 풍속화뿐 아니라 산수화와 동물을 그리는 영모 등에도 뛰어났다고 전한다. 속화俗畫를 즐겨 그려 도화서에서 쫓겨난 것으로 전해지며, 그의 부친 신한평申漢枰과 조부는 화원이었으나 그가 화원이었는지는 불분명하다.

그러나 화원 여부는 알 수 없지만 현존하는 것보다 더 많은 풍속화를 그렸을 것으로 보인다. 대표작으로는 국보 제135호로 지정한 '혜원전신첩蕙園傳神帖畵'이 전한다. 모두 30여 점으로 이루어진 이 화첩은 간송미술관 소장품으로 국내뿐 아니라 해외 전시를 통해 외국에도 잘 알려진 그림이다. 일반에게는 대표작 초상기법으로 그린 미인도美人圖가 잘 알려져 있다.

영화 「미인도」의 가장 주요한 허구는 바로 신윤복의 성을 여성으로 바꾼데 있다. 영화는 '화가 신윤복'의 정체가 실제로는 여동생 윤정이라는 설정으로 시작된다. 즉 여동생 윤정이 실제로 우리가 알고 있는 그림을 그린 화가라는 설정이다. 그래서 신윤정은 곧 신윤복이 된다. 이러한 설정은 이미 TV드라마 「바람의 화원」에서 그 유래가 시작되고 있다. 영화에서는 당위성을 부여하기 위하여 오빠의 삶을 대신 살아가는 인물로 그려지고 있다. 그러나 실제로는 여러 의혹들이 있지만 신윤복이 여성이었을 가능성은 드문 것으로 알려져 있다. 더구나 스승과의 사랑이라는 파격적인 설정은 놀랍기만 하다.

그렇다면 왜 이런 설정이 나온 것일까. 그것은 아마도 신윤복의 그림에 여성이 많이 등장하고, 남녀 간의 애정을 담은 장면이 등장해서였을 것이다. 그러나 그 이면에는 '영화 산업'으로 불리는 상업주의를 배제할 수는 없다. 다른 무엇보다도 영화계의 과도한 상업주의가 우리의 역사까지 왜곡한다는 우려도 있다. 더구나 투자와 수익의 논리를 앞세워 청년층을 겨냥한 '로맨스 넣기'가 팩션에도 여지없이 적용되는 것으로 보인다.

다만 상업주의가 우리 영화에 대한 발전을 이끄는 하나의 중요한 동력이 되고 있음은 부인할 수 없다. 아무리 좋은 영화를 만들려고 하더

영화는 '단오도(端午圖)' 장면과 같이 그림을 비교적 충실하게 실사로 보여주고 있지만 기본적인 줄거리는 픽션에 바탕을 두고 있다.

라도 자본이 뒷받침되지 않으면 안 되기 때문이다. 이런 면에서 팩션은 상업성과 예술성이라는 타협하기 어려운 두 개의 화두를 하나로 묶어주고, 우리 영화에 무한한 상상력을 가능하게 하는 블루오션이 되어야 할 것이다.

2000년대 이후 한국영화는 관객동원이라는 외형적인 면과 질적인 수준에서 꾸준한 성장을 계속하고 있다. 그리고 그 중심에는 '진짜 이야기'가 있다. 관객들이 우리 삶에 대한 진지한 고민을 멈추지 않는 한 이러한 움직임은 앞으로도 계속될 것으로 여겨진다.

[참고 문헌]

- 김기봉, 『팩션시대, 영화와 역사를 중매하다』, 프로네시스, 2012.
- 민병기외, 『한국의 영상문학』, 문예마당, 1998.
- 박민영, 『시인, 영화관에 가다』, 태학사, 2010.
- 서인숙, 『영화비평의 이론과 실제』, 집문당, 1996.
- 송희복, 『영상문학의 이해』, 두남, 2002.
- 유현목, 『한국영화 발달사』, 책누리, 1997.
- 정종화, 『자료로 본 한국영화사 1.2』, 열화당, 1997.
- L. 자네티(김진해 역), 『영화의 이해』, 현암사, 1999.
- '도가니' 황동혁 감독 "영화 제작후 처벌 이뤄진 현실 씁쓸", 〈뉴스엔〉, 2012. 08. 14. 〈http://www.ajnews.co.kr/common/〉 (2012. 08. 24.)

호텔 하이비스커스, 영화로 보는 오키나와

원　　제 ホテルハイビスカス
감　　독 나카에 유지(中江裕司)
개봉년도 2003년
상영시간 92분
제 작 사 오피스 시로우즈, 반다이 비쥬얼, 요미우리 테레비방송 外
장　　르 드라마
등　　급 전체
음　　악 이소다 켄이치로
카 메 라 타카마 켄지
수상경력
- 2002년 동경 국제영화제 심사위원 특별상(나카에 유지)
- 2003년 베를린 국제영화제 청소년 부문 노미네이트
- 2003년 홍콩 국제영화제 영 시네마부문 특별상
- 2004년 타카사키 영화제 조연여우상(요키 미코)

Contents

1 영화 '호텔 하이비스커스' 읽기

1.1. 오키나와를 이야기하는 감독 나카에 유지

"그냥 오키나와에 대해 찍는 것이 아닌, 오키나와로부터 사물을 생각한다는 것이 중요하다." (나카에 유지)

오키나와를 무대로 유머와 페이소스가 넘치는 영화를 만들고 있는 감독 나카에 유지(1960~)는 1980년 류큐대학에 입학하면서 고향 교토를 떠나 오키나와로 이주했다.

대학시절부터 류큐대학 영화연구회 회원으로 활동하며 독립영화를 제작해 온 그는, 1992년 오키나와의 외딴 섬에서 펼쳐지는 이주민의 소동을 그린 「파인애플 투어즈」(총3화, 옴니버스)의 제2화 「하루코와 히데요」를 감독하며 일본영화감독협회 신인상을 수상한다. 이 작품은 베를린국제영화제 인터내셔널 포럼 부분에 초청 상영되었다.

나카에 유지 감독

1994년에는 전설의 이상향 바이바티로마를 찾아가는 여주인공을 그린 영화 「파이파티로마」로 삶과 죽음에 대한 독자적인 관점을 제시해 화제를 모았다.

60년 전의 옛사랑에 가슴을 태우는 할머니 나비와 손녀 나나코의 소동을 그린 「나비의 사랑」(1999)에서는 오키나와의 변두리 섬 쿠리쿠니시마의 자연을 무대로 음악과 웃음을 통해 오키나와라는 독자의 풍토와 역사를 가진 섬이 어떻게 그 상처를 보듬어 가는지를 보여주었다. 나카에 유지를 일본 전국에 알린 계기가 된 「나비의 사랑」은 오키나와에서 관객 동원수 18만 명을 기록하며 「타이타닉」의 흥행기록을 앞질렀다.

2002년에는 「호텔 하이비스커스」로 동경국제영화제 심사위원 특별상, 2003년 베를린국제영화제 청소년 부문 노미네이트, 홍콩국제영화제 영 시네마부문 특별상 등 국내외에서 좋은 평가를 얻는다.

2003년에는 독립 제작한 다큐멘터리 「백합클럽 동경에 가다」로 큰 반향을 일으킨다.

'백합 클럽'은 격전지였던 이시가키 섬 사람들의 마음을 음악으로 치유하기 위해 종전 다음해에 결성된 악단으로 현재까지 활동을 계속하고 있다. 영화는 일본 최장수 밴드인 백합클럽의 섬에서 일상과 기적적인 동경 라이브를 통해 그들이 지금까지 노래하고 있는 의미를 보여준다.

「나비의 사랑」

「백합 클럽 동경에 가다」

「한여름 밤의 꿈」

영화 이외에도 TV다큐멘터리, 뮤직 비디오, CF 등 다양한 분야에서 활약하고 있으며, 2005년에는 오키나와현 나하시의 폐관한 영화관을 오키나와 유일의 극장인 「사쿠라자카 극장」으로 부활시키기도 했다.

최신작으로 이시가키 섬 출신의 인기밴드 BEGIN의 이야기를 영화화한 성장 드라마 「그리워서」(2006), 40대의 갈등을 3명의 프로 뮤지션을 통해 보여주는 「40세 문제」(2008), 셰익스피어의 원작을 토대로 류큐왕조 시대부터 정령 키무지나가 지켜왔다고 하는 유가후 섬의 정령과 인간의 사랑을 그린 판타지 코미디 「한여름 밤의 꿈」(2009) 등이 있다.

30여 년 동안 일관되게 오키나와를 테마로 한 작품을 만들어 온 나카에 유지, 그는 지금도 오키나와의 영상을 제작하고 오키나와 연극을 연출하는 등 오키나와의 문화에 깊이 관여하고 있다.

1.2. 영화 읽기

1) 줄거리

초등학생 미에코가 사는 집은 오키나와의 호텔 하이비스커스이다.

허름하고 손님이 묵을 수 있는 방도 한 개뿐이지만 이름만은 '인터내셔널 패밀리 호텔'이다. 골목대장인 미에코는 졸개인 갓빠이와 민타마를 데리고 '키지무나'를 찾느라 정신이 없다. 키지무나는 오키나와의 나무 카쥬마루에 산다고 하는 요정이다.

학교에서 돌아오던 미에코는 키지무나를 닮은 빨간 머리의 남자가 길에 쓰러진 것을 목격하고 손님으로 만들기 위해 집으로 데려온다. 깨어난 외지인 노토지마는 "1박 4,000엔인데 오키나와 요리 제공하고 3,000엔"이라는 말에 장기투숙을 하게 된다.

가족은 모두 여섯 명으로 할머니, 삼선[1]과 당구를 잘 치는 아버지, 바에서 일하며 일가의 생계를 책임지고 있는 밝은 성격의 어머니, 흑인 혼혈인 오빠 켄지, 백인 혼혈인 언니 사치코가 있다. 아이들의 피부색이 전혀 다른 그야말로 인터내셔널 가족이다.

어느 날 미에코는 출입금지 장소인 미군기지로 키지무나 탐험을 나갔다가 고양이를 천국에 보내는 의식을 하고 있는 할머니를 만난다. 다음에 다시 찾아가니 할머니의 집은 흔적도 없이 사라져 있었다. 그곳에서 만난 미군 병사 조지 킹 주니어의 이름이 자꾸 키지무나로 들리는 미에코, 실은 그는 오빠 켄지의 생부였다.

호텔 하이비스커스에서 31주년 3개월 3일의 창립기념 경품 추첨회가 열린다. 미에코가 뽑은 것은 전자동 세탁기, 그런데 엄마는 미국 여행권이 당첨된다. 미국에 가서 사치코의 아버지를 만나려는 엄마의 작전이다.

추석까지 돌아오겠다는 약속을 하고 엄마는 미국으로 떠나고 엄마와 언니가 없는 미에코의 여름방학이 시작된다. 눈에 띄게 외로워하는 미에코지만 엄마의 편지가 도착하자 먼 마을로 돈벌이를 나간 아버지에게 가져다주러 간다. 아버지와는 도중에 길이 어긋나지만, 그 곳에서 어떤 할아버지를 만나 키지무나와 만나는 것에 성공한다.

추석날 밤, 전쟁 때 죽은 고모와 조우하고 영혼의 존재를 믿게 된 미에코는 미국에서 돌아온 엄마와 언니를 기쁘게 맞이한다.

2) 오키나와에서 발신하는 "평화"의 메시지, 호텔 하이비스커스

영화 「호텔 하이비스커스」는 만화 『호텔 하이비스커스』를 영화화한 작품이다. 만화가 나카소네 미이코의 데뷔작인 『호텔 하이비스커스』는 1986년에서 1998년에 걸쳐 『코믹모닝』, 『빅코믹』 등의 잡지에 연재된 만화로 코믹 오픈 대상을 수상하였다.

만화는 1980년대의 오키나와를 배경으로 가공의 민박집인 호텔 하이비스커스를 운영하는 한 가족의 일상과 마음의 교류를 그린다. 주인공은 초등학교 3학년인 미에코이다. 씩씩한 미에코는 정령 키지무나와 오키나와의 수호신 이시간토, 오키나와 물소, 신이 머무는 곳인 우타키 등을 체험하며 매일 매일 즐겁게 성장해 간다.

작가는 오키나와의 독특한 풍습과 문화, 전쟁의 기억과 기지의 존재 등을 오키나와 출신다운 시점에서 그리고 있다. 방언을 많이 사용하는 것도 특징이다.

원작 『호텔 하이비스커스』

영화 『호텔 하이비스커스』

"중요한 것은 말이야, 미에코, 오늘의 일을 쭉 기억해 두는 것이야"라는 아버지의 말처럼 만화 『호텔 하이비스커스』는 베트남으로 출병하는 미군 병사, 기지에서 일하는 사람, 기지에 토지를 빼긴 사람, 2차 세계대전, 본토로 돌아가는 배의 침몰, 혼혈아의 이중 국적 등 오키나와의 모든 것을 있는 그대로 받아들이고 흘려보낸다.

나카에 유지 감독의 2002년 작품인 영화 「호텔 하이비스커스」도 원작처럼 웃음과 눈물이 있는 인간드라마로 만들어졌다. 감독은 영화를 통해 오키나와의 사람들을 따뜻한 시선으로 그려낸다.

"건강한 오키나와 어린이의 매력을 전하는 영화를 만들고 싶었다. 오키나와전에서 죽은 어린이들을 위한 생명의 영화로 하고 싶었다. 사회적인 메시지보다 그곳에 있는 현실을 그렸다"는 감독의 말처럼 영화에는 원작 만화보다 더 강렬한 캐릭터의 미에코가 등장한다.

빨간 하이비스커스는 태양의 꽃이며 남국의 상징이다. 이것은 호텔의 이름임과 동시에 엄마의 품에서 씩씩하게 자란 미에코를 나타내고 있다.

감독은 오키나와의 독특한 풍습과 미군 기지를 가지는 오키나와의 문제, 그 결과로 생겨버린 복잡한 가정 관계 등 꽤 무거운 주제를 다루면서도 파란 하늘과 붉은 하이비스커스, 오키나와 사람들의 밝은 캐릭터를 통해 활력 넘치는 영상을 만들고 있다.

영화는 전체를 관통하는 큰 줄거리 없이 「펜스」, 「태양 엄마」, 「미에코의 대모험」, 「추석 춤」의 4개의 에피소드로 연결된다.

상식적이지 않은 오키나와의 모습과 호기심을 자극하는 현실이 영화에서는 당연한 듯이 펼쳐진다. 가족의 장남은 흑인 미군의 아이, 장녀는 백인 미군의 아이 그리고 미에코는 오키나와 일본인의 아이 이처럼 아버지가 다른 형제들이 같이 살고 있다. 비극이 될 것 같은 가족 구성도 영화에서는 당연한 걸로 전제되고 있다.

미에코의 가족은 "우리 가족은 인터내셔널, 세계 제일 행복한 가족"이라며 밝게 살아간다. 형제의 피부색이 다른 것은 그들에게는 단순한 현실일 뿐이다. 사치코의 생부를 만나러 미국으로 가버리는 엄마를 그냥 보내주는 아버지, 그들은 서로 존중하는 마음을 가지면서 느슨하지만 확실하게 연결되어 있다.

호텔 주변의 붉은 기와지붕, 넓은 사탕수수밭, 사탕수수밭 위를 지나가는 미군 군용기의 소음, 펜스가 쳐진 미군기지 내에서 살고 있는 고양이 할머니, 자신을 버린 생부를 용서할 수 없는 미에코의 오빠, 죽은 미에코 고모의 유령 등, 영화 속에는 있는 그대로의 오키나와가 응축되어 있다. 영화에서 중요한 것은 오키나와 그자체이다.

"미래를 생각할 방법이 없다. 내일에 대해 생각해도 그대로 된다는 법이 없다. 그래서 지금을 충실하게 산다. 장래를 기대해서 지금을 피하지도 않고 희생하지도 않는다. 지금을 즐길 뿐"이라는 어머니의 말은 오키나와 사람의 지혜이다.

낙천적이고 상냥한 아버지도 때로는 진심으로 화를 낸다. 미에코

오키나와의 아름다운 대자연(왼쪽), 2차 대전 당시의 오키나와(중간), 미군기지 반대 시위(오른쪽)

가 동급생에게 돌을 던졌을 때 "그것이 전쟁이 되는거야"라고 크게 야단을 친다. 용서할 수 없는 최후의 선은 확실히 지키는 것, 이것은 오키나와의 강인함이다.

추석 날 미에코는 어릴 때 죽은 아버지의 여동생, 타카코를 만나고 혼이 나가버린다. 이것을 본 할머니가 미에코의 나간 혼을 돌려놓는다. 미에코에게는 정령 키지무나 찾기가 일과가 되어있다. 영화는 카쥬마루 나무에 사는 할아버지와 노래를 하면서 키지무나를 기다리는 환상적인 장면도 보여준다. 정령이 깃든 섬, 이것이 오키나와의 본 모습이다.

현실과 이상, 현재와 과거, 오키나와와 일본 본토, 전쟁이 빼앗아 간 것과 남아 있는 것들이 이렇게 화면에 넘쳐난다.

「호텔 하이비스커스」는 오키나와 본섬의 북부, 후텐마 미군기지의 이전지로 예정된 나고시에서 촬영되었다. 영화에 나오는 아름다운 바다와 자연은 사실 새로운 기지 건설로 시끄러운 곳이다. 기지 문제와 높은 실업률 등 오키나와에는 여전히 여러 가지 문제가 존재하지만 감독은 어디까지나 미에코의 시선에서 일상을 바라본다.

키무지나와 선조의 영혼을 가까이서 느끼고, 아버지가 왜 전쟁을 싫어하는 지 이해해 가는 오키나와 소녀의 체험을 그린 영화 「호텔 하이비스커스」는 오키나와의 부모에게서 자식에게 계승되는 '평화를 기원하는 마음'이자 기지의 섬 오키나와에서 발신하는 평화의 메시지이다.

2 영화로 보는 오키나와

남국의 섬 오키나와는 고대로부터 전승되어 온 신에게 바치는 기도가 살아있는 아름다운 섬이다. 먼 옛날 그곳은 밝게 빛나는 구슬 같은 섬, '류큐'라고 불렸다. 평화롭고 풍요롭던 류큐왕국은 1609년 사츠마 번의 침략으로 일본의 막부체제에 편입된다. 이후 1879년의 오키나와 현 설치, 패전 직전인 1945년의 오키나와 지상전, 1952년의 샌프란시스코 강화조약에 의한 미국의 통치, 그리고 1972년의 일본 복귀까지, 오키나와의 역사는 일본 정부의 사정에 의해 짓밟히고 버림받아 왔다. 그리고 지금도 여전히 오키나와는 '전쟁과 기지의 섬'으로 남아 있다.

이하 일본 근대사에서 특수한 장소인 오키나와가 영화 속에서 어떻게 그려져 있는지 오키나와를 무대로 한 작품을 좇아가면서 살펴보자.

2.1. 전쟁과 기지의 섬

오키나와에서 영화가 처음 촬영된 것은 1910년대 말이라고 한다. 오키나와의 한 극단이 수리성 부근의 영상을 연극에 사용한 것이 시초이다. 1930년대 두 편의 본격적인 무성영화가 만들어진다.[2] 오키나와 독자의 영화제작은 일본의 전시체제가 강화된 1930년대 중반에 일단 중단되지만 본토의 영화회사는 이 시기에 오키나와를 극영화의 무대로 선택하여 오키나와의 풍토와 풍속을 찍은 문화영화를 잇달아 제작한다.[3] 오키나와를 일본의 전쟁 거점으로 그린 국책영화가 만들어진 것도 이 시기였다.

오키나와 전투의 영상은 일본이 아닌 미군에 의해 대량으로 촬영되었는데, 백기를 들고 손을 흔들며 투항한 소녀의 모습이 찍힌 미군의 기록 필름은 일본인들에게 깊은 인상을 남겼다.

기록필름 속의 당사자인 히가 토미코는 미군의 오키나와 공습과 오키나와 상륙, 일본군의 궤멸 그리고 투항에 이르는 자신의 전쟁 체험을 『류코의 흰 깃발-오키나와 전쟁 이야기』(1985)로 출판했다.

백기를 든 소녀

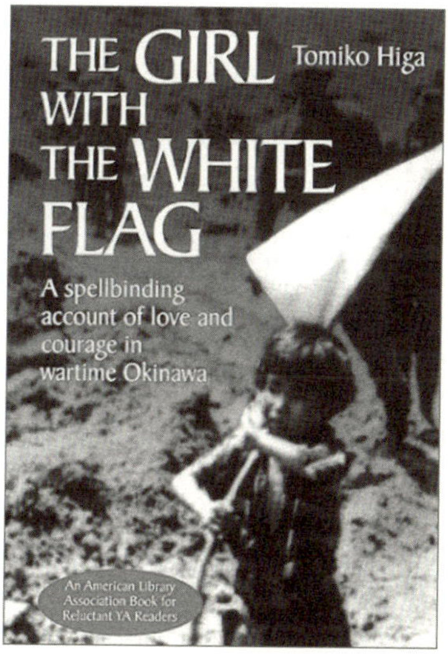

전후 미군 점령하의 오키나와에서 미군에 의한 점령정책 홍보 뉴스와 이민 촉진 홍보 영화 등이 주로 제작된다. 이 시기에는 오키나와 전통극이 활발히 공연되는데,

「히메유리의 탑」

이것은 오키나와 문화의 독자성을 마련해서 일본 본토와 차이를 명확히 하려는 미국 측의 의도에 의한 것이었다.

반면 1950년대 일본 본토에서는 「히메유리의 탑」(이마이타다시 감독, 1953) 등 오키나와전을 그린 영화와 류큐 시대극, 가라데 영화 등이 제작되어, 전후 최초의 오키나와 영화 붐을 맞이한다.

「히메유리의 탑」은 전쟁영화로는 드물게 관객 동원 600만, 수입 1억8천만 엔이라는 공전의 기록을 세운다. 실화를 바탕으로 한 이 영화는 전쟁에 동원된 청순한 여학생들이 청춘을 꽃피워 보지도 못하고 죽음을 맞이해야 했던 사건을 그림으로써 2차 세계대전의 후유증이 채 가시지 않았던 당시의 일본 관객들의 눈물을 자아냈다.

이후 오키나와의 이미지는 '전쟁에 희생된 비극의 섬'으로 정착되었고, 지금도 많은 이들이 히메유리의 탑을 참배하고 있다.

미군 점령 당시의 오키나와와 기지 문화를 정면에서 다룬 영화는 아주 드물다. 다만 미군 점령하의 점령군과 오키나와인들의 모습은 MGM과 다이에가 합작한 영화 「8월15일 밤의 찻집」(Daniel Mann감독, 1956)에서 찾아볼 수 있다. 이 작품은 베를린국제영화제 황금사자상을 수상하고 미국과 일본 본토의 흥행에 성공하지만 오키나와에서는 오키나와인을 피지배자로 그리고 모욕적으로 희화화했다는 이유로

좋은 평가를 얻지 못했다.

미군점령하에서 베트남 전쟁 시기를 보내야 했던 오키나와 젊은이들의 모습은 30여 년 후에 제작된 영화 「A 싸인 데이즈」(최양일 감독, 1989)와 「BEAT」(미야모토 아몽 감독, 1998) 등에 잘 나타나 있다. 「A 싸인 데이즈」는 록 음악에 청춘을 바친 한 여성 로커의 삶을 통해 술, 마약, 매춘, 폭력이 난무하던 6, 70년대의 오키나와의 모습을 보여주고 있다. 'A 싸인' 이란 미군이 안심하고 이용할 수 있는 풍속 주점에 붙여주는 일종의 위생 허가증이었다. 영화 「BEAT」는 미군에게 강간당하고 임신을 하게 되는 여주인공을 통해 기지의 섬 오키나와의 무거운 현실을 보여주고 있다.

2.2. 남국의 낙원에서 치유의 섬으로

1972년의 일본 복귀 이후 오키나와는 관광산업으로 경제를 진흥시키려고 한다. 관광산업을 활성화하는데 미디어는 중요한 역할을 담당해 왔다. 2차 세계대전 후 일본에서 미디어의 대표주자는 영화였다. 오키나와에 와 본 적이 없는 관객은 영화 속의 시각적 이미지를 통해 오키나와에 대한 정보를 습득했다.

오키나와 전투의 기억과 미군 점령의 이미지를 없애기 위해 오키나와는 푸른 바다와 파란 하늘이 있는 남극의 낙원의 모습을 만들어낸다. 영화 속의 모습은 본토의 일본인들에게 잃어버린 옛 일본의 원형을 간직한 섬이며 푸른 바다가 있는 남극의 낙원으로 오키나와를 인식하게 했다.

「남자는 괴로워」

오키나와의 수호신 시사가 고지라와 함께 메가 고지라와 대결하는 영화 「고지라 대 메가고지라」(후쿠다 준 감독, 1974)는 수리성, 옥천동굴 등 오키나와의 대표적인 관광지의 아름다운 풍경을 배경으로 촬영되었다.

시리즈 영화 「남자는 괴로워」(야마다 요지 감독)의 1980년 작품에는 전국을 여행하고 마지막으로 연인을 만나러 오키나와에 온 주인공이 아름다운 섬의 여인에게 마음을 빼앗겨 버리는 이야기가 당시의 오키나와의 풍경과 함께 서정적으로 묘사되어 있다.

1984년에 제작된 「메인 테마」(모리타 요시미츠 감독)는 영화의 대부분을 오키나와의 만자 주변의 관광지에서 촬영해 만자 홍보영화 같은 느낌을 준다.

오키나와 아카 섬에 사는 개 '시로'가 여자친구인 '마리린'을 만나러 바다를 건너간 실화를 토대로 만들어진 「마리린을 만나고 싶어」(스즈키 쥰이치 감독, 1988)는 원시림이 그대로 남아 있는 아카섬의 자연을 배경으로 당시의 오키나와 마린 스포츠의 유행을 보여준다.

오키나와가 '치유의 섬'으로 그려지기 시작한 것은 1993년의 「소나티네」(키타노 타케시 감독), 94년의 「파이파티로마」(나카에 유지 감독) 무렵부터이다.

「소나티네」의 주인공 무라카와는 눈 한번 깜짝하지 않고 사람을 기중기에 매달아 강물에 처넣는 프로페셔널한 야쿠자이다. 그런 그가 몸을 피한 곳이 오키나와의 해변이다. 야쿠자들을 무장해제 시켜버리는 오키나와의 바다에서 그는 천진난만한 동심의 세계로 돌아갈 수 있었다.

「마리린을 만나고 싶어」

'파이파티로마'는 전설에 전해지는 이상향이다. 영화 「파이파티로마」는 오키나와의 섬들을 배경으로 남극의 낙원을 찾아 여행하는 여주인공을 그리고 있다.

「츄라상」

인생을 돌아보는 장소, 자신을 회복하는 치유의 장으로서 오키나와의 이미지는 2001년에 방영된 NHK 아침 드라마 「츄라상」(2001. 4.2.~9.29.)에 의해 완전히 정착하게 된다.

'오키나와' 다움을 표면에 드러낸 이 드라마는 오키나와 작은 섬 출신의 주인공 '츄라' 가 상경해서 가족과 주변 사람을 보살피며 간호사로 성장해가는 모습을 그리고 있다.

그녀에게는 고독한 도회인들을 위로하고 치유하는 역할, 즉 치유의 섬으로서 오키나와의 역할이 덧붙여져 있다.

태양, 푸른 바다, 파란 하늘, 흰 모래, 산호초가 만들어 낸 '낙원'의 이미지가 실제로 순박하고 상냥한 사람들이 살고 있는 위로가 넘치는 '치유의 섬' 으로 거듭나게 된 것이다.

2.3. 신들이 사는 신앙의 섬 오키나와

오키나와는 자연숭배와 조상숭배를 중심으로 하는 우주관과 세계관, 신앙과 제사의 전통을 가진 일본 속의 이국이다. 오키나와의 이질성은 차별과 편견의 대상이었고, 오키나와인들은 자신들의 정체성을 부정하는 역사를 살아왔다.

오키나와의 풍습과 신앙을 그린 최초의 영화는 이마무라쇼헤이 감독의 「신들의 깊은 욕망」(1963)으로, 오키나와의 외딴섬 쿠라게 섬에 사는 섬사람들의 풍습을 민속학적으로 그려내었다. 오키나와 문화에 대한 인류학적 시선이 돋보인다는 평을 받았지만 오키나와를 미

오키나와의 전통 의식

개 사회처럼 그린 묘사가 실상과 다르다는 이유로 현지인들의 반발을 샀다.

「신들의 깊은 욕망」

오키나와의 정체성이 영화에 드러나기 시작하는 것은 80년대 들어서면서부터이다. 오키나와 출신 혹은 오키나와를 잘 아는 감독들의 작품에 오키나와의 신앙과 풍습을 상징하는 정령, 유타(영능력자)의 이야기가 등장하기 시작한다. 이런 경향은 90년대 이후 더욱 두드러지게 되는데, 정신세계를 중시하는 움직임에 영향을 받았기 때문이다.

예를 들면, 타카미네 고 감독의 「파라다이스 뷰」(1985), 나카에 유지 감독의 「나비의 꿈」(1999) 등에서 주인공들에게 점을 쳐주고 신탁을 들려주는 유타가 등장해 스토리 전개에 중요한 역할을 담당한다.

1998년 이후 일본 본토의 오키나와 붐으로 오키나와의 독특한 풍습과 깊은 신앙, 오키나와인의 생활상을 리얼하게 표현하려는 추세가 이어진다. 이런 현상은 작가들에게도 나타나는데 오키나와가 배출한 네 명의 아쿠다가와상[4] 수상자인 오오시로 타츠히로, 히가시 미네오, 마타요시 에이키치, 메도루마 슌은 모두 오키나와의 정신세계를 테마로 잡아 주목받았다. 이들의 작품을 원작으로 오키나와의 풍속과 신앙을 묘사한 것이 영화 「돼지의 보복」(최양일 감독, 1997)과 「바람소리」(히가시 요이치감독, 2004)이다. 영화는 본토인들이 원하는 오키나와의 이미지를 거부하는 감독의 시선을 통해 오키나와의 사생관과 풍장

「돼지의 보복」

風葬 풍습 등을 보여주고 있다.

차별의 상징이었던 오키나와어도 오키나와인들의 일상을 보여주는 지표가 되었다.

청춘 스타 츠마부키 사토시, 나가사와 마사미 주연으로 화제가 된 「눈물이 주룩주룩」(도이 노부히로 감독, 2006), 밴드를 하는 고등학생들의 이야기를 그린 「체게랏쵸!!」(미야모토 리에코 감독, 2006)는 오키나와 지역의 생활 풍경 속에 드라마 「츄란」 이후 일본인에게 위화감이 없어진 '오키나와 식 일본어'를 자연스럽게 들려준다.

오키나와는 영화의 섬이다. 오키나와라는 땅은 끊임없이 영화의 소재가 되어 왔고, 근래에는 오키나와와 전혀 관계가 없는 영화도 오키나와를 촬영지로 사용하고 있다.

사람들의 기억이 풍화해도 필름 속에는 오키나와의 모습이 생생하게 남아있다. 오키나와의 푸른 바다와 하늘, 빛나는 태양이 성장시킨 대자연, 류큐 왕국시대부터 연연히 흐르는 문화적 유산은 관객들의 마음을 사로잡는다.

오키나와의 모든 것은 창조력을 부르는 이미지의 원천이기도 하다. 공전의 오키나와 붐이었던 1996년에서 2006년 사이에 오키나와에서 촬영한 영화는 50편이 넘는다. 본토의 제작자들은 풍요로운 아열대의 자연을 가지는 오키나와를 낙원으로 만들어 자신들이 위로받는 이야기를 끝없이 반복했다. 기지도 관광명소로 조금 얼굴을 드러낼 뿐, 영화들의 대부분은 쏟아지는 태양, 푸른 바다, 아름다운 해변에 포커스를 맞춘다.

근년의 오키나와 영화 붐은 지금까지 오키나와 사람들이 짊어져 와야 했던 '비극의 섬'이 아닌, 알기 쉽고 밝은 오키나와의 존재가 있었기 때문이다. 그러나 실제 오키나와에는 전통 문화에 정통하고, 밝고 건강한 사람들만 있는 것이 아니다.

전전, 전후, 복귀 후라는 다양한 세대가 존재하고 지역에 따라 사용하는 말도 다르고 정치적인 견지(예를 들면 기지 유지파와 반대파, 일본 동화파와 반대파)의 차이도 있고 대립도 있다. 오키나와 인들은 여전히 관광객 때문에 오염되는 오키나와에서 그들의 정체성 문제로 괴로워한다.

류큐 왕국에서 시작해 일본의 일부로 편입된 후에, 일본의 패전으로 미군에 점령당하고 다시 일본으로 복귀한 섬 '오키나와'. 국경의 섬, 기지의 섬, 관광의 섬 그리고 치유와 평화의 섬으로 발전해온 오키나와는 한 지역의 문화와 역사를 뛰어넘어 세계와 연결되는 여러 문제를 제기하는 장소이기도 하다.

[참고 문헌]

- 정군식외, 『경계의 섬 오키나와』, 논형, 2008.
- 仲程昌德, 『沖縄文学論の方法』, 新泉社, 1987.
- 山下重一, 『琉球沖縄史研究序説』, お茶の水書房, 1999.
- 渡辺欣雄, 『沖縄文化の広がりと変貌』, 琉球弧叢書, 2002.
- 多田治, 『沖縄イメージの誕生―青い海のカルチュラル・スタディーズ』, 東洋新報社, 2004.

주_

1_ 오키나와의 전통 악기(三線).

2_ 나하에서 촬영한 시대극 「집념의 독사」와 나카구스쿠성에서 촬영한 시대극 「護佐丸誠忠錄」.

3_ 극영화로는 「적함 보인다」와 「붉은 벽화」, 문화 영화는 일본 민예협회의 「류큐의 민예」나 「류큐의 풍물」이 잘 알려져 있다.

4_ 작가 아쿠다가와 류노스케(芥川龍之介)를 기념하여 만들어졌다. 순문학 신인에게 주어지는 일본 유수의 문학상이다.

똑바로 살아라, 인종차별의 비극적 결과

원　　제 Do the Right Thing
감　　독 스파이크 리 Spike Lee 본명 Shelton Jackson Lee
개봉년도 1989년
상영시간 120분
제 작 사 40 Acres & a Mule
장　　르 드라마
등　　급 18세 이상
음　　악 Bill Lee
카 메 라 Ernest R. Dickerson
주　　연 스파이크 리, 대니 아이엘로, 오시 데이비스, 지안카를로 에스포지토

수상경력

- 1990년 아카데미 영화제
  - 최고 조연상 대니 아이엘로 노미네이트
  - 최고 시나리오상 스파이크 리 노미네이트
- 1990년 칸 영화제 황금종려상 노미네이트
- 1990년 시카고 영화 비평가상
  - 최고 감독 스파이크 리 수상
  - 최고 화면 수상
  - 최고조연상 대니 아이엘로 수상

Contents

1 영화 '똑바로 살아라' 읽기

1.1. 흑인영화의 신예 감독

스파이크 리는 1957년 3월 20일 조지아주 애틀랜타의 중산층 가정에서 태어났다. 아버지 윌리엄 제임스 에드워드 리 3세 William James Edward Lee Ⅲ는 유명한 재즈 음악가이고, 어머니 재클린 캐럴 Jacqueline Carroll은 대학에서 아프로-아메리칸 Afro-american 문학을 가르치는 강사였다. 리는 어린 시절에 가족과 함께 뉴욕 브루클린으로 이사 왔으며 여기서 유복한 어린 시절을 보낸다. 그는 나중에 자신이 성

흑인영화의 신예 감독 스파이크 리

장한 이곳을 배경으로 몇 편의 영화를 촬영한다. 영화「똑바로 살아라」는 그런 영화 중 하나이다.

그는 유서깊은 흑인 대학인 모어하우스 대학에 입학한다. 그런데 정작 그가 영화와 인연을 맺은 것은 클락 애틀랜타 대학에서 영화 과목을 수강하면서부터였다. 모어하우스 재학 시절 그는 첫 번째 영화「브루클린의 마지막 춤」을 감독했다. 이후 뉴욕대학교의 영화과 대학원에 진학한 그는 자신이 존경하는 선배 감독 마틴 스콜세지를 만나 많은 영향을 받는다. 그의 재능을 널리 알린 작품은 대학원 졸업 작품인「조의 베드-스튀 이발소」(1980)였다. 자신이 자란 마을을 배경으로 한 이 영화로 1982년에 미국 영화 아카데미로부터 학생영화상을 받고, 신인감독의 등용문인 로카르노영화제에서 수상을 하였다.

그의 첫 번째 장편영화「그녀는 그것을 가져야만 해」(1986)는 매력적인 흑인 여성이 세 명의 흑인 남성을 만나면서 자신의 성적 주체성을 유지하려는 과정을 다루고 있다. 이 영화는 아쉽게도 배급업자를 만나지 못해서 개봉되지 못하였다. 그러나 칸영화제 비경쟁 부문에 참가해 신인감독상에 해당하는 '황금 카메라상'을 받으면서 그는 뉴욕 독립영화의 대표적인 감독으로 주목을 받았다. 이후 그는 '40에이커와 노새'라는 이름의 독립 영화사를 설립하고, 컬럼비아 영화사로부터 일부 제작비를 지원받아 뮤지컬 드라마「학창시절」(1988)을 만들었다. 이 영화는 흑인 사회 내부의 갈등과 차별 문제를 다루고 있는데 흥행에도 성공을 거두었다.

무엇보다도 그를 널리 알린 영화는 그 자신이 각본을 쓰고 주연 · 감족까지 · 제작까지 맡은「똑바로 살아라」(1989)이다. 이 영화는 칸영화제 경쟁부문에 초대되어 호평을 받는 등 세계적으로 큰 반향을 일으켰고[1] 미국영화 연구소에 의해 96번째 위대한 영화로 지정되었다. 이 영화의 성공 이후 재즈 음악의 현재 위상을 추적한 「모 베터 블루스」(1990), 성을 통해 흑인 남성과 백인 여성의 로맨스와 인종차별을 다룬 「정글 피버」(1991) 등을 연이어 발표했다.

던젤 워싱턴이 주연을 맡은 「말콤 X」

1992년에 발표한 「말콤 X」(1992)도 『똑바로 살아라』에서 처럼 인종 차별에 대한 그의 영화적 관심이 드러난 영화이다. 흑인 인권운동가로 존경받았던 말콤 X(1925~1965)의 생애를 그린 전기 영화는 주제가 정치적이고, 지나치게 백인 음모론적 관점이라는 평도 받았다. 그 결과 덴젤 워싱턴이라는 지적인 배우가 주연을 맡았음에도 불구하고 인권운동가였던 말콤 X의 원래 이미지까지 흐리게 만들었다는 비판에서 자유로울 수 없었다. 흑인들의 권익을 주장하는 그의 영화 메시지는 1997년 베를린국제영화제에 초청된 「버스를 타라」에서도 드러나고 있다.

극영화 외에 다큐멘터리에서도 그의 영화적인 자질이 발휘된 것은 「둑이 터졌을 때 : 4막 진혼가」(2006)이다. 2005년 허리케인 카트리나가 뉴올리언스에 불러온 재난을 다루고 있는 이 영화는 내레이터 없이 피해 주민과 구조대, 뉴올리언스 출신 재즈 음악가들, 엔지니어 교수, 뉴스 리포터, 신문기자, 흑인 인권운동가 등 많은 사람들의 증언으로 구성되어 있다.

최근 미국 흑인영화를 대표하는 감독인 스파이크 리는 흑인영화를 한 단계 향상시켰다. 등장인물 면에서 이전 흑인영화에서 흑인이 주로 마약중독자와 거래자, 뚜쟁이, 창녀, 강간범으로 등장했지만 그의 영화에서는 중산층에 속하는 흑인들이 등장한다. 또한 주제적인 면에서 인종차별을 다루는 영화에서도 주도적이고 주체적으로 행동하는 흑인을 보여준다. 또한 그는 이전 영화와는 다른 등장인물과 흑인 중심 주제와 더불어 참신하고 역동적인 영화적 방식을 추구하는 감독이라고 할 수 있다.

1.2. 줄거리

영화는 무더운 여름 토요일 하루 동안 뉴욕의 브루클린의 흑인들이 많이 사는 마을에서 일어난 폭동을 다루고 있다. 그리고 이 폭동 전후에서 주인공인 '무키'가 어떤 선택을 하느냐가 이 영화를 이해하는 중요 포인트가 된다. 영화는 '일어나라' 는 흑인 라디오 방송 디제이의 날카로운 성화로 시작된다. 피자가게 배달원인 무키는 누이동생 집에 얹혀산다. 그는 지금까지 번 돈을 헤아린 다음 피자가게로 나선다. 가족을 부양해야 하는 그에게 돈은 중요하다. 일하러 가면서 이 동네 어른께 깍듯이 인사하는 것도 잊지 않는다.

무키가 일하는 피자가게는 이탈리아계 미국인인 '쌀'이 25년간 운영하고 있으며 그 두 아들인 '피노'와 '비토'가 돕고 있다. 흑인이 다수인 이 마을의 가게의 주요 고객도 흑인들이다. 그런데 그 흑인 단

골 중에서 '버깅 아웃'이 말썽거리이다. 그는 가게 주인 쌀에게 흑인들이 이 가게를 많이 이용하니까 가게 벽에 이태리계 미국인 외에 말콤 X와 마틴 루서 킹 목사와 같은 흑인 인물들의 사진도 걸어달라고 요구한다. 그러나 쌀은 아웃에게 직접 가게를 차려 흑인 사진을 걸든지 하라고 하면서 그 요구를 단호히 거절한다.

여기서 폭동으로 번지는 첨예한 흑백갈등의 단초가 주어진다. 버깅 아웃은 평범한 다른 흑인들에게 쌀의 피자가게에 대해 불매운동을 벌이자고 하나 동조자는 없다. 이 가게의 피자를 먹고 자란 그들이기 때문이다. 결국 그는 커다란 스테레오 오디오를 들고 다니면서 큰 소리로 음악을 듣는 '라디오 라힘'을 설득하여 동조자로 만든다. 말콤 X와 마틴 루서 킹 목사의 사진을 들고 다니며 판매하는 말투가 어눌한 스마일리 또한 동조자가 된다. 이렇게 세 명이 쌀의 피자가게에 불매운동을 벌이기로 한다.

무더운 여름날 오후 해는 뉘엿뉘엿 넘어가고 가게 문 닫을 시간이 되었다. 그때 동네 청소년 네 명이 피자를 사먹으려고 몰려오자 쌀은 마음씨 좋게 들어오라고 한다. 곧바로 흑인 버깅 아웃과 라힘이 가게를 박차고 들어와서 흑인 인물들 사진을 벽에 걸 것을 요구한다. 그들은 스트레오 라디오의 음악 볼륨을 크게 높이며 쌀에게 주장을 펴는데 그때 들려오는 음악이 흑인 힙합 그룹인 '퍼블릭 에너미'의 "권력과 싸워라"이다.

볼륨을 낮추지 않자 격분한 쌀은 야구 방망이로 라힘의 스테레오 오디오를 부숴버린다. 화가 난 라힘은 쌀의 멱살을 잡으면서 심한 몸싸움이 시작된다. 이윽고 출동한 백인 경찰은 경찰봉으로 이들을 제지하던 중 과잉진압으로 라힘을 죽이고 만다. 이 순간 놀라운 일은 여태껏 '백인' 주인 쌀의 곁을 묵묵히 지키던 무키가 라디오 라힘이 죽은 것에 대해 충격을 받고 자신이 일하는 가게 창문에 쓰레기통을 힘껏 집어 던진다는 사실이다. 그 동안 이웃의 요구를 가볍게 무시하고 비토 등 백인 동조자를 얻으려 했지만 이제 그는 결단을 내리고 행동하는 것이다. 이 행동이 그에게는 올바른 일이다. 몰려온 다른 사람들은 가게를 약탈한다. 스마일리는 가게에 성냥을 당기고, 가게의 벽에 말콤 X와 마틴 루서 킹 목사가 서로 악수하며 함께 서 있는 사진을 붙인다.

결국 쌀의 피자가게는 불타고 만다.

그 다음날 아침 무키는 폐허가 된 가게 앞에 앉아 있는 쌀을 만나 자신의 급료를 달라고 요구한다. 쌀은 지폐를 꺼내 그에게 던져준다. 그리고 화면에는 킹 목사의 비폭력주의를 옹호하는 킹목사의 주장과 함께 '자기 방어를 위한 폭력은 폭력이 아니라 지성'이라고 하는 말콤 X의 주장이 자막으로 흐르면서 영화는 막이 내린다.

1.3. 영화 분석

이 영화는 일상생활 가운데서 인종 상호간에 서로를 무시하며 모욕적으로 대하는 태도가 어떤 비극적인 결과를 가져오는지를 보여주면서 인종간에 바람직한 태도와 관계가 무엇인지를 모색한다. 리 감독은 이런 인종 차별 주제를 주제에 맞는 영화적 스타일과 힙합음악으로 잘 융합시켜 이전의 흑인영화보다 한 차원 높은 영화를 만들어냈다. 이를 분석해보자.

1) 다문화 상황과 행동의 선택

영화의 시간적 배경은 1980년대이며 공간적 배경은 뉴욕 브루클린의 거리이다. 아프리카계 미국인이 다수이지만 이 거리와 마을에는 이미 다양한 인종이 함께 살고 있다. 즉 이 마을과 거리는 흑인이 다수이긴 하지만 이미 다문화적 상황에 놓여있는 것이다.

먼저 등장인물들을 보면 주인공 무키는 푸에르토리코계 여자 친구인 '티나' 그리고 아들과 함께 살고 있다. 그의 여동생으로는 '제이드'가 있고, 무키의 친구인 급진적인 청년 버깅 아웃과 말을 더듬는 스마일리, 흑인 힙합그룹인 공공의 적(Public Enemy)의 "권력과 싸워라"("Fight the Power")란 곡만을 귀가 따가울 정도로 큰소리로 반복해 듣는 건장한 청년 라디오 라힘이 있다. 그리고 동네 라디오의 디제이인 러브 대디, 마을 어른이자 전직 야구선수인 노인 메요와 노령의 마더 시스터 그리고 마을의 한 모퉁이를 지키며 세상일에 논평하는 세 명의 중년 남성이 있는데, 이들은 모두 흑인이다.

그리고 마음씨 좋아 보이는 피자가게 주인인 이태리계 쌀과 흑인을 무시하는 쌀의 첫째 아들 피노 그리고 무키와 말이 잘 통하는 둘째 아들 비토도 보여준다. 이들은 형제사이지만 흑인에 대해 서로 상반된 태도를 지닌다. 또한 잡화상 가게를 운영하는 한국계 부부와 역시 자신들의 음악을 즐겨 들으며 어울리는 푸에르토리코계 청년들이 등장한다.

스토리의 발단은 피자가게 명예의 벽에 흑인 유명인 사진도 걸어달라는 버깅 아웃의 요구에 가게 주인인 이태리계 백인인 쌀이 거절하는데서 비롯된다. 아웃의 이 요구가 한편으로 타당한 것은 피자가게가 흑인 마을에 있고 고객 대부분이 흑인이기 때문이다. 그러나 문제는 그 말하는 태도가 부탁이나 설득이 아니라 당연한 '요구' 나 '권리' 같다는 점이다. 이런 '권리' '요구'에 대한 가게 주인 쌀의 반응은 '너 자신이 피자가게를 차려 네가 좋아하는 흑인 사진을 걸어라' 이다. 이는 주 고객인 흑인들과의 좋은 관계보다는 자기 자신의 재산권과 소유권을 우선시하는 사고에서 나온 생각이다.

그러나 쌀은 아웃뿐 아니라 다른 흑인들이 피자가게를 차릴 가능성이 거의 없다는 것을 알고 있다. 이 영화에서 흑인의 사회적 경제적 조건은 타 인종에 비교하면 아주 열악하기 때문이다. 영화에서 이리저리 몰려다니는 흑인 청년들은 대부분 일을 하지 않거나 실업상태에 있다. 직업을 가진 흑인 등장인물은 무키와 그의 여동생 제이드 정도 뿐이다. 이와는 대조적으로 다른 인종이 흑인 마을의 상권을 쥐고 있다. 피자가게 주인은 이태리계 미국인 가족이고 잡화상 가게를 운영하는 인물은 한국계 미국인 부부이다. 그리고 경찰도 대부분 백인이다.

그래서 의식 있는 흑인들이 자괴감을 느끼는 것은 어떻게 보면 당연하다. 그리고 현실적으로 자신들이 그런 가게를 차릴 수도 없다는 것을 잘 알기에 더욱 그러하다. 그래서 이들은 차선의 방법으로 백인 쌀이 운영하는 가게의 벽에 흑인 사진을 붙이는 이미지 전략을 사용한다. 이런 이미지 전략을 통해 흑인들이 타인종의 가게에 가더라도 흑인가게에 온 것처럼 편안할 수 있는 것이다. 그리고 자부심도 느낄 수 있다. 영화에서 흑인의식이 강한 인물은 무키의 친구인 급진적인 청년 버깅 아웃과 중년 흑인 세 명 중 한 사람인 '엠엘'(ML)이다. 엠엘은 흑인들이 다수인 마을에서 흑인 아닌 다른 인종이 가게와 식당을 운영하는 것이 이해가 안된다고 말하며 언젠가는 자신이 반드시 가게를 차리겠다고 말한다. 그런 희망에 대해 친구 '딕 윌리'는 그를 향해 실천은 하지 않고 말만 한다고 코웃음을 치며 그가 결코 가게를 차릴 수 없을 것이라고 단정한다. 이런 비관적인 상황에서 직접 행동에 나서는 이가 버깅 아웃이다. 그의 철학의 배경은 흑백 분리주의적 사상이다. 그는 흑인만이 함께 사는 마을과 공동체를 만들고자 하는 것이다. 그가 그 마을에 사는 백인에게 '메사추세추 주로 꺼지라' 고 말하는 것에서 이런 사상이 엿보인다. 엠엘이 의식은 있지만 행동을 못하는 인물이라면 버깅 아웃은 행동을 앞세우는 인물이다. 앞서 언급했듯이 그는 이미지 전략을 사용하여 백인이 주인인 피자가게를 흑인화 하는 방법을 사용한다고 말할 수 있다. 무키는 이런 전략을 옳다고 생각하지 않는다. 처음에 아웃이 피자가게에 대해 불매운동을 벌이려 하자 무키는 자신이 일하는 피자가게에 일주일간 오지 말라고 아웃에게 경고하기 때문이다.

무키가 감독의 의도를 대변한다면 이처럼 감독은 인종사이의 다양한 관계를 냉정할 만큼 객관적으로 본다. 특히 그는 일상적으로 한 인종이 타 인종에 내뱉는 차별적이고 욕설이 섞인 언어를 냉정하게 바라본다. 이 영화에서 백인으로서는 쌀의 장남인 피노가 가장 인종차별적 발언을 한다. 스마일리를 무시할 뿐만 아니라 인간적으로 멸시하는 발언을 서슴지 않는다. 그렇다고 흑인인물들이 다른 인종에게 인종차별적 발언과 행동을 하지 않는 것은 아니다. 마을 어른격인 메요도 한국계 가게에 들러 자신이 원하는 맥주가 없다고 화를 내고 여기는 '너희들' 나라가 아니라고 무시하는 발언을 한다.

소화전 물을 갖고 장난하던 동네 흑인 청년들은 백인운전자가 물을 뿌리지 말라고 경고했음에도 불구하고 그가 모는 값비싼 자동차에 물을 뿌려 고급차를 적신다. 중년 흑인인 엠엘은 쌀의 피자가게를 불태운 뒤 한국인 가게를 쓸어버리자고 선동하는데, 이것 역시 인종차별적 태도와 무관한 것이 결코 아니다. 이처럼 역사적으로 인종차별의 피해자인 흑인도 언제든지 가해자로 돌변할 수 있는 가능성이 있는 것이다. 무키의 여동생 제이드는 게으름피우는 오빠에게 급료를 받는다면 일을 성실히 하라고 꾸짖는다. 이처럼 이 영화는 흑인들의 말과 행동에 대해서도 간접적으로 비판하고 있다. 이런 점에서 감독은 흑백갈등을 도식적으로 그리지 않는다. 그렇다면 이 영화는 한 인종이 다른 인종에게 무시하거나 멸시하는 발언을 하지 않고 바람직하게 지내는 방법은 무엇이라고 제시할까?

감독은 상대방의 문화를 인정하는 것을 그 갈등의 한 해결책으로 제시하고 있다. 그러나 상대방의 문화를 인정하게 하는 방식은 강제가 아니라 설득이라야 한다. 다시 말해 이 마을과 더 넓게 미국에 사는 사람들은 이미 공동 문화를 공유하는 상황 속에 살고 있는 것을 사실로 인정해야 한다는 것이다. 무키는 이 공동 문화현상을 설득력 있게 말한다. 즉 그는, 흑인을 혐오하는 피노와 논쟁하면서 그가 좋아하는 운동선수와 가수가 대부분 흑인인임을 밝혀낸다. 하지만 피노는 '그들이 백인적이다'라고 말한다. 혹은 흑인들은 흑인적이지 않다고 주장하여 앞뒤가 안 맞는 말을 한다. 이처럼 피노는 자기가 좋아하는 연예인들이 피부색은 검지만 사실은 백인이라고 고집하는 것이다. 이것은 미국은 이미 다문화적이어서 흑인문화와 백인문화를 명백히 구분할 수 없는 단계에 와 있으며 이를 인정하지 않으면 자기모순에 빠지는 실수를 범하는 것을 보여준다. 이미 자신 속에 들어와 있는 타인종의 문화를 인정함으로써 자신을 긍정뿐 아니라 타인종과 그 문화까지도 긍정할 때 인종 차별 문제는 해결의 실마리를 찾을 수 있을 것이라는 점을 제시한다고 볼 수 있다.

그러나 불행하게도 설득의 방식을 중요시하는 무키에게 선택과 행동의 결단을 해야 할 때가 온다. 라디오 라임이 경찰의 과잉 진압으로 죽었을 때 그는 행동에 나서야 함을 깨닫는다. 지금까지 그는 피자가게에서 일하면서 돈을 벌어왔다. 그리고 가능하면 충돌과 갈등을 피하기 위하여 쌀의 편을 들며 불매운동하는 아웃이 가게에 오지 못하도록 했다. 그리고 비토와 토론하며 백인 동조자를 얻으려 했다. 그러나 라디오 라힘이 죽었다. 그의 친구가 죽은 것이다. 어떻게 해야 하는가? 한편 놀랍기는 하지만 그는 자신이 일하던 피자가게에 쓰레기통을 던진다. 그리고 이 행동은 폭동을 낳아 피자가게는 불타고 만다. 그러나 다른 한편 생각하면 그의 이런 행동은 그가 설득을 중시하는 만큼 이성적이다 할 수 있다. 그 다음날 아침에 쌀을 만나 말하듯이 그 가게는 보험이 들어 있어 쌀이 금전적으로 손해를 보는 것은 아니기 때문이다. 그리고 무키는 자신의 급료도 챙겨간다. 그는 이렇게 이성적으로 행동하여 친구 흑인들을 배신하지도 않았고 자신의 권리도 찾는다. 그리고 어쩌면 영화 마지막의 무키와 쌀의 화해 장면에서 암시되듯이 쌀에게 향할 수 있는 군중의 보복을 가게로 돌려 쌀의 생명을 구하기도 하는 것이다. 이런 관점에서 무키는 올바른 일을 한 것이라 할 수 있다. 그렇지만 여전히 해결되지 않고 남는 문제는 경찰의 폭압적인 과잉 진압의 문제이다.

2) 스타일과 음악

이 영화는 스타일면에서 다채롭고도 파격적이다. 감독은 다소 무거운 주제라 할 수 있는 흑백갈등 문제를 다큐멘터리 방식으로 접근하면서 강한 원색을 사용하는 등 다채로운 영상적 표현과 흑인음악을 결합시켜 흥미롭게 풀어간다. 그리하여 이 영화의 분위기가 너무 진지하여 흥미를 떨어뜨리는 것을 막는다. 무키를 통해 나타난 감독의 인종에 관한 관점은 상당히 객관적이고 이성적인 듯이 보인다. 그러나 영화의 형식은 매우 역동적이고 극적이다. 이렇듯 리 감독의 강점은 진지한 주제라도 영화적 재미를 준다는 점이다.

형식면에서 흥미로운 것은 색상과 몽타주기법이다. 색상은 원색이 주로 사용되고 있는데 이는 인종간의 갈등과 무더운 날씨를 동시에 은유한다. 특히 주목할 만한 것은 몽타주기법이다. 이 몽타주에서 다양한 인종이 나와 한 인종은 다른 인종을 우스꽝스럽게 야유한다. 무키는 이태리계 미국인을, 이태리계 미국인은 아프리카계 미국인을, 아프리카계 미국인은 남미계 미국인을, 남미계 미국인은 한국계 미국인을, 한국계 미국인은 유대인

몽타주에서 한국계는 흑인과 유대인을 비난한다.

을 업신여기고 비하하는 발언을 한다. 이 몽타주장면은 감독이 인종차별의 현실을 지적하되 이를 경쾌한 방식으로 표현하고 있다.

이런 경쾌한 몽타주기법과 더불어 감독은 효과적으로 카메라로 느린 동작을 잡는다. 영화에서 느린 동작으로 보여주는 두 장면 중 하나는 심각하고, 다른 하나는 가벼운 장면이다. 하나는 순찰하는 경찰이 한가하게 앉아 농담하는 세 명의 흑인중년과 서로 경멸하는 시선을 교환하는 장면이다. 한 중년 흑인은 멀리서 순찰차로 순찰하는 백인 경찰의 입술의 움직임을 보고 그가 자신들에게 무슨 말을 하고 있는지 알고 있다. 경찰이 하는 말은 "쓰레기 같으니라고"이다. 이는 경찰이 자신들을 경멸하고 있다는 사실은 잘 알고 있다는 것을 보여준다. 경찰의 이런 모습은 상당히 충격적으로 다가오는 만큼 이런 기법은 이 영화의 인종차별 주제에 기여한다. 다른 한 장면은 가게 주인 쌀이 무키의 여동생 제이드에게 연정을 품은 것처럼 부드럽게 말을 건네는 장면이다. 무키와 쌀의 큰 아들 피노는 실눈을 하고 이 둘을 매섭게 지켜보고 있는데 이때 카메라는 이들의 눈초리를 천천히 수평이동한다. 이 장면은 영화에 유머와 재미를 더한다.

특히 인상 깊은 카메라 작업은 폭동 직전 버깅 아웃이 피자가게에 들어와 명예의 벽에 킹목사와 말콤 X 사진을 붙이라고 소리를 지르고 동시에 라디오 라힘이 스테레오 볼륨을 크게 높이는 장면에서 잘 보인다. 이 장면은 매우 빠른 편집으로 이루어져 있다. 카메라는 서로에게 고함을 지르는 라디오 라힘과 쌀의 얼굴을 번갈아 비추는데 마치 권투시합에서 펀치를 주고받는 듯 장면이 오간다. 카메라는 실제로 권투시합 장면의 사진을 슬쩍 보여준다. 이때 카메라 각도는 한쪽으로 약간 기울어져 상황의 혼란감을 표현한다. 동시에 라힘의 스테레

흑인 힙합 그룹인 퍼블릭 에너미

오에서는 퍼블릭 에너미의 힙합 "권력과 싸워라"가 큰 소리로 울려 퍼진다. 이 힙합음악은 이 장면에 꼭 맞아 떨어질 만큼 효과적이다.

이 영화의 인종간의 갈등과 마찰 주제는 퍼블릭 에니미 Public Enemy의 "권력과 싸워라 Fight the Power"라는 노래에서 충분히 예상할 수 있다. 이 영화는 특히 당시 한참 유행하던 랩 음악을 효과적으로 보여준다. 영화는 시작하면서 무키의 애인인 티나가 랩 "권력과 싸워라"에 맞춰 공격적인 브레이크 댄스를 추는 것을 보여준다. 영화에는 이 랩이 강조되고 있으며 총 열다섯 번이나 나온다. 이 랩의 가사는 인종차별에 대해 항의하고 특히 흑인이 의식적으로 깨어있을 것을 촉구한다.

이 랩의 노랫말에 따르면 엘비스 프레슬리는 '대부분의 사람들에게 영웅'이다. 그러나 '우리와 그' 사이에는 부와 힘에서 엄청난 차이가 있다. 그런데도 '우리 모두는 똑같다'고 가정하는 잘못된 문화 속에서 살고 있다. 그렇지만 그는 '단순하고 명백하게 ... 인종차별주의자'라고 생각된다. 따라서 엘비스 프레슬리는 도시의 젊은 흑인들에게는 아무 의미가 없다. 이 랩은 흑인에게 의식이 깨어있어야 할 것을 요청한다. '우리에게 필요한 것은 자각이다. 우리는 부주의해서는 아니되'고 그러한 힘의 기반들에 이의를 제기할 것을 요청한다.

힙합의 특징은 그 저항성이다. 가령, 이 영화에 계속해서 들려오는 퍼블릭 에니미의 '권력과 싸워라' 와 같은 랩은 서정적으로나 음악적으로 지배 권력의 성채들을 공격한다. 그래서 퍼블릭 에니미는 사회적으로 억압받는 흑인들의 목소리를 대변한다는 평가를 받는다. 좀 극단적인 랩은 '아이스 티'(Ice T: 본명 Tracy Marrow)의 '발설의 자유'(1990)로 랩 가사를 검열하는 사람들에게 도전한다. 또한 아이스 티의 랩은 심지어 경찰을 돼지에 비유하기도 한다. 이 영화에서도 랩 음악은 이 영화의 인종차별 주제를 부각시키는 데에도 크게 기여하고 있다.

2 영화 속의 아프리카계 미국인의 음악

흑인이 다수인 마을의 일상을 다룬 이 영화에는 특히 흑인의 음악과 음악가에 대한 언급과 내용이 많이 나온다. 이 영화에 등장하는 동네 라디오의 디제이는 흑인음악가들의 이름을 자랑스러운 듯 아주 길게 나열한다. 또한 힙합 그룹 퍼블릭 에너미의 '권력과 싸워라 Fight the Power'라는 곡은 앞에서 언급했듯이 열번 넘게 반복된다. 이 두 경우는 흑인의 정체성에 음악이 깊이 연관되어 있음을 보여주는 사례라 할 수 있다. 흑인의 정신과 문화를 알기 위해서는 흑인음악의 성격과 특징을 이해하는 것이 중요하다.

아프리카계 미국인 음악의 가장 중요한 특징은 그것이 생존의 체험을 통해 나온다는 것이다. 북미 대륙에 강제로 끌려온 흑인노예들은 육체적으로 생존하기 위해 노래를 불렀고, 노예해방이 된 이후에는 정신적으로 생존하기 위해서 노래하였다. 그러면서 흑인의 노래와 음악에는 노예로서 힘겨운 삶의 고통과 억압받고 차별받는 흑인으로서 삶의 애환이 고스란히 담겨져 있다.

이처럼 흑인음악의 주요 특징은 그들의 삶과 그들이 부른 노래를 따로 분리시킬 수 없는 긴밀한 관계를 맺고 있다는 사실이다. 흑인들의 대표적인 음악에는 흑인영가 Spirituals와 블루스 Blues와 재즈 Jazz 그리고 이 영화에서 강조되어 나오는 힙합(Hip-hop)이 있다. 이런 종류의 노래와 음악은 17세기부터 현재에 이르기까지 흑인 개인과 공동체의 경험을 담고 있다. 흑인이 주요 인물로 등장하는 음악영화와 그 의미를 살펴보자.

2.1. 흑인영가 Negro Spirituals

흑인영가는 18세기에 발생하여 19세기 초 최고조에 이른 음악으로 대중 복음집회를 통해 발전되었다. 물론 흑인영가 이전 노동요가 있었지만 노동요는 흑인노예들이 목화농장이나 일을 하거나 피시시피강에서 배를 저으면서 부른 노래이다. 이 노래는 앞 사람이 먼저 여흥구를 던지면 뒷사람이 화답하는 형식으로 되어 있다. 이런 형식은 아프리카에서 기원하는 형식이다. 노동요 뒤에 등장한 흑인영가는 흑인노예의 생존 투쟁에서 나온 노래이기도 하고 생존투쟁을 위한 노래이기도 하다. 이런 노래를 부르면서 흑인노예는 힘겨운 삶을 견디어 냈을 뿐만 아니라 새로운 활력도 얻을 수 있었기 때문이다. 그리고 해방 뒤에도 흑인들은 이런 영가를 계속 불렀다. 흑인영가는 노예들이 갈망하는 자유를 이렇게 노래한다.

"오 자유! 오 자유! / 오 나는 자유를 사랑하네! / 내가 노예가 되기 전에 / 내가 무덤에 묻히기 전에 / 내 주께 가려네, 자유하게 되려네."

2.2. 블루스 Blues와 재즈 Jazz

블루스는 미국 남북전쟁 이후에 대두된 장르로서 해방령 이후 흑인들이 인종을 분리하는 사회적 현실에서 겪은 경험을 반영한다. 블루스는 특히 미국 남부의 노동요와 흑인영가에서 비롯된 것으로 20세기 초기 30년간 크게 유행했다. 노예해방령에도 불구하고 흑인들의 삶은 별로 나아지지 않았다. 해방된 노예의 인권은 아직 누릴 수 없는 권리였다. 오히려 그들 대부분은 빈곤과 폭력, 편견과 차별 그리고 정치적인 권익 박탈에 직면하게 되었다. 농장에서 벗어난 부양가족을 거느린 흑인 가장들은 가족의 생계를 스스로 짊어져야만 했다. 이 힘든 과정에서 흑인들은 블루스를 통해 자신이 살면서 겪은 희로애락을 표현한다. 블루스의 핵심은 진실의 느낌이다. 아내나 애인을 떠나보내야 하는 남자가 느끼는 감정을 담고 있다. 그래서 대개의 감정은 절망감과 무력감과 비애이다.

대표적 흑인 재즈연주가 루이 암스트롱

그렇지만 미국의 흑인 소설가 리처드 라이트는 블루스가 패배와 낙담으로 가득

차 있지만 본질적으로 비관적이지는 않다고 주장한다. 그는 "블루스에서 표현되는 관능성의 순진한 힘을 통해 재앙과 우울을 변증법적으로 해소하고 삶과 사랑, 섹스와 움직임과 희망을 거의 희열에 가깝도록 긍정하게 된다"고 말한다.

한편으로 재즈는 블루스에 그 뿌리를 두는 음악으로 19세기 후반 남부 뉴올리언즈에서 발전하였다. 흑인들은 남부의 군악대의 금관악기의 소리에 깊이 매료된다. 그래서 재즈의 다른 하나의 뿌리는 금관악기의 연주와 관련되기도 한다. 재즈는 루이 암스트롱이라는 전설적인 거장과 딕시랜드 스타일을 창출해내면서 흑인만의 전유물로 자리 잡았다. 그러나 재즈는 미시시피 강 상류로 진출하여 1910년대 들어 시카고와 캔자스 시티가 그 중심이 되면서 보다 대중적인 형태를 갖추게 된다. 1930년대에는 스윙 재즈 swing jazz시대가 열린다. 이러한 스윙시대의 주역은 빅밴드(Big Band)의 경쾌한 춤곡이었다.

재즈의 특징으로는 박자가 맞지 않는 리듬에서 생기는 스윙감, 즉흥연주에서 나타나는 자유로움과 독창성, 연주자의 개성을 나타내는 사운드를 들 수 있다. 특히 재즈에는 즉흥성(improvisation)이 중요한데 각 연주자의 연주 스타일 그 자체가 재즈의 본질이라 할 수 있다. 즉 자발성, 예측할 수 없는 긴장감, 세련된 즉흥성이 재즈의 본질인 것이다. 이것이 유럽음악과 다른 점이기도 하다.

관능적이고 대담하고 환상적인 미국의 대중음악이 자랑하고 있는 두 가지 유산인 재즈와 블루스는 이렇게 흑인음악에서 시작되었고 이런 연유로 흑인음악이 바로 미국의 대중음악이라고 불릴 수 있다. 흑인들은 자신만의 음악을 통해 삶의 희로애락을 표현하는데 이는 여러 영화에 나오는 다양한 음악을 통해서도 알 수 있다.

1)「모 베터 블루스」(1990년), 스파이크 리 감독 / 덴젤 워싱턴, 웨슬리 스나입스

이 영화는 흑인 재즈 트럼펫 연주가가 성장하면서 겪는 성공과 좌절을 통해 음악과 삶의 대립을 묘사한다. 블릭은 어린 시절부터 어머니의 강요로 트럼펫을 불기 시작했다. 성인이 된 그는 뛰어난 트렘펫 연주자가 되었다. 그는 재즈음악만을 생애 최고의 관심사로 여기고 연주악단 퀸텟을 구성, 활동하며 재즈음악 외에는 어느 것에도 관심을 두지 않는다. 그러나 인기를 누리던 그의 악단은 매니저인 자이언트의 상습적인 도박으로 인해 곤경에 처하게 된다. 그리고 애인과도 결별한다. 더욱기 도박단의 폭행사건에 휘말린 블릭은 입술이 찢기는 부상을 당해 그 후유증으로 연주 활동을 포기하게 된다.

이 영화는 재즈라는 흑인음악을 통해 1980년대에 재즈에 대한 흑인의 모순적인 감정을 표현한다. 1980년대에 흑인이 사는 거리에는 이미 힙합이 유행하고 있었다. 그렇지만 재즈는 흑인음악 전통의 중요한 일부였다. 동시에 그런 음악은 또한 지난 세월의 음악인 것만은 틀림이 없었다. 영화에서 트럼펫 연주자인 블릭은 재즈 전통주의자이고 그의 멤버인 색소폰 연주자인 셰도우는 현실주의자로 대중이 원하는 것을 위해 자신의 재능을 줄 수 있는 인물이다. 그는 블릭의 애인을 차지한다. 블릭이 순수하게

트럼펫을 부는 블릭

흑인 재즈음악만을 하려고 해도 그를 둘러싼 삶의 환경이 이를 방해하는 어려운 시대를 영화는 묘사하는 것이다.

2) 「레이 Ray (2004년), 테일러 핵포드 감독 / 제이미 폭스, 케리 워싱턴, 클리프튼 파웰

이 영화도 한 흑인 뮤지션의 음악과 삶의 고뇌를 동시에 보여준다. 이 영화는 시각장애우이자 흑인 리듬 앤 블루스의 대가 레이 찰스 로빈슨(Ray Charles Robinson: 1930-2004)의 전기적 영화이다. 영화는 단순히 한 위대한 음악인에 대한 전기를 넘어선다. 이 영화의 장점은 어떻게 레이 찰스의 음악이 완성됐는지를 보여 준다는 점인데 이는 세상의 편견을 극복하는 과정을 통해 이루어진다. 동시에 동생을 익사에서 구해주지 못했다는 죄책감과 맹인으로서 암흑에서 오는 공포 그리고 혼자라는 고독감을 이겨내는 과정을 통해 이루어진다. 그는 힘겨운 극복 과정을 통해 고뇌하는 인간의 영혼을 노래하는 가수가 되는 것이다. 이처럼 이 영화는 한 개인을 미화시키기 보다는 시대적 배경과 함께 인간 삶의 어두운 모습도 보여준다.「모 베터 블루스」의 주제와 마찬가지로 삶의 갈망과 음악은 서로 대립하고 갈등한다. 이것이 흑인 뮤지션의 삶의 특징이라 할 수 있다.

레이

2.3. 힙합 Hip-hop

1970년대 미국 뉴욕 빈민가의 흑인들과 푸에르토리코 출신 청년들이 현실에서 소외감, 불안, 갈등을 느끼게 되고 이를 해소하기 위한 분출구로서 브레이크 댄스와 랩이 유행하기 시작한다. 브레이크 댄스는 기계체조 같이 정교하다. 랩의 가사는 흑인 자신들이 일상생활 가운데 느낀 사소한 생각과 자랑거리를 비롯하여, 사회문제나 정치비판 등 다양한 관심을 드러내는 것들로 만들어진다. 앞서 언급했듯이 힙합 자체가 흑인들의 삶 그 자체라고 볼 수 있다. 무대 위에서 행하는 인사법, 특히 가사 속에 등장하는 단어와 표현, 호흡법까지 모든 것이 흑인들의 삶을 반영하고 있기 때문이다.

이처럼 힙합은 미국 대도시의 소외된 젊은 흑인들 사이에서 형성된 빠른 음악과 춤, 패션 그리고 그들의 철학과 생각을 표현하는 음악 문화이다. 이런 문화는 흑인영화에도 반영되어 있다.

1) 「슬램 slam」(1998년), 마크 레빈 감독 / 사울 윌리엄즈, 소야 손

이 영화는 위의 두 영화와는 달리 랩 음악과 시가 흑인에게 구원을 가져다주는 과정을 보여준다. 워싱턴 D.C의 뒷골목의 래퍼이자 언더 시인인 레이몬드 조슈아는 마리화나를 거래하며 생계를 유지한다. 어느 날 그는 친구와 만나기로 한 장소에서 총격 사건을 목격하게 되고 출동한 경찰에 의해 운도 없이 마리화나 소지법으로 구속된다. 독방에 수감된 레이를 두고는 교도소의 죄수들은 두 패로 갈려 레이를 서로 자기편으로 만들려고 일을 꾸민다. 그는 하루 만에 그곳의 생활에 염증을 느낀다. 그는 우연히 교도소 안에서 한 여인을 만나는데 그녀의 이름은 로렌 벨이다. 로렌을 만나면서 그의 삶은 변한다.

교도소 안에서 시를 쓰는 조슈아

또한 이 영화는 미국에서 흑인으로 태어난다는 것이 무엇을 의미하는 지를 잘 보여주는 영화이다. 그것은 대체로 가난과 차별, 마약과 폭력 그리고 감옥과 연관된 삶을 의미한다. 해방된 흑인들은 남부의 농장을 떠나 북부의 도시 주변에 기웃거리며 도시의 하층민이 되어 중노동과 허드렛일을 하며 살게 된다. 그들에겐 미래의 희망이 없다. 그러나 모두가 그런 삶을 원해서 사는 것은 아니다. 많은 흑인들이 처음부터 그런 환경에서 태어나서 자랐기 때문에 비참하게 살다가 범죄에 연류되어 감옥으로 가는 것이다. 감옥도 끝이 아니다. 그곳에도 세력 다툼이 있고 또 다른 폭력도 있다.

그러나 그런 곳을 원치 않지만 어쩔 수 없이 감옥에 가는 흑인들도 있다. 이들에게는 더욱 강렬한 소망이 있다. 이들은 사람다운 삶을 살기 원하는데 레이몬드가 그런 삶을 원한다. 그는 랩을 하는 시인이고 랩은 시이면서 노래이다. 또한 '슬램 slam'이란 말 자체가 '즉흥시'라는 뜻을 담고 있다. 그는 감옥의 동료 흑인들에게 노래와 랩으로 삶의 가치를 가르쳐준다. 그들에게 나약함과 게으름, 탐욕을 버리라고 노래하고 새로운 삶을 살자고 노래한다. 그리하여 그는 물론 다른 사람들도 자신들이 소망하는 삶을 시작한다. 이것이 흑인의 힙합음악과 시가 보여주는 한 가지 능력이기도 하다.

2) 「허슬 앤 플로우」(2005년), 클레이그 브로워 감독 / 테렌스 하워드, DJ 퀄스

이 영화는 암울한 현실에 처한 한 흑인이 역시 힙합음악으로 자신의 꿈을 찾는 과정을 보여준다. 즉 이 영화는 힙합을 부르며 어려운 환경 속에서 성공하고자 발버둥 치는 한 흑인남자의 이야기이다. 미국 중남부의 도시 멤피스. 과거에 힙합 뮤지션을 꿈꿨지만 나이 사십을 앞둔 주인공 디제이는 포주로서 뒷골목에서 하루하루를 살아가는 흑인이다. 어느 날 우연히 디제이의 손에 들어온 작은 키보드는 잃어버렸던 그의 꿈을 자극한다. 그는 오랜 친구이자 사운드 엔지니어인 케이와 교회 뮤지션 쉘비 그리고 자신이 고용한 창녀, 아내 등을 데리고 집에서 만든 스튜디오에서 데모 테이프를 제작한다. 이 힘겨운 과정이 겉으로는 실패하지만 그것이 실패가 아니라는 것이 이 영화의 중요한 포인트이다.

동시에 이 영화는 힙합을 하는 한 집단의 얘기다. 그 집단은 어떤 관점에서는 단순히 힙합음악을 하는 모임일 수도 있고, 또는 미국 흑인 빈민층의 희망을 반영하는 집단일 수도 있다. 이처럼 이 영화는 꿈을 잃어버린 사람과 한 집단의 희망에 대해 이야기한다.

힙합 뮤지션을 꿈꾸는주인공 디제이

위에서 간단히 분석한 네 편의 흑인음악과 뮤지션 영화를 대체적으로 살펴보면 블루스와 재즈 음악가는 음악을 추구하지만 삶의 현실에서 부딪혀 좌절되는 경우가 많아 보인다. 이에 비해 힙합음악가들을 다룬 영화는 성공과 꿈에 대하여 이야기 하며 대체적으로 긍정적인 결말을 맞고 있는 것을 볼 수 있다. 이런 관점에서 보면 이 힙합 소재 영화는 힙합으로 성공한 흑인 뮤지션에 대한 흑인의 선망을 반영하고 있다고 볼 수 있다. 동시에 블루스와 재즈음악의 위상이 예전과 같지 않다는 것과 현대의 힙합음악의 높은 위상을 반영하고 있는 것이라 말할 수 있을 것이다.

흑인들은 노예라는 굴레와 그 굴레를 벗은 뒤에는 경제적 빈곤, 사회적 편견과 인종적 차별에 시달리면서 영가, 블루스, 재즈, 힙합음악을 창조하였다. 이런 음악과 노래를 통해 그들은 향수, 열정, 사랑, 비애, 분노, 갈망 등의 감정을 전달하며 그들의 삶의 애환을 표현하였다. 흑인들이 만든 이런 다양한 음악과 노래, 춤은 자유롭고, 솔직하며, 활력 있는 그들의 생활 방식에서 나온 것이었고 그들의 삶의 표현이었다 할 수 있을 것이다.

[참고 문헌]

- 김미아, '흑인음악 속에 내재하는 흑인의식', 『현대영미어문학』, 현대영미어문학회, 2003.
- 로저 애버트(최보은, 윤철희공역), 『위대한 영화』, 을유문화사, 2006.
- 성기완, 『영화음악』, 한나래, 2003.
- 스티븐 슈나이더(정지인 역), 『죽기 전 꼭 보아야할 영화 1001편』, 마로니에 북스, 2005.
- 제임스 콘(현영학 역), 『흑인 영가와 블루스』, 한국신학 연구소, 1987.
- 태혜숙, 『미국문화의 이해』, 중명, 1997.
- http://terms.naver.com/
- www.wikipeida.org

주_

1_ 이 영화는 1992년 3월 로스앤젤레스에 있었던 흑인 폭동을 예상한 영화로도 유명하다. 과속운전하다 도주한 흑인을 백인 경찰이 무차별 구타한 장면을 찍은 비디오가 공개되고 관련 경찰이 무죄평결을 받으면서 폭동이 발생했다. 이 폭동으로 사흘간 54명이 사망했다. 특히 한인 업소의 피해가 컸다.

향수, 그 덧없는 삶의 본질

원 제 Das Parfum – Die Geschichte eines Mörders
제 작 국 독일, 프랑스, 스페인
개봉년도 2006년
상영시간 147분
등 급 12세 이상
원 어 영어

수상경력

- 2006: 독일 밤비 영화상 (국내 최고 부문에서 베른트 아이힝어, 톰 티크 베어, 벤 쇼우가 수상)
- 2007: 바이에른 영화상(최고 무대장치 부문서 울리 하니쉬가 수상)
- 독일 영화상(최고 영화 은상, 최고 카메라상, 최고 편집상, 최고무대장면상, 최고 무대의상상, 최고 음향구성상)

Contents

1 영화 소개

1.1. 작가와 원작

소설 『향수』(1985)는 파트리크 쥐스킨트 Patrick Süskind를 전 세계적으로 제일 유명하고 현대 독일어권 문학에서 가장 성공한 작가로 만들었다. 출판 후 베스트셀러였을 뿐만 아니라 9년 동안 독일의 주간잡지인 슈피겔지의 베스트셀러 리스트에 올라가 롱 셀러가 된 작품이었다. 디오게네스 출판사는 초판 100,000권을 출간했는데 몇 주 안되어 절판이 되었다. 전 세계적으로 46개 언어로 번역되었으며 1,500만 권 이상 판매되기도 하여 화제

가 된 책이기도 하다. 이 책을 2006년 감독인 톰 티크베어가 영화로 만들었다.

독일의 소설가이자 시나리오 작가이기도 한 파트리크 쥐스킨트는 1949년 독일 남부 바이에른 주에 있는 암바흐에서 출생했다. 지금은 뮌헨과 파리 그리고 남프랑스 소재 몬테놀라 Montolieu에서 살고 있다. 쥐스킨트는 고교를 졸업하고 공익요원으로 군복무를 마친 후에 1968년부터 1974년까지 뮌헨에서 역사를 공부했다. 학업 중에 단편산문집과 시나리오를 만들었으나 당시엔 출판되지 않았다. 졸업 후에 프랑스로 가서 프랑스 문화와 언어를 접하게 되었다. 쥐스킨트의 아버지는 작가, 번역가이자 오랫동안 쥐트도이체 차이퉁 신문의 기고가였고, 그의 형은 저널리스트로 활동 중이다. 오늘날 유명한 작가가 되기까지에는 그의 아버지와 형의 영향이 컸다고 말할 수 있다.

쥐스킨트는 외부에 노출되는 일을 극도로 꺼린다. 대중 앞에 나서지 않고 거의 인터뷰도 하지 않는 작가로서도 유명하다. 여러 문학상도 거부하였는데, 예를 들어 프랑크푸르트 알게마이네 차이트 신문의 문학상(1987)과 투칸상(1987) 거부가 그것이다.

2006년 뮌헨에서 『향수』가 영화로 만들어져 세계에서 처음으로 초연되었을 때도 모습을 드러내지 않았다. 쥐스킨트에 관해선 사진도 거의 없는 편이다. 현재 그는 아내 탄야 그라프 Tanja Graf와 함께 아들 한 명을 두고 있다. 대표작으로는 우리나라 독자에게 잘 알려진 『콘트라베이스』, 『좀머씨 이야기』, 『비둘기』 등이 있다. 특히 1막의 모노드라마인 『콘트라베이스』는 1984/85 공연시즌에서 500회 이상 공연됨으로써 독일어권 극장에서 제일 많이 공연된 작품이었다.

영화의 원전인 『향수』는 후각에 대한 추측과 향기, 냄새의 감성적 의미를 다루고 있으며, 향수의 형식으로 이것들을 제조하는 것에 근거하고 있다. 『향수』는 부제가 말해주는 것처럼 어느 살인자에 관해 이야기하고 있다. 그러므로 범죄소설로 정의할 수 있겠고, 그르누이가 다녔던 지역들의 묘사장면으로 인해 여행소설로 정의할 수도 있겠다. 게다가 그르누이가 로라를 마치 개구리가 걸어다니는 걸음걸이로 뒤쫓는 환상적인 줄거리는 공주를 쫓아가는 "개구리 왕자"를 떠올리기에 이 소설의 장르를 동화로 정의내릴 수도 있겠다. 하지만 영화의 원전인 쥐스킨트의 소설 『향수』는 장르의 정의에서 교양소설에 가깝다고 말할 수 있다. 독일문학에서 교양소설이란 일정한 목표를 향해 나아가는 한 개인의 정신적, 성격상의 발전을 그린 소설을 말한다. 대개 3단계로 줄거리가 구성되어 있다: 수업시대, 편력시대, 장인시대. 그런데 소설에서나 영화에서는 주인공의 성격의 발전에 대해 묘사하는 부분이 적고 세계, 주위환경과 이웃사람들이 그의 정신적 내적 발전에 끼친 영향에 대한 묘사가 바탕을 이루고 있으므로 "기형교양소설"로도 불러야 할지도 모른다.

게다가 이 영화의 배경인 18C에 교양소설이 생겨났다. 교양소설은 시민(계급)의 이상, 문제 그리고 평등과 해방의 과정을 반영해준다. 그러므로 교양소설은 합리적인 교양의 목표, 개개인의 재능의 발전 가능성, 그리고 사회에서의 개개인을 위한 활동영역들을 찾는다. 당시 18세기 시민들에게 중요한 질문들을 제기한다. 노동시장에서 생산방식이 개혁되고 생활태도가 변화됨으로써 시민들에겐 정치적, 사회적 종교적 제약들이 낡은 것으로, 지속적인 변형에 방해가 되는 것으로 간주되었다. 자신의 사회적 위치와 삶의 목표를 새로이 정의내리고 새로운 규범을 찾아야 할 필요성을 느꼈다.

쥐스킨트는 마치 심미주의자처럼 현실을 지배하는 중산층이나 귀족층의 천박하고 고루한 가치척도나 생활양식에 대한 반발에서 반사회적 태도를 취한다. 그럼으로써 실제 사회생활에서 거리를 두고자 하며 시민들로 하여금 그들의 일상의 법칙에 '다시 생각하기'를 추구하고 있다. 그르누이를 사형시키고자 했던 사람들은 그가 죄가 없다고 말한다. 그리고 리히스도 자신의 딸을 살해한 그르누이에게 아버지의 역할을 하고 싶다고 말한다. 여기서 개인의 비극을 사회적 비극으로 발전시키는 작가의 의도를 어렵지 않게 간파할 수 있겠다.

1.2. 발생사

쥐스킨트는 오랫동안 수많은 저명한 감독들이 그의 작품을 영화로 만드는 일을 거부했다. 하지만 드디어 2001년에 그의 소설을 영화로 만들 권한을 독일의 감독이자 영화제작자인 베른트 아이힝어 Bernd Eichinger에게 넘겨주었다. 1986년부터 아이힝어가 제작권을 소유하려고 노력한 이래 거의 15년 뒤에 성사된 셈이다. 콘스탄틴 필름이 판권비용을 포함하여 총 약 1,000만 유로를 투자한 이후 2년 반의 제작기간을 거쳐 2006년에 개봉되었다. 아이힝어는 그의 동향인인 톰 티크

그르누이 역의 벤 위쇼

베어에게 감독을 맡기고자 했다. 티크베어는 그와 영화시나리오를 함께 쓴 적이 있었다. 조연엔 더스틴 호프만과 알란 리크만 같은 유명한 사람들이 맡은 반면에 주연은 잘 알려지지 않은 영국의 연극배우이자 영화배우인 벤 위쇼가 맡았다. 주로 몸 연기와 표정술로 비범한 후각의 소유자를 표현하는 특별한 역할이 위쇼에게 요구되어졌다.[1] 소설 속에서와 마찬가지로 영화 속 주인공인 그르누이는 영화 속에선 거의 말을 하지 않기 때문이다

스텝은 다음과 같이 구성되어 있다.

톰 티크베어 Tom Tykwer

감독인 톰 티크베어는 독일 노르트라인 베스트팔렌 주에 위치한 부퍼탈에서 유년시절을 보냈다. 1992년에 제작자인 슈테판 아른트와 함께 영화사 '리베스 필름'을 설립했다. 여기서 그의 첫 장편영화인 「치명적인 마리아 Die tödliche Maria」(1993)를 제작하여 독일 영화 비평상을 수상했다.

티크베어는 이 영화 「향수」의 주연을 처음엔 레오나르도 디카프리오에게 맡기려고 했었다. 티크베어에 의하면 디카프리오는 환한 표정뿐 아니라 적절한 우수도 지니고 있었기 때문이었다. 하지만 그가 확실한 답을 주지 않았다. 그의 에이전트가 주연의 이미지가 그의 이미지에 해를 끼칠까봐 걱정했기 때문이었다. 그래서 수백 명의 후보들 중에서 선택한

사람이 벤 위쇼이었다. 제작자인 아이힝어의 말에 의하면 벤 위쇼는 적당한 나이와 불가사이한 광희를 가지고 있었다. 그 당시 24살의 영국인이었던 벤 위쇼는 런던 극장에서 센세이셜한 햄릿을 공연했고 이미 영화에서도 역할을 몇 번했던 터였다. 위쇼는 감독의 회상에 의하면 "각이 있는, 적절히 독특하고 신비롭게 우울한 모습을 소유한 젊은이"였다. 그리고 그는 프로방스 들길 가장자리 숲속에 잠복해 있을 때 누더기 차림에서도 좋게 보였다. 붉은 머리카락의 소녀가 마차를 타고 지나가고 그가 그녀의 냄새를 흡입할 때 카메라 눈앞에서 겁먹은 채 그의 눈이 넓어졌다. 그는 이들이 찾았었던 순진함과 타락의 혼합을 지니고 있었던 것이었다.

라헬 Rachel (로라역)

그르누이는 영화 속에서 로라 주위를 에워싼 유토피아적이고 명확한 신비적 이미지를 이상화시켰다. 하지만 그럼에도 불구하고 로라가 순박한 틴에이지로만 묘사되어선 안되었다. 그래서 감독과 제작자는 '젊은 육체에 늙은 영혼'을 소유한 배역을 찾았다. 그르누이의 사회적 상황을 훨씬 뛰어넘고, 그가 완전히 도달할 수 없는 곳에 머무는 인물을 소화하는 배우는 바로 라헬이었다.

더스틴 호프만 Dustin Hoffman (발디니역)

감독과 제작자와 더스틴 호프만, 이 세 사람은 이전부터 잘 아는 사이였다. 영화에서 발디니는 특별히 중요한 인물이다. 왜냐하면 거의 직접적인 상호작용을 영화 속에서 거치지 않는 그르누이에게 진지함을 지닌, 무대에 적합한 대조상이기 때문이다. 한편으로 발디니는 그르누이를 성숙시켰고, 다른 한 편으로 두 사람은 '스승과 제자'의 의미에서 논쟁을 잘 이끌어 갔다. 그르누이와 발디니 역할의 두 사람은 잘 어울리는 한 조였다. 게다가 더스틴 호프만은 희극적인 것을 품위 있게 표현할 줄 아는 사람이었다.

알란 리크만 **Alan Rickman (리히스역)**

그르누이의 존재와 그가 그의 딸에게 가까이와 있음을 느낄 수 있는 사람이 필요했다. '관객이 이 사람은 그르누이를 잡아들일 수 있는 사람'이라고 생각하게 할 인물이 필요했다. 이 역할은 알란 리크만이 맡았다. 그르누이의 반대역이다. 그가 맡은 배역인 리히스는 그르누이를 점차 꿰뚫어보았던 유일한 인물이었다. 그는 정치적인 야심이 큰 인물이다. 그래서 자신의 딸 로라를 귀족과 결혼시키려 한다. 그의 신분 상승을 위해서이다. 그는 부유한 상인이다. 로라는 뛰어난 미모로 인해 그라스 지방의 모든 사람들의 시선을 한 몸에 가지고 있어 리히스의 값진 보석이기도 했다. 리히스는 신분 상승을 위한 수단인 자신의 딸 로라를 안전하게 보호하려고 한다. 상황의 심각성을 인식하고 있는 유일한 인물인 리히스와 그루누이 사이엔

하나의 공통점이 있다. 그들 모두가 로라를 사랑한다는 점이다. 리히스는 그녀의 아름다움으로 인해서이고, 그르누이는 그녀의 향기로 인해서이다. 리히스는 그르누이가 최종적으로 그의 딸을 노리고 있다는 사실을 인식하게 된다. 이때까지 그르누이가 살해한 여인들은 그의 향수제조를 위한 '기초공사' 였고 이의 완성을 위해 로라가 필요했던 것이다. 리히스가 향수의 소재를 가지고 있고, 그르누이는 이것을 제조하려고 하는 것이다.

촬영은 2005년 7월 12일에 시작하여 67번째의 촬영일인 당해 10월에 끝났다. 촬영지는 독일 뮌헨 소재 바바리아 필름과 소설 속에서 가끔 언급된 프랑스의 프로방스와 스페인에서였다. 스페인의 바르셀로나에서는 소설 첫 부분인 파리에서의 무대가 된 장면들이 만들어졌다. 18세기 파리를 가능한 원래대로 재현하기 위해서 17톤이나 되는 물고기 내장, 진흙, 밀짚, 260명의 협력자, 100개의 다양한 영화 모티브들이 필요했다.[2)]

영화 『향수』에 나오는 영화음악은 브란덴부르크 극장에서 현지 심포니오케스트라에 의해 5일간 연주되기도 했었고, 베를린 예술대학 교수이자 음향편집 기사인 볼프강 로스 Wolfgang Loos에 의해 보다 많은 사운드 트랙으로 녹음되었다. 전체 사운드 트랙이 시몬 라틀레 Simon Rattle 지휘 하에 베를린 필하모니에 의해 한 번 더 새로이 연주되기도 했었다.

2006년 9월 14일에 영화가 상연되자 상연 첫 주말에 거의 100만 명이 입장하여 관객수 1위에 랭크되었다. 그 외 독일어권 국가인 스위스에서는 첫날에 53,000명이, 오스트리아에선 131,000명이 관람했었는데, 독일에선 11월엔 이미 500만 명 이상의 관람객수를 달성했다. 하지만 아이러니 하게도 언론으로부터는 호평을 받지 못했었다. 독일의 저명한 주간신문인 디 차이트 Die Zeit에 의하면 "굉장한 저속 오페라, 음침한 시체털이꾼-이야기, 잔인한 연쇄살인-영화" 같으며 아이힝어와 티크베어가 그와 같은 비천한 작품에 수많은 비용을 치렀다는 사실이 신기할 따름이었다는 비평을 받았다. 그리고 프랑크푸르트 알게마이네 일요신문에 의하면 주인공의 역할 등에 있어서는 "나쁜 선택도 아니고, 잘 생긴 사람도 아니고, 강렬하지도 않다. 게다가 잔잔한 마력의 분위기가 없다."

1.2. 줄거리

시점은 18세기 프랑스이다. 1738년 7월 17일. 한 남자가 감옥에 갇혀 있다. 광장에서 민중에 의해 처형당하기 직전이다. 줄거리는 크게 4가지로 나눌 수 있다 : 그르누이의 어린 시절, 그라스로 떠나는 그르누이, 새로운 향수제조법을 배우다, 법정장면과 끝 장면.

그르누이의 어린 시절

파리의 어느 시장에서 아주 무더운 날에 그르누이가 태어난다. 생선을 파는 그의 어머니가 갑자기 소리치더니 그를 낳고, 탯줄을 자르자마자 물고기 오물더미 위로 그를 던져 버린다. 잠시 후 그르누이의 울음소리로 인해 그녀는 살인자로 몰려 처형당한다. 이 아이는 돈을 받고 키워주는 어느 유모에게로 보내진다. 이곳에서 그르누이는 오직 후각에 의해서 그의 주위 환경을 완전하게 규명한다. 그가 13살이 되자 가죽을 다루는 무두장이에게 팔려간다. 그리고는 매일 16시간을 일해야 했다. 아주 힘든 일을 이겨낸 그는 무두장이 공장제품을 시내로 배달가게 된다. 파리의 노상에서 향기의 삼라만상을 체험한다. 온갖 수많은 종류의 냄새를 맡는다. 그 중에서 특히 자두를 파는 젊고 붉은 머리를 소유한 여인의 냄새가 그르누이에게 강렬한 인상을 남겼다. 그가 그녀의 손에 코를 갖다대고 킁킁거리자 그녀는 놀라 도망간다. 그는 그녀를 따라가서 그녀가 소리치는 것을 막으려고 그녀의 코에다 손을 덮어 고의 아니게 질식사 시킨다. 그리고 그녀의 옷을 찢고 성행위 없이 그녀의 전신에서 강렬하게 냄새를 맡는다.

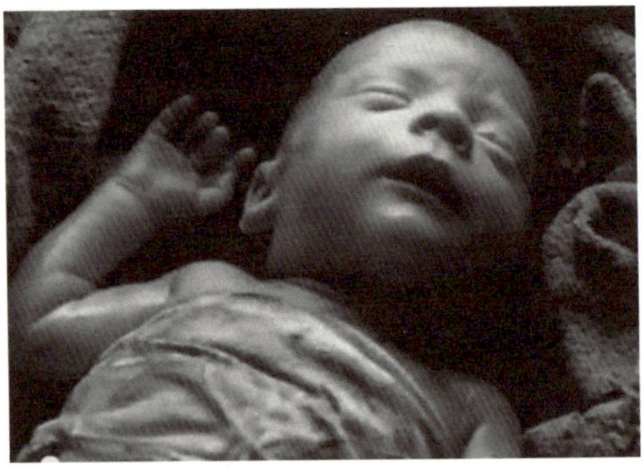

그르누이의 탄생

그후 어느 향수 가게로 배달나가게 된다. 한때 파리 향수계에서 가장 유명했지만 지금은 그의 명성이 지나간 발디니의 가게이다. 그르누이는 발디니의 눈 앞에서 그의 경쟁자가 만든 향수와 동일한 것을 만들어 보이고, 나아가서는 그것보다 더 나은 향수도 만들어 보인다. 그리고선 그에게 향수를 체계적으로 만들 수 있는 방법을 배워달라고 간청한다. 왜냐하면 그르누이는 그가 태어날 적부터 소유한 기이한 후각 능력에 의해서만 향수를 제작했기 때문이었다. 그래서 그는 발디니에게서 냄새를 체계적으로 만들고 저장하는 방법을 배우고자 한다.

발디니가 그르누이를 무두장이에게 돈을 지불하고서 데려와 전 프랑스에서 명예와 부를 차지한다. 그르누이는 발디니에게서 수많은 향수제조 방식과 특히 증류시키는 기술을 배운다. 하지만 그는 곧 발디니의 한계를 인식하고 그에게 100가지의 향수제조 방식을 만들어 주는 대신 그의 추천서를 받아 남프랑스 소재 그라스로 가서 더 나은 향수제조 방식을 배우고자 한다.

그라스로 떠나는 그르누이

그르누이는 도시와 마을이 아닌 들판을 가로질러 남쪽으로 향하길 결심한다. 도중에 어느 화산산지의 동굴 속에서 고립된 생활을 시작한다. 수년간 이 동굴에서 생활하다가 그가 거의 그의 내면 속 깊이 간직해두었던 냄새들에 도취하게 된다. 하지만 정녕 자신은 어떠한 냄새도 지니고 있지 않는다는 사실을 알게 되자 그곳을 떠난다. 그라스로 향하던 중 파리에서 살해된 여자의 냄새보다 훨씬 더 나은 냄새를 발견하게 된다. 빛나는 붉은 머리카락의 소유자가 마차를 타고 그가 가는 방향으로 가고 있었다. 그르누이는 그 마차를 쫓아 그라스로 향해서 그녀의 집까지 따라간다.

새로운 향수제조법을 배우다

그르누이는 그곳 마을 향수 제조공장에서 일하게 된다. 여기서 그는 꽃향기를 통한 새로운 향수제조법을 배운다, 그리고 붉은 머리 소녀의 냄새를 저장하는 방식을 얻고자 하는 소원이 생겨난다. 이 목적을 위해 그는 그라스 지방 주위를 유랑하며 많은 아름다운 여성들을 때려죽인다. 여러 소녀들로부터 얻은 냄새를 통해 향수를 만들고, 붉

은 머리 소녀의 냄새를 완벽한 향수를 위한 13번째의 추출물로서 얻고자 한다. 이 사실을 인지한 부유한 홀아비 상인인 그녀의 아버지 리히스는 며칠 뒤 귀족과 결혼해야 하는 자신의 딸을 안전한 섬의 수도원으로 데려가고자 한다. 도중에 어느 해변가에서 하룻밤을 묵게 된다. 그르누이는 이들을 쫓아가서 이 여인을 살해하고 냄새를 저장하지만 곧 체포당한다.

고향을 찾아 자살하다

그가 어둠속 고문을 받으면서 살해의 동기를 "단지 그가 소녀들을 필요로 했다"고만 말한다. 그르누이는 아주 빠른 속도로 1766년 4월 17일에 나무 십자가에 묶여져 철몽둥이로 내려져 죽게 되는 판결을 받는다. 하지만 사형집행을 구경하러 몰려든 수많은 군중이 운집한 광장에서 그르누이는 향수를 뿌려서 동포애의 상냥함과 사랑을 얻는다. 마지막 살해당한 여인의 아버지인 안톤조차도 향수에 도취되어 그르누이 앞에서 무릎 꿇고 부성애를 감지한다. 이제 그르누이는 그라스를 떠나 자신이 태어난 파리의 생선시장으로 돌아간다. 그곳에서 그의 향수를 끼얹어 사람들을 자극하여 그들이 식인자들의 모습으로 그에게 달려들어 그를 삼켜서 소거시켜버리게 한다.

2 영화 분석

영화는 1738년 6월 17일 파리에서 태어난 허구 속 살인자 그르누이의 사랑에 관한 이야기를 그리고 있다. 하지만 오늘의 모습을 담고 있는 이 영화는 1. 현대사회에서 소외당한 인간의 문제에 대한 분석과 2. 향수와 죽음(살인)의 모티브 3. 소설의 장르 4. 인물상 등에 대한 분석을 통해 이해가 가능하다.

2.1. 현대사회에서 소외당한 인간의 문제

영화 속 그려진 인간상은 쥐스킨트의 작품 속에서 일반적으로 그려진 인간상과 동일하다. 사회 속 고독한 개인, 이 개인의 사회적 융합에 대한 동경 그리고 최종적으로 인간은 자기의 의지와 반대로 세계속에 던져져 있다는 인간의 피투성被投性에 반대하여 절망적으로 노력하는 인물들이 그려진다. 영화 속 그르누이 역시 쥐스킨트 작품에서의 인물상인 아웃사이더나 정서적으로 불안한 인물에 근거하고 있다. 세상과 일상 그리고 삶의 번잡스러움에서 회피하기 위한 은둔자 생활을 영위하는 인물들이다. 그들은 왜소하고 세상으로부터 소외된 자들이다. 또는 의도적으로 세상을 등지고 산다. 그루누이는 연쇄살인범이거나 섹스가 동기가 되어 살인하지 않는다.

그르누이를 착취함으로써, 비인간적으로 다룸으로써 이익을 챙긴 사람들은 모두 사망하게 된다. 오직 자신의 돈벌이로만 생각했던 유모는 피혁공장의 그리말에게 그르누이를 넘기고서, 그리말은 그르누이를 다시 향수가게로 팔아버린 후에 그리고 발디니는 그르누이가 그라스로 길을 떠난 후에 각각 사망하게 된다. 이러한 인물군은 사회

발디니에게서 향수제조법을 배우고 있는 그르누이

를 그리고 그르누이는 이 사회에 존재하는 개인을 상징한다. 이러한 개인은 사회에 융합되지 못한다. 그르누이는 사회에서 소외받은 아웃사이더이다. 그르누이는 그라스로 향하던 중에 인간의 악취가 싫어서 좋은 냄새가 나는 산에서 정착하게 된다.

그르누이는 프랑스에서 가장 악취가 심한 곳에서 태어났다. 그 어느 누구도 그르누이 보다 더 비천하게 출생할 수는 없었다. 원작에선 이에 대해 더 자세하게 묘사되어지는데, 이전엔 공동묘지였고 현재는 온갖 악취가 진동하는 생선시장 한 탁자아래에서 태어나서 피비린내 나고 지저분한 생선 쓰레기 더미에 내버려진다. 젖먹이 때부터 그는 위협적인 인물로 간주되었다. 그가 지닌 '소름끼칠 정도로 비범한 재능' 때문이다. 그는 말을 코로 배운다. '나무'를 말할 수 있기 전에 우선 그게 어떤 냄새가 나는지 알아 차린다. 그는 수만, 수십만의 냄새를 기억하고 점점 더 많이 기억되어진다. 6살이 되어 그는 그의 주위를 후각적으로 완전히 파악하게 된다. 그의 절뚝거리는 모습과 곱추처럼 허리를 조금 굽힌 채 걷는 모습 등에서도 그는 악마로 묘사된다. 이 유모에서 저 유모로 옮겨졌고, 그 어느 누구도 그를 맡으려고 하지 않았다. 게다가 어린아이들에게서 조차도 '으스스한' 인물로 여겨져 그는 살해당할 위험에 처하기도 할 정도였다. 하지만 그르누이는 특이하게도 저항에 강한 육체의 소유자였다. 왜냐하면 그는 '모든 질병' 과 타인들의 비인간성도 이겨내기 때문이다. 사랑이나 상냥함 같은 단어들은 그가 전혀 배우지 못한 개념들이다. 그의 엄마는 그를 비참하게 죽게 내버려두었고, 그를 받아들인 유모인 가이아르 부인은 인간적 따뜻함이나 차가움, 모든 열정을 분실한 사람이었다. 그녀는 영혼이 없는 여인이었다. 이러한 사실에 대해서는 쥐스킨트의 소설 『향수』의 4장에서 그녀에 대해 다음과 같이 상세하게 묘사된다.

"가이아르 부인은 아직 서른도 채 되지 않았지만 세상 풍파를 다 겪은 여자였다. (…) 처녀 미라라는 표현이 적절했다. 그러나 내면적으로는 이미 죽어있는 여자였다. 어린 시절 아버지로부터 부지깽이로 이마를 맞은 때문이었다. 코와 이마가 만나는 바로 그곳이었다. 그때부터 그녀는 후각을 상실했고, 그와 더불어 따뜻함이나 냉정함 등 모든 인간적 감정도 잃어버렸다. 그 한 번의 매질로 인해 그녀에게는 친절과 혐오가 동시에 낯선 일이 되어 버렸다. 기쁨과 절망 역시 그녀는 느끼지 못했다."

그르누이는 이와 같이 어려서부터 엄마와 유모의 사랑없이 감각없는 존재로 성장했고, 인간을 살해했을 때도 아무런 것을 느끼지 못한다. 사람들이 그를 주목하지 않을 때에만 그는 기분이 좋아진다. 이러한 은폐나 격리로 인해 그르누이는 '진드기'로 묘사된다. 피혁공장 사장인 그리말도 그를 동물다루 듯 착취한다. 발디니도 자신의 부와 명예를 되찾기 위한 수단으로 그르누이를 이용한다. 한때 최고의 향수제조자인 발디니가 경쟁자의 출현으로 그의 향수가게를 접으려고 할 시점에 그르누이가 등장하여 마치 괴테의 『파우스트』에 나오는 악마 메피스토펠레스처럼 발디니와의 계약을 통해 발디니의 명예욕과 부를 충족시켜준다. 발디니가 그의 경쟁자가 만든 향수를 분석해서 복사하고자 하는 의도가 그의 능력의 한계에 부딪혀 있을 때였다. 마치 『파우스트』에서 파우스트 박사가 학문의 한계에 부딪쳐서 절망하고 있을 때처럼 말이다.

그르누이에 대한 인물묘사는 작가의 원작에 비교적 충실하게 따랐다. 쥐스킨트의 인물묘사는 1차 세계대전 직전 독일을 중심으로 전개된 아방가르드 운동인 표현주의의 대표적 작가들의 인물묘사와 유사한 점이 있다. 카프가의 『변신』이나 뷔히너의 『보이체크』 등이 그 예이다. 이들은 모두 주인공들의 환상적이거나 격정적인 심리상태들을 작품들에 표현하고 있다. 사회에서 소외당한 자들인 고독한 아웃사이더의 자살(또는 타살)사건을 다루고 있다.

2.2. 향수와 죽음(살인)의 모티브

영화에서는 냄새가 없어서 인류로부터 거절 또는 외면당하고, 사람들이 그에게 무관심해서 향수제조를 통해서 다른 사람이 되고자 했던 주요 동기에 대해 너무 간단히 설명되고 있다.

자신은 냄새가 없지만, 특색 있는 후각을 지니고 태어난 그르누이에 관한 영화에서 그르누이를 절대적 기인으로 만드는 것은 그의 비인간적 이기주의 외에도 그가 지닌 초인적인 후각력이다. 그는 오히려 일종의 기쁨 없고, 최악의 운명을 지닌 자폐증의 인물이다. 그루누이는 가정, 돈, 친구 중 그 어느 것도 가지고 있지 않다. 그가 가진 것은 기묘하고, 천재적인 재능, 즉 후각뿐이다. 그루누이는 태성적 이래 탁월한 후각을 지녔지만 정녕 본인은 냄새가 없다. 그라스로 향하던 중에 그는 수년간 동굴에서 생활하면서 자신만의 세상을 영위했다. 하지만 그가 냄새가 없다는 사실을 알았을 때 큰 충격을 받는다. 자기 자신에게 대한 공포로 인해 그리고 다른 사람들에 대한 권력욕으로 인해 그는 다시 동굴에서 나와 사회로 되돌아간다. 여기서 살인의 동기가 시작되었다. 그의 살인 행위는 복수나 증오에 의해서가 아니라 인간들로부터 받아들여지고 사랑받게 되고 싶은 소원에 의해서이다. 어느 날 자두를 팔고 있는 소녀의 냄새를 맡았을 때 그는 그때까지 자신이 처음 맡아보는 냄새였고 사망할 때까지 잊지 않았으며 일생동안 좇아간 냄새를 발견한다. 하지만 그가 발견한 이 냄새는 그가 다시 잃어버릴까 봐 겁이 났다. 왜냐하면 이 냄새가 어디서 왔는지 모르기 때문이었다. 그에겐 이 냄새가 모든 다른 냄새들의 질서에 열쇠가 될 수 있을 것으로 여겨졌다. 만약 그가 이 냄새를 소유하지 못하면 그는 인생을 헛되이 살았을 것이다. 그는 그의 내적 평온을 위해 이 냄새를 가져야 한다. 그러므로 살인의 동기는 소녀의 향기를 잃어버리지 않기 위해서이다.

그때부터 그르누이는 세상에서 최고의 향수를 만들자 결심하고 성공한다. 향수제조에 집착하는 이유는 자기의 정체성을 나타내주는 자신의 체취를 통해 타인들의 사랑을 받고자 하는 것이었다. 그래서 연쇄 살인행위를 살인 그 자체의 의미에서 해석해서는 안되는 이유가 여기에 있는 것이다. 하지만 이 향기의 매혹적인 매력에도 불구하고 종국엔 혼자가 된다. 그에겐 단지 껍데기로서만 그 향이 도움이 되었다. 그가 사랑받은 것이 아니라 그의 향수가 사랑받은 것이었다. 그래서 그는 그가 태어난 장소, 악취가 풍기는 파리의 생선시장으로 뒤돌아가서 죽는다. 과량의 향수를 끼얹어 그곳에 있던 거지, 살인자, 도둑들로 하여금 자신이 천사로 보이게 하여 그의 한 부분을 소유코자 그를 찢고 삼켜버리게 한다. 향수는 다른 사람처럼 사랑할 수 있고 사랑 받을 수 있는 한 인간으로 그를 변화시킬 수 없었다. 권력의 체험은 그를 불행하게 만들었다. 왜냐면 그는 그가 사랑받는 게 아니라 향수가 사랑받는 것임을 알았기 때문이다.

우리는 모두 똑같은 사람들의 인파속에서 우리를 두드러지게 하고 뭔가를 행하길 시도한다. 「향수」가 바로 그와 같은 것을 다룬다. 이것은 아마 성공의 이유일 것이다,

톰 티크베어에 의하면 '「향수」는 젊은이로서 어떠한 사랑이나 애정의 경험이 없는, 그래서 언젠가 자신에게서 생겨나는 감정들을 다룰 수 없는 한 남자의 끔찍스러운 고독을 다룬다'는 육감적인 대체조직, 즉 냄새의 세계로 도피한다. 그리고 이 우주로부터 병적인 삶의 모델을 발전시킨다. 무의식적이고 당혹스러운 채 인정받고자 하는 남자의 완전한 고독, 이는 파국으로 치닫게 한다. 고독과 인정받지 못한 천재의 사건. 그는 타인에게서는 스스로 존재하는 이유를 체험하기 위해서 인정되어지길 바랐다. 그래서 그는 인정받고자 끊임없이 동경한다. 그러는 동안 아주 비범한 방식으로 슬픔에서 벗어나올 길을 발견한다. 그루누이는 그의 유일한 특별한 재능, 아주 주목을 일으키는 후각을 고독의 불행에서 경탄과 예찬의 불빛으로 나오기 위해서 이용한다.

3 독일 사회의 문제 : 자살률

오늘날 성범죄 못지않게 자살률이 우리나라의 큰 사회문제가 되었다. 우리나라의 자살률은 OECD 국가 중 1위이다. 이 자살률은 증가하고 있다. 2010년 기준으로 인구 10만명당 33.5명에 달한다. 하루 평균 42.6명이 자살한다는 수치이다. 신문지상에선 일반인, 연예인 할 것 없이 이들의 자살에 관한 기사가 자주 눈에 띈다. 그래서인지 "베르테르 효과"라는 단어도 점점 귀에 익숙한 단어가 되어버렸다.

이 단어는 독일의 대문호인 요한 볼프강 폰 괴테의 작품 『젊은 베르테르의 슬픔』(1774)과 관련지어진다. 괴테는 그의 나이 25세에 쓴 이 한 편의 소설로써 일약 세계에서 가장 유명한 작가가 되었다. 나폴레옹이 7번이나 읽었으며, 원정 시에도 그 책을 휴대하였다는 일화로도 유명한 작품이다. 바로 이 작품의 주인공인 베르테르가 로테와 이루지 못한 사랑으로 인해 권총 자살을 하게 된다. 문제는 독일의 남성들이 이를 모방하여 자살하는 사람들이 증가하여 이 책이 금서로 지정되기도 한 작품이다.

자살 문제는 우리나라뿐만 아니라 오늘날 독일의 한 사회적 문제이기도 하다. 독일 또한 자살률이 높은 나라에 속한다. 자살률이 가장 낮은 나라는 그리스인데, 인구 10만 명당 3.2명이다. 그 뒤로 멕시코, 이탈리아, 미국, 영국이며 그 다음이 독일(10.8명)이다. 자살률은 독일 외에도 선진국으로 평가되는 북유럽 국가들과 스위스에서도 높은 편이다. 이는 풍부한 물질 사회가 곧 정신적 행복으로 직결되지 않다는 사실을 반증해주고 있다. 사회구성원 상호간의 인간적 소통의 길이 멀어져가고 있는 고도로 산업화된 사회가 안고 있는 병폐가 아닌가 싶다.

유럽공동체에서는 2005년의 유럽-위원회의 보고에 의하면 매년 58,000명이 자살했다. 대부분은 우울증을 겪고 있던 사람이었는데, 이 사망숫자는 50,700명의 교통사고 사망숫자를 뛰어넘었다. 2003년 전 세계적으로는 백러시아가 최고의 자살률을 기록했다. 인구 10만 명당 35.1명이 자살했다.(남자: 63.3, 여자: 10.3).[3]

독일의 자살률은 2007년에 들어와서는 9,402명이 자살하여 인구 10만 명당 11.4명의 수치를 보였다. 1980년엔 18,451 명이 자살하여 10만 명당 23.6명이었다. 수치가 줄어든 이유로는 의학적 관리와 정신병을 금기시하지 않은 결과에서였다. 2006년 통계상에 의하면 독일

"독일에서는 47분마다 한 명이 자살로 사망하고 4분마다 자살을 시도한다." – 독일 WDR 방송국 영상물

16개 연방주들 중에서 최고 자살률을 기록한 주인 바이에른 주에서는 인구 10만 명당 13.3명이 자살하였는데, 최저 자살률을 기록한 동부독일에 위치한 작센-안할트 주에서는 6.6명이었다. 통일 전 서독의 전체 자살률은 1982년 기준으로 24.7명이었고, 동독에서는 44명이었다.

독일에서는 매년 약 11,200명이 자살한다. 전문가들에 의하면 미래에 대한 걱정이나 적은 발전가능성이 자살 동기라고 추측한다. 비스바덴 주의 통계청에 의하면 2008년 독일에서 사망한 7명 중 한 명이 자살에 의해서이다. 15~17세의 1,325명의 사망자 중 210명이 자살에 의해서이다. 그 중에서는 15세 미만도 17명이나 되었다. 특히 나이가 든 사람들이 더 자주 자살을 결심한다. 독일의 자살률은 유럽 평균치보다 조금 아래에 위치하고 있다. 독일에서는 평균적으로 매 47분마다 자살사건이 발생한다. 11,163명의 자살자들 중에서 2000년엔 8,106명이 남자였고 3,057명이 여자였다. 50년대에 비해서 독일에서는 자살률이 저하되었지만, 나이 많은 사람의 자살 비율은 엄청나게 상승했다.

자살은 젊은이들에게서는 두 번째로 흔한 사망원인이다. 자살에 있어서 15~24세 젊은이의 비율이 16%에 이른다. 독일 전역에 자살을 통해서는 교통사고 사망자수 만큼 사망한다. 비공개 수치상으로는 이 숫자가 더 높다. 젊은이들에 있어서 교통사고 또는 약물사망은 은폐된 자살이다. 나이든 사람에게서는 의사 처방을 준수하지 않는 게 의도된 자살에 이르게 한다. 작센, 작센-안할트, 튀링엔 주와 베를린이 낮은 자살률을 기록하고 있다. 수많은 연구에 의하면 환자들은 자살하기 4주 동안 예전 보다 더 자주 의사를 찾았지만 자살의 경향이 인식되지 못했다. 계몽캠페인과 교육캠페인은 자살과 자살시도에 현저한 저하를 야기했다.

독일에서는 동반자살에 관해선 아직 수치는 밝혀지지 않고 있는데, 다음과 같은 유명 인사들이 있다. 우선 독일의 문학가들 중에는 베를린의 호숫가에서 그의 여자 친구와 함께 자살한 하인리히 폰 클라이스트가 있다. 그리고 동독의 국가의 작사가이자 초대 문화부장관이었던 요하네스 베혀와 1942년 브라질에서의 망명기간 동안 자실한 슈테판 쯔바이크가 그 대표적 인물들이다. 그 외 정치가로는 잘 알려진 대로 2차 세계대전 패전 시에 그의 아내와 권총 자살했던 아돌프 히틀러가 있다.

[참고 문헌]

- 강명순 (옮김): 『향수』, 열린 책들, 1995.
- Andreas Kilb: Helmut Dietls über die deutsche Filmkomödie: 『Rossini oder Die mörderische Frage, wer mit wem schlief』, Die Zeit online.
- Das Parfum – Wikipedia
- Der Spiegel. 27/2005.
- Muriel Myriam Fleischer: Patrick Suskinds 『Die Taube und Die Geschichte von Herrn Sommer』, University of Waterloo, Ontario, Canada 2005.
- Online Focus. 2010년 11월 5일.

• Sueddeutsche. de 2010년 5월 17일.
• Verena Lueken: 『Das Parfum』- vom Buch zum Film, Diogenes Verlag, Zürich 2006.

주_

1_ 책 커버의 모델로 사용된 그림은 Antoine Watteau의 그림 Jupiter & Antiope의 단면이다. 잠자고 있는 Anthiope의 드러난 어깨는 발산되는 유혹의 상징이다. 미국에서는 표지그림에서 여성의 젖꼭지가 묘사되는 것이 금지되어 문고판 간행이 금지되었다. 이 표지 그림을 통하여 Watteaus Antiope가 세계적으로 유명하게 되었다.

2_ 영화 제작 비용은 원래는 약 4700만 유로가 산정되었지만 약 6000만 유로가 소요되었다. 노르트라인-베스트팔렌 주의 영화재단으로부터 750,000 유로가, 바이에른 영화(티비) 펀드로부터 160만 유로, BBF-바이에른 은행펀드로부터 약 100만 유로 그리고 영화장려기관으로부터 약 100만 유로가 지원되었다. FC 바젤의 여자 예술후원자인 기기 외리 Gigi Oeri가 1000만 스위스 프랑을 기부하기도 했다.

3_ 자살률은 여자들보다는 남자들의 경우에 많이 높았다. 여성 자살률이 최고로 높은 나라는 일본이었는데, 2007년 통계에 의하면 13.7명이었다. (남자: 35.7, 평균: 24.4) 그리고 2008년 통계상 유럽에서 자살률이 가장 낮은 나라는 그리스(2.8명)이었다. 참고로 한국에서는 나이가 많을수록 자살률이 높았고, 그에 반해 노르웨이와 뉴질랜드에서는 자살률이 감소했다.

영화인문학 산책

초판 1쇄 인쇄 2013년 3월 5일 | 초판 1쇄 출간 2013년 3월 15일 | 지은이 김충완 · 양옥석 · 조문주 · 조재영 | 펴낸이 임용호 | 펴낸곳 도서출판 종문화사 | 편집 · 디자인 에이틴 | 인쇄 한영문화사 | 제본 한영문화사 | 출판 등록 1997년 4월 1일 제22－392 | 주소 서울시 중구 충무로4가 120－3 진양빌딩 673호 | 전화 (02) 735－6893 팩스 (02) 735－6892 | E-mail jongmhs@hanmail.net | 값 16,000원 | ISBN 978－89－87444－99－4 03810 | 잘못된 책은 바꾸어 드립니다.